해역인문학의 자리

동북아해역에서 사유한다는 것

지은이

서광덕 徐光德 Seo Kwang-deok

연세대학교 중어중문학과를 졸업 후 동 대학원 석사, 박사과정을 졸업했다. 저서로는『루쉰과 동아시아 근대』(2018),『중국 현대문학과의 만남』(공저, 2006),『동북아해역과 인문학』(공저, 2020) 등이 있고, 역서로는『루쉰』(2003),『일본과 아시아』(공역, 2004),『중국의 충격』(공역, 2009),『수사라는 사상』(공역, 2013),『아시아의 표해록』(공역, 2020) 등이 있으며,『루쉰전집』20권 번역에 참가했다. 현재 부경대학교 인문사회과학연구소 교수로 재직 중이다.

해역인문학의 자리
동북아해역에서 사유한다는 것

초판발행 2025년 5월 20일

지은이 서광덕

펴낸이 박성모
펴낸곳 소명출판
출판등록 제1998-000017호
주소 서울시 서초구 사임당로14길 15 서광빌딩 2층
전화 02-585-7840
팩스 02-585-7848
이메일 somyungbooks@daum.net
홈페이지 www.somyong.co.kr

ISBN 979-11-5905-258-3 93910
정가 31,000원

이 책은 2017년 대한민국 교육부와 한국연구재단의 지원을 받아 수행된 연구임(NRF 2017S1A6A3A01070860).

부경대학교 인문사회과학연구소
해역인문학 연구총서 ╱ **13** ╱

해역인문학의 자리
동북아해역에서 사유한다는 것

서광덕 지음

The Place of Sea Region Humanities
:Thinking in the Northeast Asian Sea Region

　국립부경대학교 「인문사회과학연구소」와 「해양인문학연구소」는 해양 수산 인재 양성과 연구 중심인 대학의 오랜 전통을 기반으로 연구 역량을 키워 왔습니다. 대학이 위치한 부산이 가진 해양도시 인프라를 바탕으로 바다에 삶의 근거를 둔 해역민들의 삶과 그들이 엮어내는 사회의 역동성에 대한 연구를 꾸준히 해 왔습니다.

　오랫동안 인간은 육지를 근거지로 살아온 탓에 바다의 중요성에 대해 간과한 부분이 없지 않습니다. 육지를 중심으로 연근해에서의 어업 활동과 교역이 이루어지다가 원양을 가로질러 항해하게 되면서 바다는 비로소 연구의 대상이 되었습니다. 그래서 현재까지 바다에 대한 연구는 주로 조선, 해운, 항만과 같은 과학기술이나 해양 산업 분야의 몫이었습니다. 하지만 수 세기 전부터 인간이 육지만큼이나 빈번히 바다를 건너 이동하게 되면서 바다는 육상의 실크로드처럼 지구적 규모의 '바닷길 네트워크'를 형성하게 되었습니다. 이 바닷길 네트워크인 해상 실크로드를 따라 사람, 물자뿐만 아니라 사상, 종교, 정보, 동식물, 심지어 바이러스까지 교환되게 되었습니다.

　바다와 인간의 관계를 인문학적으로 접근하여 성과를 내는 학문은 아직 완성 단계는 아니지만, 근대 이후 바다의 강력한 적이 바로 우리 인간인 지금, '바다 인문학'을 수립해야 할 시점이라고 생각합니다. 바다 인문학은 '해양 문화'를 탐구하는 차원을 포함하면서도 현실적인 인문학적 문제에서 출발해야 합니다.

　한반도 주변의 바다를 둘러싼 동북아 국제 관계에서부터 국가, 사회, 개인 일상의 각 층위에서 심화되고 있는 갈등과 모순들이 우후죽순처럼 생겨나고 있습니다. 근대 이후 본격화된 바닷길 네트워크는 이질적 성격의 인간 집단과 문화의 접촉, 갈등, 교섭의 길이 되었고, 동양과 서양, 내셔널과 트랜스내셔널, 중앙과 지방의 대립 등이 해역海域 세계를 중심으로 발생하는 장이 되었기 때문입니다. 해역 내에서 각 집단이 자국의 이익을 위해 교류하면서 생성하는 사회문화의 양상과 변용을 해역의 역사라 할 수 있으며, 그 과정의 축적이 현재의 모습으로 축적되어 가고 있습니다.

따라서 해역의 관점에서 동북아를 고찰한다는 것은 동북아 현상의 역사적 과정을 규명하고, 접촉과 교섭의 경험을 발굴, 분석하여 갈등의 해결 방식을 모색하여, 향후 우리가 나아가야 할 방향을 제시해주는 방법이 우선 될 것입니다. 물론 이것은 해양 문화의 특징을 '개방성, 외향성, 교류성, 공존성 등'으로 보고 이를 인문학적 자산으로 확장하고자 하는 근본적인 과제를 수행하는 일이기도 합니다.

부경대 인문한국플러스사업단은 바다로 둘러싸인 육역陸域들의 느슨한 이음을 해역으로 상정하고, 황해와 동해, 동중국해가 모여 태평양과 이어지는 지점을 중심으로 동북아해역의 역사적 형성 과정과 그 의의를 모색하는 "동북아해역과 인문 네트워크의 역동성 연구"를 수행하고 있습니다. 이를 통해 우리는 첫째, 육역의 개별 국가 단위로 논의되어 온 세계를 해역이라는 관점에서 다르게 사유하고 구상할 수 있는 학문적 방법과 둘째, 동북아 현상의 역사적 맥락과 그 과정에서 축적된 경험을 발판으로 현재의 문제를 해결하고 향후의 방향성을 제시하는 실천적 논의를 도출하고자 합니다. 이를 바탕으로 본 사업단은 해역과 육역의 결절 지점이며 동시에 동북아지역 갈등의 현장이기도 한 바다를 연구의 대상으로 삼아 현재의 갈등과 대립을 해소하는 방안을 강구하고, 한 걸음 더 나아가 바다와 인간의 관계를 새롭게 규정하는 '해역인문학'을 정립하기 위해 노력하고 있습니다.

부경대학교 인문한국플러스사업단이 추구하는 '해역인문학'은 새로운 학문을 창안하는 일이기 때문에 보이지 않는 길을 더듬어 가며 새로운 길을 만들어 가고 있습니다. 2018년부터 간행된 '해역인문학' 총서 시리즈는 이와 관련된 연구 성과를 집약해서 보여주고 있으며, 또 이 총서의 권수가 늘어가면서 '해역인문학'의 모습을 조금씩 드러내고 있습니다. 향후 지속적으로 출판할 '해역인문학총서'가 인문학의 발전에 기여할 수 있는 노둣돌이 되기를 희망하면서 독자들의 많은 격려와 질정을 기대합니다.

부경대 인문한국플러스사업단 단장 김창경

저자 서문

이 책은 바다에 대한 고민이라고는 수십 년 동안 전혀 해본 적이 없었던 사람이 부산 그리고 부경대에 근무하게 되면서 적어낸 글을 모았다. 약 7년간 뭔가 앞이 보이지 않는 컴컴한 바닷속에서 해역, 동아시아, 네트워크 등의 개념과 씨름해온 작은 결과이다. 이번에 책으로 정리하면서 해양 관련 인문사회과학 방면의 연구가 공학만큼은 아니더라도 국내외를 막론하고 아주 많다는 사실을 체감했고, 그래서 과연 이런 책을 세상에 내놓아도 되는 일인지 걱정이 앞섰다. 게다가 일정과 시간에 쫓기면서 쓴 글들이 많아 다시 읽으면서 얼굴이 확 달아오르는 느낌도 받았다. 너무도 당연한 얘기 또는 이미 널리 알려진 내용을 거창하게 말한 부분도 있는데, 이것은 해양 관련 기존의 학문성과를 차분히 습득하지 못한 데서 비롯되었음을 실토하지 않을 수 없다.

이 책에서는 용두사미가 돼버린 느낌이지만, 학문으로서 해역인문학의 가능성을 탐문하고자 했다. 물론 전세계적으로 해역인문학은 해양인문학Maritime Humanities의 하위 분야로서 존재하고 있다. 해양인문학이 바다와 관련된 인간의 문화, 역사, 철학, 문학, 예술 등을 다루는 학문 분야라면, 해역인문학은 바다와 관련된 특정 해역을 중심으로 이를 살핀다는 점에서 그렇다. 이 책은 동아시아 해역을 대상으로 해역인문학을 탐구하려고 했기 때문에 제목을 '동아시아 해역인문학의 자리'라고 명명해야 하는 것이 옳다. 곧 동아시아라는 특정 지역 그리고 해양에서 발생한 역사적, 문화적 사건들에 대해 집중적으로 연구하는 학문인 셈이다. 동아시아 해역은 인도양 해역, 지중해 해역 등의 해양 지역과 다를 것이라는 점은 쉽게 추측할 수 있다.

그런 점에서 그 차이가 무엇인지를 기타 지역의 해역인문학과 구분해 내고, 그것을 특수성으로 밝혀내면서 궁극적으로는 해역인문학 나아가 해양인문학 일반과의 공통점을 찾아내고, 이를 보편적인 '지구인문학'으로 승화해내는 것이 동아시아 해역인문학 연구자의 목표이겠다. 이 말은 동아시아 해역인문학이 나아갈 방향이지만, 이 길을 한반도에서 전개해가는 것은 지난할 것으로 예상된다. 삼면이 바다로 둘러싸여 있고, 또 근대 이후 해양산업의 발전으로 인해 해양에 대한 관심과 연구가 많이 이루어졌지만, 해역(양) 인문학 그리고 사회과학 방면의 연구는 아직 시작 단계에 있기 때문이다. 앞으로 이 분야의 연구가 더 잘 전개될 것으로 예상하기도 쉽지 않다. 부산, 목포, 인천, 제주도 등 연해에 위치한 대학과 연구소에서 각각 다양하게 해양 관련 인문학 연구를 진행하고 있으나, 이것이 지속가능할지는 의문이다. 그럼에도 바다가 옆에 있고 또 이에 종사하는 사람들이 있는 이상 연구는 계속 전개될 것이란 희망도 갖는다.

게다가 지금은 단순히 인간과 해양의 관계를 넘어서 지구와 해양의 문제가 현실적으로 대두하고 있다. 다시 말해 "블루 플래닛Blue Planet"이란 지구의 해양적 특성을 강조하는 표현처럼, 해양 환경적 관점에서 바다와 인간의 상호작용이 환경에 미치는 영향에 대해 연구하고, 또 기후 변화처럼 해양 환경 변화와 그것이 사회 및 문화에 미치는 영향을 분석하며, 그리고 지속 가능성의 측면에서 해양 자원의 지속 가능한 사용과 바다 보호에 관한 논의가 시급한 지구적 과제로 등장한 것이다. 이것은 동아시아 해역도 예외가 아니다. 따라서 동아시아 해역인문학은 인문학의 기반위에서 동아시아 해역의 역사적 성격을 규명하고, 나아가 현실적인 문제로 대두한 해양 환경의 문제에 대해 실천적인 대안을 마련하는 두 가지 연구의 방향을 동시에 전개해야 한다.

이 책은 초보적인 차원에서 이런 문제를 언급하고 있을 뿐, 본격적인 해역인문학 연구서로서 이를 다루지는 못했다. 서두에서도 밝혔듯이, 큰 인식적 틀 위에서 차분히 해양인문학의 이런 과제를 사고하면서 쓴 글들이 아니고, 인상적인 수준에서 써내려간 글들을 모았기 때문에 많은 한계를 갖고 있다. 그럼에도 이렇게 결코 얇지 않은 책을 내는 것은 강제된 측면도 있지만, 이 기회를 이용해 동아시아발 특히 한국발 해양인문학의 가능성과 방향을 환기시키고자 했기 때문이다. 이 책이 나오기까지 많은 분들의 도움을 받았다. 참고문헌과 각주에 인용된 많은 무지의 연구자들에게 먼저 고마움을 전해야겠다. 이들의 성과가 없었다면 이 책은 나오지 못했을 것이다. 그리고 부경대 인문한국플러스사업단의 연구자 분들, 특히 필자 본인도 잘 이해하지 못한 연구 과제를 무리하게 추동했음에도 묵묵히 수행해준 여러 선생님들에게 심심한 감사의 마음을 전하고 싶다. 끝으로 해양인문학과 관련한 여러 강호제언들의 질정을 바라 마지않는다.

황령산을 바라보며
서광덕

차례

'인류에게 바다는 무엇인가'라는 질문에 대한 답은 다양할 것이다. 특히 바다에서 수산물 조업을 하는 사람들, 배로 바다를 항해하는 사람들, 그런 배를 만들고 고치는 사람들, 이 배가 정박하는 항만에서 일하는 사람들, 그리고 바닷속을 탐사하는 사람들과 해양 자원을 분석하는 사람들까지 해양 관련 업종에 종사하는 이들에게 바다는 일상의 공간이다. 그래서 바다는 늘 두렵지만 자기 삶의 터전으로 인식한다.[1] 그렇지 않은 일반인들은 바다를 의식하지 못하거나 아니면 대체로 휴식힐링의 공간 정도로 받아들인다.

예부터 바다는 인류에게 두려운 자연 존재이면서 땅과 달리 거주가 가능한 공간이 아니었기 때문에, 인류의 역사에서 늘 비켜진 대상이었다. 바다가 일상의 공간으로 여기며 살았던 사람들을 제외하고, 많은 인류는 바다를 인식하지 못하면서 살아왔다. 그렇기 때문에 종래 인류사는 대부분 땅의 역사였다. 그런데 바다와 직접적으로 연결된 삶을 산 사람들 외에도 점차 바다를 인식하는 사람들이 늘어나면서 바다는 땅 못지않게 인류의 중요한 자연 요소로서 간주되기 시작했다. 이렇게 지구적으로 '바다의 세계화'가 진행되었고, 이것이 본격적으로 전개된 것은 근대 시기 이후다.

물론 역사적으로 아주 먼 시기부터 바다를 가운데 두고 여러 지역육지들이 인적 물적 문화적 교류를 활발히 전개했던 지중해도 있었다. 서양사학자 브로델은 이를 '지중해 세계'라고 불렀고, 그의 연구는 인류사에서 해양사가 하나의 학문 분야로 정립되는데 큰 공헌을 했다. 물론 브로델

---

1   이밖에 해상에서의 전쟁을 위한 해군도 있고, 또 해상에서의 약탈을 일삼는 해적도 있다.

의 지중해 세계는 지중해 연안의 고대 국가들 간에 형성된 해양문명이라
는 전통을 학술적으로 정리한 것이기도 하다. 이런 전통은 유럽이 대항해
시대를 열어 해양문명의 범위를 한층 확대하면서 비유럽 지역에서도 바
다를 다시 보게 되는 계기를 마련했고, 동아시아 지역 역시 주변의 근해近
海는 말할 것도 없고, 좀 더 넓은 소위 환중국해, 환동해권 등으로 불리는
해역권 나아가 태평양 등의 대양으로까지 인식의 지평을 넓혔다.

　이제 지구는 바다로 연결되었다. 근대는 바다를 건너오고 건너가는 이
른바 '수송의 시대'로 자리매김되었고, 이것은 서로 다른 지역의 사람과
문화가 융합되는 과정을 통해 자본주의 문화와 같은 단일한 문화를 지구
적으로 형성하였다. 이른바 바다를 통한 글로벌화는 다양성을 단일성으
로 만들어가는 과정이면서, 다른 한편으로는 이질적인 제 문화들간의 충
돌과 융화를 통해 새로운 문화 곧 글로컬한 것을 만들어가는 과정이었다.
이처럼 바다를 통한 사람과 문화의 교류와 융합의 최첨병은 지리적으로
바로 해역(안)이다.

　그런 점에서 해역은 경계이다. 당연히 해안선을 따라 육지와 바다가 나
뉘어지기 때문에 경계이다. 하지만 이런 지리적인 구분이 아니라 또 해역
은 바다를 통한 이동이 반드시 거치게 되는 통로關門에 위치해 있어서 경
계이다. 마치 공항의 검색대를 통과하는 것처럼, 세관海關이 설치되어서
이동輸送하는 대상을 감독하고 있다.

　경계에 대한 일상적인 이해에서나, 경계연구라고 불리는 학문 분과에
서나, 경계를 사고하는 익숙한 방식들 가운데 하나는 경계는 가로막고 배
제하는 장치라는 것이다. 이는 경계를 철조망, 장벽, 장애물의 이미지로
이해한다. 사람과 물자가 통과하는 해역 그 가운데 항만의 모습도 그렇
다. 근대 이후 바다와 해역은 소위 국민국가에 의해 열린 곳이 아니라 닫

힌 곳으로 되었고, 여기서 경계가 생겨났다.

그런데 현대의 세계화는 경계가 사라지는 환상을 심어주었다. 1990년 대 초 세계화를 수식하는 단어들은 다음과 같은 것들이었다. 유동, 흐름, 부드러운 공간, 전지구적이고 지역적인 연결, 탈민족주의. 1990년에는 일본 경영학자 오마에 겐이치의 책 『경계 없는 세상』이 출간되었다. 인 류가 머지않아 국가 간 경계와 장벽이 무너진 하나의 지구촌을 마주하게 될 것이라고 많은 사람이 확신했었다. 하지만 현실은 그렇지 않았다. 경 계 없는 세계를 창조하기는커녕 경계의 확산을 야기하고 있다. 지난 20 년의 전지구화는 경계의 감소보다는 오히려 확산을 낳았다.

최근에 출간된 『방법으로서의 경계』라는 책의 저자들은, '경계는 확산 하고 있다'는 주장이 민족국가가 귀환하고 있다거나, 민족국가가 전지구 화의 영향을 받지 않는다는 주장과는 다르다고 분명히 말한다. 이들은 '경계의 목적은 통제하는 것이다'라는 통상의 이해에 도전하면서 '경계는 생산한다'고 말한다. 저자들에 따르면, 경계는 현대의 전지구적이고 탈식 민적인 자본주의의 다양한 시공간들을 생산하는 데서 핵심적인 역할을 하고 있다. "경계들은 단순히 사람, 화폐, 물건들의 전지구적 이동 경로를 가로막거나 방해하는 것과는 정반대로 그것들의 접합articulation을 위한 핵 심적인 장치가 되어가고 있다."[2] 다시 말해, 현재의 전지구화 과정들의 핵 심적 특성 중 하나는 상이한 지리적 스케일이 지속적으로 재형성된다는 점이다. 이런 변화를 이해하기 위해서 '경계 연구자'는 국경선뿐만 아니 라 사회적, 문화적, 정치적, 경제적 구획들을 탐구해야 한다. 경계에 대한 새로운 관점이 필요하다. 경계는 연구 대상일 뿐 아니라 인식적 틀이기도

---

2   산드로 메자드라·브렛 닐슨, 남청수 역, 『방법으로서의 경계─전지구화 시대 새로운 착취와 저항 공간의 창출』, 갈무리, 2021, 18쪽.

하다. 경계를 방법으로서 보는 것은 국민국가의 위기와 변혁에 관한 새로운 관점들을 가능케 할 뿐만 아니라, 시민권과 주권 같은 정치 개념들에 대한 강력한 재평가를 가능케 한다고 말한다.

　이런 의미에서 경계를 해석하는 경우 가장 적합한 예가 해역이다. 경계로서의 해역 역시 선이 아니라, 공간, 그리고 더불어 시간까지 포함된다. 그런 점에서 해역은 좋은 연구대상이다. 해역은 섬, 어촌, 도시를 다 포괄한다. 특히 해역도시의 형성 과정은 위의 '방법으로서의 경계' 논자들이 주목하는 상이한 지리적 스케일이 지속적으로 형성되면서 이것이 해역 내부에 다양한 논의들을 만들어내고 있기 때문이다. 곧 해역은 '액체 근대' 곧 유동하는 사회를 지속적으로 형성해왔기 때문에, '방법으로서의 경계' 논자들이 얘기하는 접합을 가장 잘 보여주는 공간이다. 그리고 해역도 역시 방법이다. 그것은 대지의 역사였던 세계사를 바다의 시각에서 다시 보려고 한다는 점에서 그렇다. 그리고 이 시각은 대지가 변화없는 고체성을 대변한다면, 바다는 액체성을 드러내면서 고정된 역사를 바꾸는 유연성을 제시하며, 근대를 재해석하게 할 것이다. 액체성에서 시작된 근대가 경화되어 고체화로 진행된 것에 대한 비판은 다시 액체성으로 근대를 다시 바라보는 시각을 요구하는데, 이것은 넓은 의미에서 탈근대론의 핵심이다. 여기에 바다가 있다. 바다는 근대와 탈근대를 관통하고 있는 것이다.

　이 책은 해역을 '경계'로서 또 '방법'으로서 그리고 '사건(대상)'으로 보려고 한다. 이를 바탕으로 (동아시아)해역인문학을 구성해보고자 한다. 책의 1부는 '방법으로서의 해역'이다. 해역을 통해 바다와 인간의 관계를 다시 생각해 본다. 인류에게 바다해양는 땅육지에 못지않게 중요한 환경적 요소이다. 그렇지만 역사적으로 사람들은 발을 딛고 살고 있는 육지보다 바다를 덜 의식해왔던 것이 사실이다. 특히 바다와 인접해 있지 않은 대륙의 내부에 사는 사람들일 경우, 바다 자체에 대한 인식을 하지 못했을 수도 있다. 바다를 평생 구경하지 못한 내륙인들에게 바다를 말하는 것은, 눈을 한 번도 보지 못한 열대 아프리카인들에게 눈을 설명하는 것의 어려움과 같은 것일 터이다. 하지만 인류는 내륙에서뿐만 아니라 해안가에서도 다양하게 흩어져 살고 있었고, 바로 이것이 세계사를 육지에만 한정하지 못하게 한 이유다.

특히 유럽의 대항해시대 이후 전세계가 바다로 연결된 글로벌화 시대가 열렸고, 이것은 동아시아 지역도 예외가 아니었다. 근대 이후 동아시아에서는 바다에 대한 전통적인 인식이 급격한 변화를 맞게 되었고, 이는 인식, 학문, 담론의 영역에서 다양하게 변주되었다. 제1부는 이러한 영역에서 해양^{바다}와 관련한 논의들이 세계^{특히 동아시아} 지역적으로 어떻게 전개되었는지에 대한 정리다. 곧 원래 '자연으로서의 바다'가 '인문으로서의 바다'로도 인식되고, 그 과정에서 관련 개념 그리고 학문은 어떻게 형성되었는지를 살피며, 또 '동아시아' 지역 담론을 해양과 관련해서 다시 생각해보려고 한다. 이는 (동아시아)해역인문학을 정초하기 위해서는 어떤 과정이 필요한지를 점검하는 차원이다.

제1부의 제1장은 인간에게 바다는 어떤 존재인가 하는 본질적인 물음에 대한 인문학적 탐색은 어떻게 이루어졌는지에 대한 검토이다. 사실 대지^땅위에 살아온 인류에게 대지^땅가 지닌 정도만큼은 아니지만, 인간에게 바다 역시 중요한 삶의 장으로서 간주되어 왔다. 특히 근대 이후는 '해양의 시대'라고 할 정도로 아주 친숙한 대상이 되었다. 바다를 인류문명의 발전과 연관하여 서술한 책들을 대상으로 바다와 인간, 인류사에서 바다의 의미, 인류문명과 해양이라는 큰 문제에 대해 정리해본다. 이 책의 주

제인 '해역(양)인문학'이란 학문의 기반은 역시 이와 같은 기본적인 인식에서 출발하지 않을 수 없기 때문이다.

대항해시대 이후 서로 고립되어 발전해오던 세계의 여러 지역이 짧은 기간 동안 바다를 통해 연결됨으로써 진정한 세계사지구사의 흐름이 형성되었다. 그래서 근대를 '바다의 시대'라고 하는 규정은 많은 연구자들에 의해 시민권을 얻었다. 제2장에서는 근대화의 전개에서 바다해양가 어떤 역할을 했는지에 대해서 살펴본다 그리고 근대화의 과정에서 바다에 대한 지식은 어떻게 형성되었고, 이 지식은 바다에 대한 지식으로서만이 아니라 근대학문의 성립에도 기여했는데, 그것은 어떻게 전개되었는지에 대해서 정리해본다.

제3장은 동아시아 지역과 해양의 관계에 대한 탐색이다. 해양이 국가 차원에서 집단적으로 주목받게 된 것은 근대 이후이며, 해상 교통의 확대를 통해 세계가 연결되고, 그 과정에서 인적·물적·문화적 교류가 전개되었다. 이는 세계화로 현상했으며, 이러한 흐름에는 동아시아 지역도 포함되었다. 해양을 통해 근대문명을 수용한 동아시아 지역(국가)은 바다를 상대화하고, 바다를 통해 근대지식을 수용하여 국민국가로 전환하였다. 국민국가는 '바다의 영토화'를 주도하였고, 이는 바다에서의 갈등과 대립을 초래하였는데, 이를 극복하고 바다를 화해와 평화의 장소로 되돌리는 것은 탈근대의 과제와 연결된다. 이 장에서는 기존의 연구를 바탕으로 바다를 둘러싼 인식, 바다가 형성한 연구, 바다를 중심으로 형성된 지역해역 이론을 정리한다. 이 정리를 바탕으로 '바다(해역)인문학'이라는 새로운 학문 분야의 가능성을 살펴보고자 한다.

제2부는 '경계로서의 해역'이다. 근대 이전 동아시아 해역은 자유로운 왕래와 교류가 원활하지 않았다. 그것은 국가마다 해금령海禁令이 작동하

고 있었기 때문이다. 그럼에도 불구하고 해상을 통한 공적인 교역(류)는 전개되고 있었고, 또 왜구나 해적과 같은 불법적인 교역(류)도 있었다. 근대 시기에는 동아시아 개항도시를 중심으로 한 네트워크가 형성되었고, 각 개항도시에는 이문화의 수용에 따른 접합이 이루어져 새로운 혼성문화가 만들어졌다. 동아시아 해역도시들은 이렇게 경계를 만들고 또 허물어가면서 유동성이 강한 사회를 형성했다. 제2부에서는 그러한 사례를 주로 지식의 전파라는 측면에서 살핀다.

제1장에서는 19세기 중엽 상하이가 개항된 이후 중국을 대표하는 근대 도시로 성장하는 가운데 동북아해역 지식네트워크의 중심이 되어가는 과정에 대해 살폈다. 상하이에 모인 서양인 선교사들은 여러 단체들을 만들고 중국인들에 대한 선교와 지식 보급을 목적으로 교육 및 출판활동을 전개하였다. 이렇게 생산된 한역서학서漢譯西學書는 상하이를 비롯하여 중국의 각지로 전파되었고, 심지어 조선과 일본에도 전해졌다. 이렇게 상하이는 근대 동북아해역 지식네트워크의 중심이 되었다. 또 상하이에서 생산된 서학이 중국을 비롯해 조선과 일본에 전파되기 위해서는 무엇보다 해상 교통망이 필요했다. 상하이를 중심으로 형성된 동북아해역의 교통망에 대한 연구는 바로 상하이 지식네트워크 형성에 대한 연구의 토대를 이룬다.

제2장은 근대 동아시아의 출판네트워크에 관해 살펴본다. 근대는 활자미디어의 시대이다. 동아시아 지역에서 근대적인 출판이 시작된 곳은 바로 해역도시들이었고, 이 도시들을 중심으로 각 지역으로 지식이 전파되기도 하고 또 수용되기도 하였다. 근대 동아시아 지역에서 지식의 수용과 전파는 이렇게 형성된 동아시아 출판네트워크의 바탕 위에 이루어졌다. 생산된 출판물들이 해역도시들 간에 어떻게 이동되었는지, 도서만이 아

니라 출판업 곧 인쇄소, 출판사, 서점 등의 하드웨어 자체가 이동한 것을 중심으로 파악한다. 이는 근대 이후 동아시아 지역에서 출판의 대중화와 산업화가 이 지역 사람들이 근대적인 지식을 전유하는데 어떤 역할을 했는지, 나아가 동아시아 인문네트워크의 형성에 어떤 영향을 주었는지를 점검하기 위한 기초적인 작업이다.

제3장은 '올드 상하이'라는 1920, 1930년대 특수한 초국가적 해역도시 공간에서 전개된 이주민들과 원주민들간의 경계에 의해 발생한 갈등과 대립 그리고 반대로 그 경계를 넘어서 대화와 화해의 장면을 살핀다. 이러한 관계를 성립케 하는 하나의 매개이자 장소로서 우치야마內山 서점을 대상으로 하여 그 과정을 살펴본다. 지식을 사고파는 서점 특히 상하이에서 일본 서적을 전문적으로 판매하는 서점을 중심으로 책의 유통뿐만 아니라, 동아시아 지식인들의 교류가 전개되었던 양상은 1930년대 해역도시 상하이에서 전개된 지식의 생산과 유통을 인적네트워크의 측면에서 보여준다. '올드 상하이'에서 우치야마 서점과 이를 중심으로 형성된 동아시아 지식인 네트워크는 이후에도 여전히 작동하고 있다는 사실을 알 수 있다.

제3부는 '사건대상으로서의 해역'이다. 주로 동아시아 해역을 공간적으로 살펴보고, 동시에 해역의 시각에서 현대 동아시아 지역의 변화를 검토한다. 1장에서는 동아시아 지역의 산업화를 해역의 시각에서 새롭게 조망하고자 한다. 이런 시각에서 먼저 근대 이후 일본의 산업화 성공을 근세 이후 아시아 해역에서 전개된 교역에서 그 원인을 찾는 일본의 아시아교역권론자들의 '해양아시아론'을 살핀다. 그리고 전후 아시아태평양에서 미국의 동아시아 전략에 의해 일본 및 한국과 타이완의 산업화가 추동되었는데, 그것이 군사원조를 비롯한 경제원조에 의해 전개되었다

는 점을 주목한다. 이를 통해 미국 원조에 의한 일본, 한국 그리고 타이완 등 해역의 군사기지네트워크 건설과 이 국가들의 산업화와 경제성장이 밀접하게 연관되어 있음을 알 수 있다. 제2장은 20세기 중반이후부터 시작된 '세계화'와 동아시아 해역의 변화를 다룬다. 많은 학문 분야에서 다양하게 이루어진 세계화와 관련한 연구 성과를 해역(의 시각)에 맞추어 재해석하고, 또 동북아해역 곧 리저널리즘과 연계된 해역 그래서 '동아지중해' 등과 같은 환해양권역 개념의 등장과도 연결해서 살펴본다. 이와 더불어 최근 동북아 각 해역에서 전개된 해역도시의 확장 그리고 해역도시들간의 네트워크 형성으로 나타난 메가지역 구상과 추진 등이 지닌 의미를 분석해본다. 이를 통해 세계화가 해역에서 드러나는 특수성을 밝히고, 그 결과 동북아해역도 로컬로서 규정할 수 있다면, 동북아해역에서 글로컬라이제이션 또는 로컬의 국제화는 결국 바다를 끼고 있는 해역간의 네트워크에서 찾아야함을 밝힌다.

제3장은 20세기 중후반부터 세계의 여러 도시에서 제기된 소위 '도시재생' 또는 '도시창생'이란 이름의 사업이 동아시아 해역도시들에서는 어떻게 전개되었는지를 살펴본다. 바다를 끼고 있고, 또 이로 인해 이 지역에서 일찍이 개항을 통해 근대화와 도시화를 전개했던 해역도시들상하이, 홍콩, 부산 등이 20세기 후반에 접어들면서 새로운 동력을 구하려고 시도하는 도시개발과 재생의 노력들이 어떤 공통점과 차이점을 갖는지 살핀다. 이러한 유사한 경험들을 동아시아 해역도시네트워크를 통해 서로 소통하고 공유하면서 함께 살기 좋은 동아시아 해역도시 건설과 성장으로 나아갈 수 있는지를 찾는다.

맨 끝에 실린 부록은 동아시아에서 개항된 해역도시와 그 도시간의 네트워크 즉 해역네트워크의 관점을 빌려 부산항 연구의 방향에 대해 살펴본다. 조선시대부터 부산에는 일본인들의 무역을 위해 '왜관倭館'이라는 공간이 제공되었고, 이것은 1876년 개항이후 일본인의 전관거류지專管居留地로 변모하여 해방 이전까지 존속했다. 이는 부산학釜山學 또는 부산성釜山性을 규명하는데 중요한 요소다. 또 일제 강점기 부산은 일본의 대륙 진출을 위한 입구로서 기능했다. 부관연락선釜關連絡船을 타고 와서 만주를 향해 가려는 사람들로 붐볐다. 이렇게 일본에 의해 부산항은 물적 네트워크 그리고 인간의 이동이라는 인적네트워크의 매개적인 항구로서 기능해왔다. 해방이후 그리고 한국전쟁을 거치면서 부산은 종래의 모습에 즉 일본이 남기고 간 식민지 유산에 피난민의 도시라는 성격을 갖게 되었다. 일본인이 남기고 간 흔적 위에 전쟁의 참화로 인한 단층이 쌓이고, 여기에 근대화에 따른 해양산업의 탄생이 시작되었던 것이다. 이와 같은 부산항의 역사를 네트워크, 이동, 공간이라는 관점에서 살핀다.

끝으로 동아시아의 해역은 방법이자, 경계이며, 사건대상이다. 이 지역의 해역인문학은 바로 이러한 동아시아적 특성을 담는다는 점에서 서구에서 제기된 해양인문학Ocean Humanities, Blue Humanities과 차별화된다.

방법으로서의 해역

제1장

인식론의 관점에서 해양

바다와 인간

이른바 '해역인문학'의 가능성을 탐색하려는 목표에서 비롯된 이 책의 핵심적인 키워드를 들자면, 당연히 바다^{해양}과 사람이겠다. 이 둘은 따로 존재한 것이 아니라 역사 이전부터 지속적으로 관계를 맺어왔다는 것이 고고학과 역사생태학 등의 학문 분야의 연구를 통해 밝혀지고 있다. 바다와 사람의 관계는 다양한 층위에서 얘기될 수 있다. 그러나 인문학적 관점에서 본다면, 인간에게 바다는 어떤 존재인가 하는 본질적인 물음을 던지지 않을 수 없다. 사실 대지^땅위에 살아온 인류에게 대지^땅가 지닌 정도만큼은 아니지만, 인간에게 바다 역시 중요한 삶의 장으로서 간주되어 왔다. 특히 근대 이후는 '해양의 시대'라고 할 정도로 아주 친숙한 대상이 되었다. 최근에 이처럼 바다를 인류문명의 발전과 연관하여 서술한 책들이 국내 출판계에서도 다수 눈에 띈다. 예를 들어, 『바다의 철학』2020, 『바다의 시간』2021, 『바다인류』2022, 『문명과 바다』2002, 『처음 읽는 바다 세계사』2019, 『바다에서 본 역사』2018, 『환동해문명권』2015, 『해양문명과 해양중국』2019 등이 그러하다.[1]

제1장에서는 이런 종류의 책들을 대상으로 바다와 인간, 인류사에서

바다의 의미, 인류문명과 해양이라는 다소 큰 문제에 대해 정리해보려고
한다. 반복되는 얘기지만, 이 책에서 사용하는 '해역(양)인문학'이란 학문
의 기반은 역시 이와 같은 기본적인 인식에서 출발하지 않을 수 없기 때
문이다.

1. 물바다과 생명

현재 많은 인류는 해안가에 살고 있다. 한 조사에 따르면 세계인구의
60%가 해안에서 100km 이내 지역에 살고 있다고 한다. 이것은 현재의
상황인데, 그 이전 멀리 고대 시기에도 이처럼 사람들이 해안가에 많이
살았던 것인지는 조개무덤과 같은 유적지를 통해서 쉽게 유추할 수 있다.
그런데 앞에서 언급한 책의 논자들은, 바다와 인류가 태고적부터 아주 밀
접한 관련이 있으며, 또 인류의 탄생과 정주 역시 바다에서 비롯되었다고
주장한다.

자크 아탈리는 자신의 책 『바다의 시간』에서 지금까지 해양의 역사를
종합적으로 연구하려는 시도가 없었던 사실을 비판하고, 이에 '총체적 역
사'를 기술해보려는 의도를 밝히면서 1장에서 우주의 탄생으로 물이 생
성되었고, 그 물은 땅위로 떨어져 바다를 형성했다. 그리고 생명의 탄생

---

1   해외에서 출판된 유관 서적도 많은데, 주제별로 몇 권만 소개하자면,
     Wu Yi, *The Sea as Mirror : Essayings in and against Philosophy as History*, Diaphanes,
     2021; Jonathan Lamb (Editor), *A Cultural History of the Sea in the Age of Enlightenment*
     (The Cultural Histories Series), Bloomsbury Academic, 2024; John Mack, *The Sea : A
     Cultural History*, Reaktion Books, 2011; Sylvia A. Earle, *Sea Change : A Message of the
     Oceans*, Ballantine Books, 1996; Callum Roberts, *The Ocean of Life : The Fate of Man
     and the Sea*, Penguin Books; Reprint edition, 2013.

은 물속에서 이루어졌고, 곧 바다에서 생명이 탄생했다고 주장했다. 제2장에서는 바다와 그 속의 생명이 변화와 진화를 거듭하다 결국 포유류가 땅 위로 올라오면서 바다와 분리되었고, 지구의 바다 역시 갈라져서 지금의 형태를 갖게 되었다고 말한다. 아탈리의 이러한 서술은 제레드 다이아몬드가 지은 『총, 균, 쇠』와 같은, 최근 새로운 학문으로 자리잡은 '빅 히스토리Big History'[2]의 맥락에 서있는 듯하다. 곧 세분화된 학문의 한계를 극복하기 위해 우주의 시작부터 태양계 종말이 예상되는 45억 년 후까지 전체를 연구 주제로 삼는 빅 히스토리의 영향을 받아 바다의 기원을 우주의 탄생으로까지 거슬러 올린 것이다.

이른바 137억 년 전 보통 '빅뱅'이라 불리는 거대한 폭발로 인해 우주가 탄생하고, 45억 6,700만 년 전에 태양계가 형성되었으며, 이 이후 지구 대기에 포함된 수증기가 액체 상태의 물이 되고, 이 물이 비가 되어 땅 위로 떨어져서 최초의 바다가 형성되었다. 그리고 이 물에 의해 마침내 생명이 탄생했다고 적었다. 지구의 역사를 원생누대인 27억 년 전 이후 다세포 생물과 초대륙, 현생누대 중생대에 해당하는 2억 3,000만 년 전 포유류의 등장과 바다의 분리 그리고 신생대인 5,500만 년 전 바다의 안정과 영장류의 등장이란 식으로 바다와 생물인간의 탄생과 진화를 설명한다.[3]

헬렌 M. 로즈와도스키의 『바다 세계사』 역시 지구의 자연사에서 바다가 얼마나 광대한 공간을 차지했는지에 대해서 얘기한다. 과학의 가장 오래된 수수께끼 중 하나인 무생물에서 생물로의 진화도 고대의 바다가 주요 지원자의 역할을 했다고 주장한다. 생명체의 생존에 중요한 유기화합

---

2   이스라엘 역사학자 유발 하라리도 7만 년 전 일어난 인지혁명, 1만 2,000년 전의 농업혁명, 500년 전부터 시작된 과학혁명을 주제로 『사피엔스』를 서술했다.
3   자크 아탈리, 전경훈 역, 『바다의 시간』, 책과함께, 2021, 15~32쪽.

물이 풍부한 곳이 호수, 지하수 그리고 바다이기 때문이다. 곧 바다는 생명의 요람이었다. 그래서 여러 지질학 시기에 걸쳐 놀라울 정도로 다양한 생명체를 포용했던 바다의 역할에 주목해야 한다고 말한다. 바다에서는 다양한 해양생명체가 등장했다 절멸했다를 반복하고 해양포유류가 등장하였다. 그리고 고래와 연어 등의 해양생물은 번식을 위해 먼 거리의 해상이동을 마다하지 않았다. 유인원類猿人, hominid 역시 식량과 다른 자원을 이용하고 전 세계의 새롭고 다양한 환경에 살기 위해 계절이동을 했던 종에 속한다. 유인원과 그 이후 호모 사피엔스가 바다를 이용해 이동하거나 일정 수준에서 바다를 횡단했을 것으로 추측한다. 이처럼 바다 주변을 따라가는 이동과 바다를 우회하는 이동 그리고 바다를 건너는 이동은 모두 유인원 및 인간이 바다와 관계한 오랜 이야기의 초창기를 장식한다.

고고학자들은 호모 사피엔스와 그 조상이 진화의 역사 대부분의 시기 동안 근본적으로 육지에 사는 존재라고 생각해왔다. 그런데 고고학과 역사생태학의 새로운 연구 결과에 의해 인간 역시 깊은 바다와 연안지역을 항해하면서 생존과 번영을 위해 해양자원에 의존했던 시기가 종래 고작 약 1만 년 전부터라는 주장이 뒤집히고 있다. 인류의 세계 이동은 학자들이 생각했던 것보다 훨씬 오래전부터 바다에 의존했다. 인간은 지구의 자연사와 동떨어져 존재하지 않았으며, 초창기 유원인과 호모 사피엔스가 바다를 중심으로 했던 활동이 인간 종이 진화하는데 중요한 역할을 했다는 것이다. 또 고대 인류가 정착했던 곳으로 밝혀진 증거 역시 주로 바다와 가까웠던 장소에서 발굴되며, 해양자원水産物을 식량으로 사용했다는 것이 확인된다. 또 해안가의 생활은 해양자원뿐만 아니라 내륙의 자원 이용도 가능하게 하고, 이 둘은 인간의 공동체를 유지해주는 조건이었다. 이처럼 수만 년에 걸쳐 인간은 바다를 이용해왔고, 그로 인해 바다에 깊은 영향을 끼쳐 왔다. 인류의 도래 때부터 시작된 인간과 바다의 관계는 현재까지도 이어지고 있는 것이다.[4] 이와 같이 빅 히스토리의 입장에서 볼 때, 초대륙과 대륙분리 시기를 반복하면서 지구상의 생물은 바다물를 양식의 장으로 이용하고, 또 바다물를 통해 이동하면서 생존했다. 그리고 인류의 조상 역시 이러한 과정을 거치며 진화했고, 이는 해안가 곧 해역海域에서 많이 발굴된 고대 유적이 증명한다. 이것은 해역이 인간과 바다의 관계에서 대단히 중요한 장소였음을 알려주고 있다. 해역이 바로 식량과 수송에 유리한 장소였기 때문이다.

서양사학자 주경철은 지구상에 널리 퍼져 사는 종種 가운데 하나인 현생인류 호모 사피엔스가 수만 년 전 아프리카 대륙에서 나와 지구 각지로 확산해갔다고 말한다. 그는 『바다인류』라는 자신의 책에서 이 현상이야말로 인류사의 가장 두드러진 특징이라고 할 수 있고, 이 확산의 과정에서 육로보다 해로海路가 중요했다는 사실을 지적하고 있다. 곧 인간이 지구의 지배적인 종이 되는 데는 '항해 능력'이 매우 중요한 요소였다는 것이다. 현재적 관점에서 보더라도 그 당시 아주 먼 거리를 항해해서 이동했다는 점은 놀랍다. 대항해시대 이후 서구인들이 지구를 돌아다니며 그들이 도착한 곳이 최초인 양 자신의 소유라고 주장했던 것이 무색할 정도로 지구상 대부분의 바다는 먼 과거부터 많은 사람들의 삶이 펼쳐진 공간이었다는 것이다. 또 인류문명의 발전 역시 원양항해에 의해 이루어졌던 것은 맞지만, 배를 타고 교류와 교역을 전개하면서 문명이 탄생하고 발전했는데, 원양항해라고 하더라도 지금 상상하는 것처럼 대양을 직접 건너는 것이 아니라 연안에 위치한 어촌공동체의 네트워크를 통해 물품

---

4   헬렌 M. 로즈와도스키, 오수원 역, 『처음 읽는 바다 세계사』, 현대지성, 2019, 1장 참고.

들이 순차적으로 이웃 지역으로 전해져 결과적으로 먼 지역까지 이동한 것으로 이해해야 한다고 강조한다.[5] 이렇게 하여 이 지역에는 해양문화가 형성되고 또 점차 교류가 확대되면서 해양문명으로 발전한 것이다.

이렇게 보면, 인류와 바다의 관계는 고대 아니 지구의 탄생기부터 아주 밀접했다고 할 수 있다. 그리고 일찍부터 인류는 바다를 항해하며 이동했었다는 사실도 알 수 있다. 따라서 현재까지 세계사를 대지에 기반한 사건들의 역사라고 간주한 종래의 시각은 수정될 필요가 있다. 인간이 육지에서 살게 된 것은 전 지구사에서 볼 때 사실 그렇게 길지 않다. 그리고 이 인류의 역사에 해당하는 짧은 기간 동안 인간은 바다에서 살 수 없었기 때문에 이와 같은 육지 중심의 세계사를 쓸 수밖에 없었던 것은 어쩌면 당연하다고 할 수 있다. 그런데 19세기 이후부터 해양을 세계사의 구성요소로서, 다시 말해 해양의 시각에서 세계사를 보려는 연구가 시작되었다. 인문학 분야에서 해양바다을 보다 적극적으로 사유하기 시작한 것이다. 이와 관련해서는 다음 장에서 설명한다.

한편 인류가 지구에 미친 영향을 지질 시대의 구분 중 하나로 설정하여 나온 개념인 '인류세人類世, Anthropocene'도 빅 히스토리와 함께 바다를 다시 사유하게 한다. 곧 인류가 지구 지질이나 생태계에 미친 영향에 주목하여 제안된 지질 시대의 구분 중 하나인 인류세는, 지구온난화와 같은 기후 변화, 대량절멸에 의한 생물 다양성의 상실, 인공 물질의 확대, 화석 연료의 연소나 핵실험에 의한 퇴적물의 변화 등이 주요 특징이며, 이것은 모두 인류 활동이란 원인에 의해 촉발된 것이다. 또한 방사선, 대기 중의 이산화탄소, 플라스틱, 콘크리트가 인류세를 대표하는 물질로 언급되며

---

5   주경철, 『바다 인류』, 휴머니스트, 2022, 1·2장 참고.

한 해 600억 마리가 소비되는 닭고기의 닭뼈를 인류세의 최대 지질학적 특징으로 꼽기도 한다.[6] 인류세가 언제부터 시작하는지에 대해서도 다양한 제안이 있는데, 1만 2,000년 전 신석기 혁명이 일어났을 때를 시점으로 삼아야 한다는 주장이 있으며, 한편으로는 1900년경이나 1960년대 이후처럼 상대적으로 늦은 시점을 언급하는 경우도 있어 그 폭이 상당히 넓다. 대기 변화를 기준으로 삼아 산업혁명을 시점으로 주장하기도 한다. 인류세에서도 가장 가까운, 제2차세계대전 이후는 특히 사회경제적 변화나 지구 환경의 변동이 극적인 차이를 보이기 때문에 이 시기를 가리켜 대전환Great Acceleration이라고도 한다.

빅 히스토리와 인류세 모두 인간과 자연환경에 대한 새로운 질문을 던지고 있다. 그리고 그 가운데 바다해양가 존재한다. 이런 시각은 바다가 인류와 지구 탄생의 기반임을 지구사적 시각에서 검토하고, 그래서 건강한 바다의 존재는 결국 인류의 생존에 가장 중요하다는 점을 지적한다. 곧 원래의 건강한 바다로 되돌려 놓는 일이 인류의 미래를 위한 길임을 강조한다. 또 이것은 인류사를 육지 중심에서 해양 중심으로 돌려놓은 시각의 전환을 요구한다. 다음 절에서는 이런 시각에 따라 고대 인류문명의 탄생에서 바다해양의 역할과, 그 속에서 인류의 바다에 대한 인식을 살펴보자.

---

6 오존홀을 연구하여 노벨 화학상을 받은 파울 크뤼천이 대중화시켰다. 학계에서도 자주 사용되는 용어이며 정식 지질 연대로 포함돼야 할지는 아직 논의가 이어지고 있지만, 언젠가 독립된 지질 시대로 공인될 것으로 전망한다.

2. 해양과 문명

최근 인간의 진화사에서 수생水生단계에 대한 이론이 진지한 고려의 대상이 되고 있다. 하지만 유인원 발달에서 수생 단계가 가능했든 그렇지 않았든, 인간이 이동과 식량을 위해 바다를 이용했다는 기본적인 사실은 변함이 없다. 앞에서 언급했듯이, 인류의 해안가 생활은 해안 및 내륙의 자원을 활용할 수 있게 하고, 이렇게 풍부한 자원은 인류의 문명(화) 발전을 추동했다. 최후의 대빙하기 이후 해수면이 상승하면서 해안지역 사람들이 내륙으로 내몰렸고, 이로 인해 육지의 생활방식이 발전했을 것으로 추정한다. 인류의 육지생활은 이렇게 시작되었는데, 이후 주로 해안가와 육지에서 생활하는 인간은 자신의 역사를 육지에 기반하여 기록하고, 또 육지에서 자신의 문화를 발전시켰다. 현재까지 주류의 역사가 육지 곧 땅의 역사가 된 이유다.

하지만 인간에게 바다는 여전히 중요한 요인이다. 왜냐하면 바다는 줄곧 식량과 수송의 원천이 되어주었기 때문이다. 그래서 바다는 일차적으로 인간과 물리적, 생태적 상호작용을 하는 것은 물론이고, 문화적 차원 역시 포함하게 되었다. 그런데 사실 대항해시대 이전까지 사람들은 자신의 지역에 있는 바다를 전 세계 바다의 연장선상이 아니라, 다른 바다와 따로 존재하는 것으로 인식했다. 각 해안문화권의 신화와 민간전승, 미신 등이 이렇게 해서 형성되었다. 또 이 해안문화권에서는 바다를 건너는 긴 항해가 아니라 육지와 가까운 연안 항해를 통한 어업과 교역이 먼저 실행되었다. 앞서 말했듯이, 연안 지대의 풍부한 식량과 기타 자원에 대한 접근이 가능해지면서 해안과 바다를 영토의 일부로 인식하기 시작한 사회가 조성되고 이로써 바다는 점차 문명 발전의 중심이 되었다.[7] 전세계 상이한 지역의 문명마다 바다와 다양한 범위의 고유한 관계를 독립적으로 발전시켰고, 이렇게 해서 지중해를 비롯해 인도양과 대서양 그리고 태평양 연안 지역에서도 각각 자신만의 바다와 연관된 문명 또는 문화가 형성되었다.

어디서 유래되었는지는 모르겠으나, 사람들은 고대 인류의 4대 문명을 곧잘 얘기한다.[8] 이 문명은 모두 강을 중심으로 한 지역에서 발생했다. 그리고 이 강들은 모두 바다로 흘러가고, 따라서 강과 바다가 면하는 지역에 주로 많은 사람들이 몰려 살았다. 기원전 6만 년 이후, 당시 다양한 종의 사람들은 한 곳에 영구 정착해서 살지 않고 이리저리 이동하며 살았는데, 때로는 해안가를 따라 바다로 이동하기도 했다. 이렇게 해서 먼저 중국해, 페르시아만, 지중해와 같이 고요한 바다의 해안을 따라 항해했다. 기원전 9500년 중동 지역에서 처음으로 이동생활을 접은 사례가 나왔다. 이곳이 바로 인류 역사 최초의 도시이며, 이 최초의 도시는 항구도

---

7 헬렌 M. 로즈와도스키, 앞의 책, 2장 참고.
8 인류 문명의 원류를 중국, 인도, 이집트, 메소포타미아의 네 갈래로 구분해서 말하는 관습적 표현으로, 중국 청나라 말기 변법자강운동 사상가이자 중화민국의 정치인이었던 량치차오(梁啓超)가 1900년 자신의 저서 『20세기 태평양가(二十世紀太平洋歌)』에서 언급한 이후 일본의 고고학자 에가미 나미오(江上波夫), 서양 역사학자인 윌리엄 맥닐(William McNeill) 등이 이러한 구분을 사용하면서 동양을 중심으로 확산된 개념이다. 세계 4대 문명 모두 큰 강 유역을 중심으로 번성하였다는 공통점이 있다. 중국의 황하 문명보다 세 개의 다른 문명은 천년 내지 2천년 먼저 시작되었다. 중동의 티그리스, 유프라테스강 유역의 문명은 기원전 3,500년경에 시작되었고, 이집트의 나일강 유역 문명도 같은 시기에 시작되었다. 그리스의 에게해 문명은 기원전 2,500년 경부터 시작되었으며, 인더스강 유역 문명도 비슷한 시기에 시작되었다. 이것은 큰 지역으로 나누어서 그런 것이고, 조금 더 범위가 적은 문명을 따진다면 히타이트 문명, 페니키아 문명, 페르시아 문명, 유대 문명, 아시리아 문명 등도 있다. 반면 서양에서는 세계 4대 문명이라는 표현보다는 문명의 요람(Cradle of civilization)이라는 표현을 사용하는데, 관습적으로 비옥한 초승달(메소포타미아, 이집트), 인도, 중국, 메소아메리카, 안데스 이렇게 5~6개를 꼽는다.

시였다. 이들은 농경과 목축, 그리고 청동 야금술을 발명해냈고, 이후 이웃한 메소포타미아 지역에 다른 도시들을 세웠다. 이 도시들은 페르시아만으로 흘러드는 커다란 티그리스강과 유프라테스강에 인접했다. 이처럼 정착을 통해 이른바 메소포타미아문명을 발전시켰다. 두 강을 따라 오가며 건축 자재와 식료품들을 운송하는데 배를 사용했고, 이 배에는 노와 돛이 달려 있었다. 이와 같이 사람들은 바다 근처, 혹은 적어도 커다란 하천 근처에 정착했다. 육상에서의 이동생활은 이제 '해양성 정주생활'^{자크 아}탈리이라 부르는 형태로 전환되었다. 이집트 문명 역시 나일강을 따라 사람들의 무리가 정착했던 데서 비롯되었다. 이들 역시 바다나 강에 건설된 항구 주변에 모여 살았다. 자크 아탈리는 이와 같이 떠돌던 인류가 한 곳에 정착하게 되었던 것은 바다의 자원들을 최대한 이용하기 위한 것이라고 해석했다.[9]

기원전 1200년경 지중해 해안에는 두 개의 해양세력이 등장했다. 소위 '바다의 민족들'이다. 페니키아인과 그리스인들이 그들인데, 이들에게 메소포타미아인이나 이집트인과 달리 바다를 통제하는 제해권制海權은 생존의 문제였다. 이들은 자신의 땅에서 생활에 필수적인 물품들을 생산하지 못했기 때문이다. 최초의 해적과 해병과 해전이 등장한 것도 이 시기였다. 기원전 700년경 소아시아의 그리스인들이 항구도시 밀레토스를 건설하고, 그곳에서 신형 선박을 개발했다. 지중해를 지배한 밀레토스는 여러 곳에 식민지를 건설했고, 이 도시에는 위대한 현자들이 연이어 나타났는데, 그중 대표적인 인물이 바로 철학자 탈레스다. 물을 모든 사물의 유일하고도 진정한 현실성, 참된 본질을 뜻하는 '모든 것의 신'이라고 정

---

9   자크 아탈리, 앞의 책, 49~50쪽.

의한 그는, 지구란 끝없는 바다 위에 떠 있는 커다란 원반이라고 했다. 탈레스가 밀레토스라는 항구도시에서 이러한 철학적 사유를 전개한 것은 우연이 아닌 것이다. 곧 해양도시의 부富와 문화가 바탕이 되어 세련된 철학을 낳았으니, 그런 점에서 철학의 발상지는 바다인 셈이다.[10] 이후에는 지중해를 두고 페르시아, 그리스, 로마, 카르타고가 제해권을 다투었다.

지중해와 관련한 연구에서 독보적인 업적은 역사학자 페르낭 브로델의 "지중해와 지중해 세계"*La Méditerranée et le monde méditerranéen à l'époque de Philippe II*, 1949라고 할 것이다. 이 책의 장점은 지중해라는 해양세계 곧 공간에 대한 천착이라고 할 수 있다. 그는 지중해를 하나의 거대한 경제적, 사회적, 문화적 공간으로 다루었고, 해양이 단지 물리적 경계를 넘는 교통로에 그치지 않고, 인류의 역사적 발전에 결정적인 영향을 미쳤다는 점을 강조했다. 브로델은 종래의 역사학이 변화로 일어나는 사건만을 주목했다면, 반복적 움직임의 연속으로서 구조의 역사성을 밝혀낸 역사가다. 브로델은 시간의 층위라는 개념을 도입하여, 역사를 단기적 사건과 변화즉, '정치적 역사'와, 중장기적인 경제적 흐름즉, '구조적 역사'으로 나누었고, 해양사[11] 역시 구조적 관점에서 분석해야 한다고 주장했다. 예를 들어, 지중해와 같은 해양 세계는 단순히 항해나 전투만으로 설명할 수 없으며, 수백 년

---

10 군터 슐츠, 김희상 역, 『바다의 철학』, 이유출판, 2020, 28쪽.
11 일반적으로 해양사는 주로 바다와 해양을 중심으로 한 인간의 역사적 경험과 문화적 변화를 연구하는 학문으로, 주요 연구 분야는 ① 해양 제국과 식민지 : 바다를 통해 확장된 제국들의 역사, 특히 포르투갈, 스페인, 영국 등 해양 강국들의 영향력에 대한 연구 ② 항해와 탐험 : 바다를 통한 새로운 대륙 발견과 탐험, 크리스토퍼 콜럼버스, 마르코 폴로 등의 탐험가들이 세계를 어떻게 연결했는지에 대한 연구 ③ 해양 무역과 경제 : 아시아, 아프리카, 유럽을 연결하는 해상 무역로와 그 경제적 영향 ④ 해상 군사 전략과 전쟁 : 해양을 통한 전쟁과 군사적 전략, 해상 전투의 역사 등이다. 알프레드 머핸(Alfred Thayer Mahan)의 *The Influence of Sea Power upon History*, 1660~1783(1890)와 조셉 콘래드(Joseph Conrad)의 *The Mirror of the Sea*(1906)은 대표적인 저작이다.

동안의 경제적 흐름과 사회적 상호작용이 중요한 역할을 한다고 강조했다. 또 경제사와 해양사를 통합하여 해양을 경제적 상호작용의 중요한 공간으로 보았다. 그리고 해양 세계가 역사적으로 가지는 구조적 중요성을 부각시켰는데, 역사적 사건을 표면적 사건^{단기적 정치적 사건}과 구조적 역사^{기후, 경제, 해양 등 오랜 시간에 걸친 변화}로 구분하였다. 곧 해양이 시간과 공간을 넘는 구조적 영향을 미친다는 점을 강조했는데, 예를 들어, 지중해의 경제 흐름, 무역로, 그리고 다양한 문화적 교류가 수백 년에 걸쳐 역사에 미친 영향을 분석하는 방법을 제시했다. 이러한 브로델의 지중해에 대한 서술과 시각은 지중해를 중심으로 한 해양 세계를 역사의 무대에 올려놓았는데, 소위 '지중해 문명'[12]이라고 하는 하나의 해양문명이 서구문명의 뿌리가 되었음을 설명해주었다.[13]

그렇다면 다른 문명권 곧 인더스와 황하 문명은 해양과 어떻게 연결되었는가? 앞에 소개한 두 문명과 비교해서는 바다와의 연관성은 떨어진다. 이것은 강 유역에서 거주하며 농경사회를 형성해온 문명이기 때문이다. 따라서 논란이 많은 4대 문명으로 해양과 문명을 설명하는 것은 한계가 있지만, 강이 바다로 흘러가고 또 배를 타고 강과 바다를 이동하는 점

---

12 지중해 문명은 고대 지중해 지역에서 발전한 여러 문명들을 총칭하는 개념으로, 이 지역은 고대 문명들의 중요한 발상지다. 지중해는 유럽, 아시아, 아프리카 세 대륙을 연결하는 중요한 바다로, 이 지역에서 발달한 문명들은 상호작용과 문화적 교류가 활발했으며, 서양 문명의 기초를 형성하는 데 중요한 역할을 했다. 지중해 문명은 이집트, 메소포타미아, 그리스, 로마, 페니키아 문명 등을 포함한다. 이와 관련한 구체적인 논의는 정수일, 「지중해 문명과 지중해학」, 『지중해지역연구』 5(1), 2003, 1~23쪽.
13 주경철은 이와 관련해 "지중해 세계는 지리적 환경에 영향을 받는 단일한 구조가 아니며, 페니키아와 그리스 민족의 해상 활동을 두고 해양 식민 '제국'을 건설했다고 말할 수도 없다. 그보다는 올리브기름, 포도주, 직물, 도자기, 철, 은 같은 상품이 이동하고, 건축, 문자, 시가 등 문화 자산들이 전달되는 해상네트워크들의 중첩으로 그리는 게 타당하다. 지중해 해안 지역은 일종의 세포막(membrane)이다"라고 말했다. 앞의 책, 109쪽.

에서 이 두 문명 역시 해양과 깊은 관련을 갖고 있다. 현재까지의 연구성과를 놓고 보면, 인더스 문명과 메소포타미아 문명이 해양을 통해 서로 영향을 주고받으며 발전하였다. 최소한 기원전 2000년경에 인도양 서부의 세 해역, 곧 홍해, 페르시아만, 아라비아해 지역들이 바다를 통해 서로 연결되었던 것이다. 이처럼 선사-고대부터 바다는 멀리 떨어진 문명권들을 이어주었다. 인더스 문명이 갑자기 몰락한 이유의 하나도 메소포타미아 문명이 쇠락하면서 지중해쪽으로 연결이 강화되었던 것과도 관련이 있다고 볼 수 있다.[14] 그런데 인도양은 거의 모든 수요 거대 문명권과 간접적으로 연결되었다. 지중해와 달리 인도양의 패권을 장악한 집단은 없었다. 이 거대한 해역은 다양한 중심점이 존재하는 다중심적 공간이었다. 이곳에서 지중해 세계와 인도양 서부 세계간의 교역이 발전하고, 다른 한편으로는 중국과 동남아시아간 교역이 활성화되다가 이 두 개의 거대한 교역 네트워크가 연결되었다.

　한편 아시아 동쪽에는 광대한 대륙과 해양 세계가 펼쳐져 있다. 황하문명을 중국 고대문명의 대표로 정의할 때, 자연스럽게 강남江南, '장강(長江) 이남을 가리킨다'을 비롯한 나머지 지역은 변방으로 치부된다. 이렇게 보면 중국은 해양문명과 먼 지역이 된다. 하지만 변방으로 치부된 중국 남부 지역 주민들은 신석기시대 이래 항해 전통을 갖고 있었다. 중국의 고대문명은 남쪽의 해역남중국해을 통해 간접적인 방식으로 여러 단계의 매개를 거쳐 외부 세계인도양 및 지중해 세계와 연결되었다. 학술적 용어가 아닌 관습적 표현인 4대 문명의 발생지역은 주로 강과 땅육지이며, 그런 점에서 중국의 황하 문명은 여기에 가장 부합하는 셈이다. 하지만 이 고대 문명의 탄

14　주경철, 앞의 책, 66~68쪽.

생과 발전의 과정에는 바다를 통한 각 문명간의 교류가 있었다는 사실이 연구를 통해서 밝혀지고 있다.

한편 4대 문명 외에 소위 '해양문명'이라는 정의에 부합하는 역사적 사례들이 발굴되고 또 정리되고 있다. 곧 문명文明, Civilization과 문화文化, Culture를 구분하여 해양과 접목시켜 정리하면 이렇다. 해양문명Maritime Civilization은 바다를 중요한 경로로 삼아 발전한 문명을 의미하고, 이러한 문명은 대개 바다를 통한 무역, 탐험, 군사적 활동, 문화 교류 등을 통해 형성된다. 해양문명은 바다의 자원과 특성을 이용해 경제적, 정치적, 사회적 발전을 이루었으며, 그 중심에는 해상 교역과 항해 기술이 있는데, 해양문명의 주요 특징으로는 항해와 탐험, 무역과 상업, 군사적 전략, 기술 발전 등이 포함된다. 고대 그리스, 로마 제국, 근대의 영국, 포르투갈, 네덜란드 제국 등이 해양문명을 대표하는 예이다.

한편 해양문화Maritime Culture는 바다와 밀접한 관계를 맺고 있는 사람들이 형성한 문화적 특성이나 생활방식이다. 해양문화는 바다와의 상호작용을 통해 형성된 가치, 신념, 전통, 예술, 언어, 생활 양식 등을 포함한다. 해양문화는 특정 지역이나 공동체에서 바다와 관련된 활동을 통해 독특한 문화적 특징을 발전시키는데, 그 주요 특징은 일상적 해양활동, 신앙과 의례, 예술과 표현, 전통과 가치 등이다. 태평양의 폴리네시아 문화, 일본의 해양 문화, 남태평양의 어업과 관련된 전통 등이 그 예이다.

해양문명은 바다를 통한 경제적, 정치적, 사회적 발전과 관련된 더 광범위하고 구조적인 개념인 반면, 해양문화는 바다와 일상적으로 연결된 문화적 특성이나 생활방식을 의미한다. 해양문명은 주로 해상무역, 항해 기술, 군사적 발전 등의 물리적이고 구조적인 측면에 초점을 맞추고, 해양문화는 바다와의 상호작용에서 나오는 정신적이고 문화적인 특성에 초점을 둔다. 또 해양문명은 일반적으로 역사적 발전과 관련이 있으며, 특정 시대에 형성된 국가나 문명의 특징을 설명한다면, 해양문화는 특정 지역이나 공동체에서 살아가는 사람들의 지속적인 삶의 방식으로, 특정 시기나 국가를 넘어서 존재할 수 있다. 요약하자면, 해양문명은 바다를 중심으로 형성된 큰 사회적, 정치적, 경제적 구조에 관한 것이고, 해양문화는 바다와의 관계 속에서 형성된 독특한 생활방식과 문화적 특성에 관한 것이라고 할 수 있다.

중국학자 양궈전은 『해양문명론과 해양중국』이란 자신의 책에서 '해양문명'은 대항해시대 이래 서양학자들이 해양의 역사적 역할을 총괄하면서 형성된 개념이라고 규정한다. 그는, 칼 슈미트가 『땅과 바다』에서 '세계사는 땅의 힘에 대한 대양의 힘의 투쟁, 대양의 힘에 대한 땅의 힘의 투쟁의 역사'라고 규정하고, "16세기에 원소적 에너지들이 대양을 향하기 시작했을 때 그것은 순식간에 세계의 정치와 역사의 영역으로 흘러 들어갈 만큼 엄청난 성과를 나타냈고", 이것은 르네상스, 종교개혁을 추동하고, 또 자유로운 바다와 자유로운 세계 무역이 '자유'라는 표상 아래 한데 묶였다고 적었다. 특히 이처럼 리바이어던바다의 본질을 건드린 전환은 바로 산업혁명의 결과로 생겨난 것이었다[15]라고 한 말을 인용하면서, 서구의 세계적 대국 굴기는 인류사회와 문명 발전에 있어 해양의 지위를 부각시켰다고 인정하였다.[16]

한편 그는 해양문화의 존재 그리고 인류 사회를 리드하는 해양문명의 존재 유무와 관련하여 중국학계의 논의를 소개하면서 헤겔의 주장을 이

---

15   칼 슈미트, 김남시 역, 『땅과 바다–칼 슈미트의 세계사적 고찰』, 꾸리에, 2016, 103·118쪽.
16   양궈전, 김창경·권경선·곽현숙 역, 『해양문명론과 해양중국』, 소명출판, 2019, 28쪽.

끌어 온다. 그것은 헤겔이 해양문명을 농업문명이나 유목문명을 뛰어넘는 선진적인 문명 형태로 간주했고, 이런 시각에서 그리스부터 시작되는 서구의 해양문명을 인류문명의 최고 단계로, 중국과 동방은 인류문명의 유년기를 대표한다는 것이다. 헤겔의 이런 주장에 의하면, 그리스나 지중해문명처럼 동아시아에는 해양문명이 없었다는 것이 되는데, 이에 대해 양궈전은 중국의 해양문명은 일찍이 농업문명, 유목문명과 서로 격동하고 융합하면서 발전해왔다고 주장하는 것으로 대신한다.[17] 이것은 역사적으로 대륙문명을 중화문명의 대표로서 간주해온 중국에서 연구의 역사가 길지 않은 해양사나 해양문화 분야의 1세대 연구자로서의 당연한 해석이라고 생각할 수 있다.

한편 한국 민속학자 주강현은 『환동해문명사』라는 책에서 해양문명을 '액체의 문명'이라고 정의했다. 환동해를 여러 나라와 종족들로 둘러싸인 '호수의 바다'라고 규정하고, 이 호수^곧 바다를 둘러싸고 동북아의 모든 나라가 직간접적으로 연결되고 상호 교섭하면서 문명사적 파장을 일으켜왔다고 주장한다. 이를 '잃어버린 문명의 회랑'이라고 표현하는데, 이 역시 브로델의 '지중해 세계'의 관점을 빌려온 것으로, 문명의 탄생과 발전에서 바다^{여기서는 환동해}가 어떻게 연관^{개입}되어 왔는가를 설명하고자 하는 것이다.[18] 이처럼 해양을 문명 발생의 바탕위에 세우면 인류 문명사의 지도가 달라진다.

현재 바다는 또 '인문으로서의 바다'로서 해양문학을 비롯한 다양한 해양문화(명)을 인류의 역사에서 형성해왔다는 사실이 해양 관련 인문학 분야의 연구에 의해 밝혀지고 있다. 지금까지 해양이라고 하면 보통 '자연

---

17 양궈전, 앞의 책, 제1장 참조.
18 주강현, 『환동해문명사―잃어버린 문명의 회랑』, 돌베게, 2015, 프롤로그 참조.

으로서의 바다'를 가리킨다. 그리고 이 바다는 전통적으로 어민들에 의한 어로의 대상이거나 해상무역의 교통로로서의 역할을 했다. 이 해상교통로를 통해 문화의 교류가 이루어졌다.[19] 기후와 조류의 영향을 많이 받는 '자연으로서의 바다'는 배를 타고 나가 조업을 하고 교역을 위해 항해를 하는 공간^場이었다. 인간이 '자연으로서의 바다'를 대상으로 이와 같은 행위를 함으로서 바다는 인식의 대상이 되고, 또 문화의 대상이 되었다. 그 결과 형성된 것이 민간 해양신앙, 해양축제 등의 해양민속을 포함한 해양문화이다. 해양문화는 역사적으로 오래전부터 전 세계 곳곳에 형성되어 왔다. 다양하고 개별적인 각 지역 특히 연해 지역의 해양문화는 단절되거나 전파되거나 하면서 변화를 지속해왔다. 한반도 각 지역의 해양문화 역시 마찬가지다. 이렇게 해서 바다는 '인문으로서의 바다'가 되었다. 그리고 이 해양문화는 지역문화이기도 하다. 해양문학의 정립과 해양문화론의 필요성을 역설하는 국문학자 구모룡이 지역학^{부산학}과 연결시켜 지역의 정체성에 상응하는 해양문화를 형성해야 한다고 주장하는 것[20]은 바로 이를 가리킨다.

해양문화는 전지구에 널리 다양하게 존재한다. 한편 개념적 차원에서 해양문명이 성립하기 위해서는 앞에서 말한 것처럼 지속성, 시스템, 공간^{장소성} 등이 요구된다. 그리고 이러한 규정에 부합하는 해양문명은 지중해에서 비롯되어 대서양과 인도양 그리고 태평양으로 이어지는 유럽의 근대문명이다. 그런데 여타 다른 지역에서 이 해양문명에 필적할 만한 것

---

19   해상을 통한 교류를 '해양실크로드'라고 부르는 논자도 있다. 예를 들어 이경신, 현재열·최낙민 역, 『동아시아 바다를 중심으로 한 해양실크로드의 역사』, 선인, 2018.

20   구모룡, 「해양 인식의 전환과 해양문화」, 『국제해양문제연구』 13권 1호, 한국해양대 국제해양문제연구소, 2002.

이 있는지를 찾아내고, 이 서구의 해양문명과의 차별성을 밝히는 작업은 문명의 다양성이란 차원에서 필요하다고 판단된다. 물론 각 지역의 해역 문화를 복원해내는 것 역시 중요하고, 여기서 출발해야 한다. 이것은 동 아시아 지역에서 해양문명(화)를 연구하는 궁극적인 목적일 것이다. 다음 절에서는 유럽 및 동아시아의 근대성이 형성되는 과정에서 해양의 역할 에 대해서 살펴보자.

3. 근대와 해양 땅과 바다

17세기 한 페르시아 여행자가 쓴 샴태국 항해기에는 "바다의 온전한 규 모를 파악할 수 있는 수단은 환상뿐이다. 환상의 파도에 빠지지 않고 바 다 깊은 곳을 알 수 있는 자는 없다"[21]라는 구절이 있는데, 이 말은 인간 에게 바다는 미지의 세계였음을 말해준다. 우주에 대한 탐사가 활발해진 현재도 바다 특히 해저세계에 대해서는 아직도 모르는 바가 많다. 이것은 바다가 인류에게 중요한 생활의 터전이자 생존의 기반이고, 그래서 바다 에 대한 인간의 지식 역시 많이 축적되어 왔으나 아직도 미지의 영역 또 한 적지 않다는 점을 환기시킨다.

바다에 대해 몰랐던 그래서 공포의 대상이었던 시대의 인간들은 바다 를 상상 속에서 표현하기도 했다. 이것이 바다에 대한 신화와 전설을 낳 았다. 하지만 인간이 바다를 대상으로 식량 획득과 수송을 행하게 되면서 바다에 대한 앎지식도 점차 늘어갔다. 이것은 바다를 더욱 잘 활용할 수 있

---

21   헬렌 M. 로즈와도스키, 앞의 책, 61쪽 재인용.

게 되었다는 말이다. 지중해를 중심으로 발달한 고대 유럽문명권에서 중요한 것은 바다를 항해하는 능력 곧 조선술의 제고였다. 그리고 바다를 두려워하지 않는 도전정신이다. 물론 처음에는 이 도전정신은 거센 파도를 이기고 바다로 나가지 않으면 안되는 생존의 조건이 강제한 바가 컸지만, 이것은 인간의 환경에 대한 행위와 결단이고, 이로써 인간의 역사 또는 문명이 존재하게 되었다.

에른스트 캅Ernst Kapp은 『비교보편지리학』1845에서 물에 의거해 제국의 발전단계를 구분했는데 세계 역사는 첫째, 하천학적 문화동양에서 둘째 지중해 내해內海와 해안의 소위 연안시기고대 그리스와 로마, 중세 지중해 그리고 아메리카 대륙과 범선의 지구 항해와 더불어 세 번째이자 최고의 단계인 해양문화 단계가 그것이다.[22] 이를 인용하며 칼 슈미트는 마지막 해양문화 단계는 대양의 원소와 자신들을 동일시하는 진정한 '바다의 자손들'이 자신의 역사와 실존 전체를 다른 원소가 아닌 바다를 향해 결단하는 실천을 행한 것이라고 지적한다. 이들에 의해 지중해가 아니라 대서양으로 나갈 수 있었고, 다시 세계 바다를 탐험해서 발견할 수 있었다고 말한다. 그는 이 새로운 해상적 실존의 첫 번째 영웅은 화려한 국가 함대에 탄 고귀한 제독이 아니라, 야심적인 모험가들과 대양 주름잡이들, 해양을 누비는 고래사냥꾼들과 과감한 범선 항해자들이라고 했다. 바로 이들이 해양의 지대와 해로海路 나아가 지구를 발견했던 것이다.

슈미트는 알다시피 이 과정에서 영국이 자신의 실존을 진정으로 바다 쪽으로 돌렸고, 수많은 해전과 전쟁에서 승리하면서 지구적 규모의 공간혁명을 성취할 수 있었다고 주장했다. 이 공간확장은 동시에 심대한 문화

22 칼 슈미트, 앞의 책, 16쪽 재인용.

적 전환이기도 해서, 16~17세기 동안의 모든 정신적 흐름들, 즉 르네상스, 인문주의, 종교개혁, 반종교개혁과 바로크는 모두 각자의 방식으로 이 공간혁명의 총체성에 기여했다고 말한다. 모든 기본적인 질서는 공간의 질서이고, 때문에 모든 위대한 시대의 시작은 광대한 땅의 취득과 일치한다. 그래서 이후 등장한 기독교-유럽의 국제법^{대륙법} 등은 바로 새로 발견된 땅의 분배를 위한 것이다. 그런데 대양의 주인이 된 섬나라 영국은 모든 것을 거점과 이동경로라는 측면에서 사고했고, 다른 민족들에게는 대지와 고향이었던 것이 영국에게는 그저 배후의 땅으로만 보였다고 지적한다. 이렇게 함으로써 영국의 운명은 반드시 유럽과 결부되지 않게 되고, 영국이란 섬은 다른 곳을 향해 떠날 수 있고, 세계적 해상제국의 수도로서 자리를 바꿀 수 있게 되었던 것이다. 자유로운 바다와 자유로운 세계무역이 '자유'라는 표상아래 한데 묶였고, 전 세계가 영국을 모범으로 삼고 따라가게 되었으며, 이 위대한 리바이어던의 본질을 건드린 전환은 바로 산업혁명의 결과로 생겨난 것이다. 이제 거대한 물고기였던 리바이어던은 기계로 변신하면서 기계가 '인간과 바다'의 관계를 변화시켰다. 곧 대양 권력의 위대함을 불러내던 대담무쌍한 인간의 힘 곧 범선을 끄는 선원의 용맹한 기량, 항해라는 고도의 기술, 바다의 특성에 맞는 종류의 사람을 엄격하게 선택하고 탄탄하게 훈련시키는 일이 근대적인 기계화된 대양 교통의 안정성 속에서 종래의 의미를 잃어버리고 말았던 것이다.[23]

다음 장에서 자세히 다루겠지만, 근대(성) 특히 동아시아 근대와 해양의 관계를 칼 슈미트의 이러한 정리를 바탕으로 풀어보면, 과연 동아시아에서 거대한 물고기 리바이어던이었던 것은 무엇이며, 또 그 본질을 건드

---

23 칼 슈미트, 앞의 책, 120쪽.

린 사건이 이 지역에서 일어났었는가 하는 의문을 갖게 된다. 동아시아의 바다 역시 전통적으로 어로와 교역을 위한 교통로로서 기능했고, 그런 가운데 각 지역마다 독특한 해양문화가 형성되었으며, 또 이것이 바닷길을 따라 상호 교류되었다. 해적에 의한 약탈과 분쟁 그리고 임진왜란과 같은 큰 해전을 제외하고 조용한 공해였던 바다에 근대 이후 파란이 일어나면서 변화가 발생했다는 것이 일반적인 설명이다. 여기서 근대 이후 동아시아 바다에 파란이 일었다는 점을 주목해야겠다. 다시 말해 근대 이전 동아시아 지역의 국가들은 전통적인 중화질서하에서 소위 해금海禁정책과 조공시스템에 기반하여 동아시아 해역에서의 역내교역을 전개하였고, 이것은 19세기 중반까지 유지되었다. 그런데 대략 16세기 이후 동아시아 해역에서 해금정책으로 인해 밀무역이 성행하고이는 왜구가 급증하게 된 이유가 되었지만, 또 포르투갈을 비롯한 서양 상인들이 이 교역에 가담하게 되어 이미 동아시아 해상에서의 국제화가 이루어졌다. 그리고 이들은 급기야 종국에는 기계화된 증기선을 타고 등장했다.

동아시아 해역에서 이런 서구 상인들의 출현은 당연히 서구가 대항해시대를 열면서 바다로 나아갔던 것의 연장선상에 있는 것이다. 영국의 엘리자베스 1세가 "바다를 지배하는 자 무역을 지배하고 무역을 지배하는 자 세계의 부를 지배하고 세계의 부를 지배하는 자 곧 세계자체를 지배하게 된다"고 한 말이나, 미국의 J. F. 케네디가 "해양은 지구상에 남아있는 최후의 프론티어이다"라고 한 것은 해양이 서구의 근대화와 밀접한 관련이 있음을 웅변한다. 곧 이 말은 바다를 통한 무역또는 약탈의 확대가 16세기 이후의 대항해시대부터 비롯되었고, 이렇게 시작된 대항해시대는 해양이 서구 자본주의의 발전과 분리되지 않음을 시사하고 있다. 서양사 전공자 주경철이 『문명과 바다』라는 자신의 저서의 부제를 '바다에서 만들어진 근대'라고 붙였던 것도 이것을 염두에 둔 것이다. 유럽은 대항해시대를 열면서 차례로 군사혁명과 상업혁명 그리고 산업혁명을 진행했고, 이것을 배를 타고 대양을 건너 비유럽 지역에 전파하였다. 그리고 그들이 배백를포함하여에 신고 온 것을 문명이란 이름으로 보급하고 설득시켰다. 그래서 인류의 주된 삶의 공간이었던 육지 역시 바다해양를 통해 들어오는 문명을 수용하게 되고, '바다 = 문명'이라는 인식이 성립하게 되었다.

이 문명은 자본주의, 국민국가, 과학, 이성, 진화, 세계화 등과 같은 근대성 개념으로 정식화되었다. 근대화近代化, Modernization는 사회, 경제, 정치, 문화 등의 여러 분야에서 전통적인 방식에서 벗어나 새로운 시대에 맞는 방식으로 변화하고 발전하는 과정을 의미하는데, 주로 산업화, 도시화, 과학 기술의 발전, 법과 제도의 근대화 등을 포함하며, 근대화는 주로 서구 유럽에서 18세기 말과 19세기 초 산업혁명과 함께 시작되어 전 세계로 퍼져나갔다. 여기서 근대화는 단순히 경제적인 변화만을 의미하는 것이 아니라, 사회 구조, 가치관, 인간의 삶의 방식, 정치적 체제 등의 종합적인 변화를 포괄한다. 바다를 통해 서구식의 근대화가 동아시아에 전해지고, 이것의 수용과정에서 동아시아 근대성이 형성되었다.

따라서 '해양 = 근대성'이란 해석 역시 가능해진다. 주경철이 이 책에서 놓치지 않은 것은 바다를 통한 서구 근대문명의 전파 그리고 그 과정에서 발행한 폭력과 그로 인해 빚어진 갈등과 대립이다.[24] 다시 말해 바다를 통해 세계화가 진행되면서 드러난 폭력 그리고 그 폭력을 문명이라는 이름으로 미화했던 소위 근대화의 실체를 비판하고 있다. 그 폭력은 이미 '바다의 영토화'를 향한 근대 시기의 많은 전쟁해전으로 비화되었던 데서

---

24   주경철, 『문명과 바다』, 산처럼, 2009.

확인할 수 있고, 지금도 이것은 바뀌지 않았다. 이처럼 바다를 통해 근대 문명을 접한 동아시아 지역의 지식인들, 한국의 경우 일찍이 최남선은 지리학 전공자답게 새로운 문명을 바다와 결부시켰다. 이 점은 이광수의 계몽으로 이어지고 김기림과 정지용 등 근대주의자에 의해 확산된다. 하지만 김기림의 「바다와 나비」가 말하듯 식민지하의 근대 추구는 비운을 맞는다.[25] 한편 일본과 중국의 경우는 한국과 달랐다. 해금 정책을 고집했지만, 지역에 따라 바다로 나갈 길을 열어주었던 중국,[26] 16세기부터 외부 세력을 막아야 한다는 인식하에 해방海防을 내세우면서 바다에 대한 인식론을 만들어갔던 일본이다. 과장해서 말한다면, 바다를 어떻게 인식했는가의 차이가 근대화의 차이를 낳았다고 할 수도 있겠다.

이것은 용어에서도 드러난다. 해양이란 말은 우리의 바다를 표현하는 용어이다. 그런데 한자어인 해양은 海와 洋의 합성어이고, 해와 양은 모두 우리에게 바다로 통용된다. 동아시아 지역에서 해양 관련 용어의 성립과 관련해서는 중국사학자 조세현이 잘 정리해놓았는데, 그는 전통적인 해양 관련 개념과 근대적인 해양 개념으로 구분하였다. 고대 중국인들은 육지를 바다가 둘러싸고 있다고 보았기 때문에, 海는 물의 성격을 담은 지역적 경계라는 의미예를 들어, 四海를 지녔다. 이후 해는 다른 글자와 합쳐져 바다와 관련한 다양한 의미를 나타냈는데, 海禁해금, 海防해방, 海疆해강, 海口해구, 海內해내, 海外해외, 海夷해이, 海軍해군, 海權해권, 領海영해 등이 그렇다. 한편 처음부터 바다의 의미였던 海와 달리 洋은 원래 강이름의 하

25 구모룡, 앞의 글, 2002.
26 지역을 유동성과 복합성의 시각에서 분석해, 중국을 해양중국과 대륙중국으로 구분하는 논자도 있다. 이철호, 「동아시아 공간 인식에 있어 해양과 대륙」, 『세계정치』 제26집 2호, 서울대 국제문제연구소, 2005.

나에 불과했다. 이후 한없이 펼쳐진 물을 가리키는 해역海域의 의미로 확대되었는데, 육지를 낀 바다는 海, 이 海보다 너른 바다를 洋이라고 부르게 되었다. 근대 시기에 들어와서 洋은 바다로부터 온 외국의 물건을 가리키는 형용사 기능이 추가되고, 또 종래의 夷 대신 서양 열강을 가리키는 호칭으로 사용되었다. 그리고 해양海洋이란 말은 이미 송대부터 사용하기 시작하였고, 당대 말기부터 등장한 동양東洋과 서양西洋은 중국 남해南海를 중심으로 동쪽을 동양, 서쪽을 서양으로 부르던 말이다. 이후 지금의 '아시아의 바다'와 '유럽의 바다'와 같은 의미로 또는 바다洋를 중심으로 세계를 나누는 형태로 변화되었다.[27]

우리에게 바다라는 우리말 외에 바다를 표현하는 다른 말들은 모두 이처럼 한자어인 해와 양의 조합으로 구성된다고 할 수 있다. 연해沿海, 근해近海, 환해環海, 연해連海, 해역海域, 해항海港, 대양大洋 등이 그렇다. 이처럼 바다와 관련된 많은 용어들은 고대부터 현대에 이르기까지 다양하게 만들어지고 또 사용되었다. 한반도를 포함한 동아시아 지역민들에게 바다는 시대, 지역, 계층에 따라 인식이나 사유 속에 존재하기도 하고, 또 실제적인 삶속에서 경험해왔던 대상이었다. 그런데 앞에서 말한 것처럼, 이런 용어들 사이에는 전통과 근대적인 개념의 차이가 존재하는데, 그것은 바다에 대한 인식론과 세계관의 차이에서 유래한다. 예를 들어 해권海權, 해군海軍, 영해領海와 같은 근대적 개념은 서구적 국가관과 영토관이 바다에 투영된 것이다. 바다를 육지와 같이 영토의 대상으로 간주하고, 국민국가의 권력이 미치는 영역으로 표현한 것이다. 이것은 현재 해양영토분쟁으로 현상하며 바다에서의 국가간 대립과 갈등이 심화되고 있는데, 전통적

---

27   조세현, 『천하의 바다에서 국가의 바다로─해양의 시각에서 본 근대 중국의 형성』, 일조각, 2016, 31~36쪽.

으로 공해空海로서 공유의 대상이었던 바다가 더 이상 그렇게 이해되지 않게 되었다.

이러한 용어의 변화는 바다에 대한 인식 역시 바꾸었다. 그 대표적인 것이 바로 '바다의 영토화'다. '제국의 바다', '식민의 바다', '국가의 바다'라는 표현들은 모두 바다를 영토화하려는 세력들간의 다툼이 근대 이후 바다에 대한 인식을 바꾸었음을 지적하고 있다. 이렇게 보면 바다를 둘러싼 이와 같은 인식의 차이에서 바로 '근대와 反근대'의 문제를 확인할 수 있다.

그런데 최근 글로벌 히스토리의 관점에서 근대화를 서구중심적 시각으로 해석하는 것에 반대하는 연구에 기반해서 본다면, 과연 동아시아의 경우 특히 중국에서 서양 세력과 접촉한 광저우廣州를 비롯한 남방 연해지역이 본 근대문명, 그리고 그것이 중국의 변화를 추동한 것이라고 전면적으로 해석해 온 종래의 '전통과 근대'라는 도식은 상당히 의문스럽다. 중국 학자 왕후이가『해국도지海國圖志』를 쓴 위원魏源의 사유를 분석하면서, 청조의 북방 변경 지방의 외적 방어에 대한 관심이 컸던 위원이 동일한 시각에서 남방의 연해 변경에 관심을 가졌고 그래서 이 책을 쓴 것이라고 해석한 것의 이면에는,『해국도지』를 필두로 중국의 근대화를 서양의 충격에 의한 대응으로만 해석해온 종래의 관점에 대한 비판이 담겨 있다. 그래서 왕후이는 위원이 해상방어의 측면에서 해이海夷, 서양 오랑캐인 서양인 그리고 그 배와 조종능력 및 무기의 우월성에 먼저 주목한 것은 당시 청조의 시무時務에 부합하는 것이었다고 지적한다.[28] 아편전쟁이후 동아시아 지역이 서구식 근대화로 나아간 것은 부정할 수 없고, 또 대항해시대

---

28   汪暉,『現代中國思想的興起』上卷 第2部 第6章, 629쪽, 生活·讀書·新知三聯書店, 北京. 2004.

이후 유럽의 약탈적 방식을 모방하여 '바다의 영토화'를 추구한 것도 사실이다. 따라서 서구 근대를 극복하려는 탈근대적 전망을 동아시아 지역에서 발견하려는 노력 역시 이것에 대한 비판과 반성에서 시작할 수밖에 없다. 동아시아의 탈근대적 전망을 다시 해양의 관점에서 얘기한다면, 바로 '바다의 영토화'를 '바다의 공유화'로 되돌려놓는 것이 될 것이다. 이것은 최근의 이상기온으로 인한 해수면 상승을 초래한 환경오염의 방지와 생태계 복원과 같은 관점에서 '바다해양'가 거론되는 것과 연결하여 현실적 과제이다.

국문학자 남송우는 해양문명의 성격을 유동성, 개방성, 다원성 및 포용성으로 규정했다. 이것은 해양문화의 특성으로 생명의 본연성바다의 원형 이미지, 공존성, 교류성, 개방성을 제시한 것을 적용한 것이다.[29] 문명을 발전론의 시각에서 바라보는 헤겔의 주장에 대해서는 검토가 필요하지만, 해양문명(화)을 위와 같은 성격을 지닌 것으로 보는 시각에도 서구 근대성에 대한 비판이 담겨 있다. 이런 성격을 담은 소위 해양성을 탐구하는 일은 탈근대론의 시각에 서 있는 것이기도 하기 때문이다.

---

29 부경대 인문역량강화(CORE)사업단, 『해양인문학이란 무엇인가』, 한국학술정보, 2018, 17~18쪽.

제2장

근대학문의 형성과 해양

바다와 학문

최근에 출판된 한 기획 서적은, 오랫동안 공포의 대상이었던 바다가 인간의 삶과 밀접한 연관이 있음을 강조하면서 '바다의 인문학'을 주장하였다.[1] 이것은 오랫동안 육지적 사고를 중심으로 형성된 인류의 문화를 바다의 시각에서 새롭게 조망하자는 취지에서 나온 기획이다. 다른 한편으로는, 이것은 해양사를 비롯해 인문학 분야에서 바다와 관련된 연구가 늘어남에 따라 우리가 생각한 것보다 바다가 훨씬 더 인간의 삶과 밀접한 관계를 가지고 있으며, 그래서 이를 밝혀내야 한다는 의식의 발로이기도 하다.

그런데 지역에 따라 차이는 있겠지만, 전세계적으로 우리 인류에게 바다가 보다 친숙한 공간으로 인식되기 시작한 것은 소위 '근대'라는 시대 이후라고 볼 수 있다. 그것은 대항해시대라고 명명된 것처럼 인간이 대양을 횡단하기 시작했고, 이를 통해 지구가 바다로 연결되었음을 깨닫게 되었던 시기를 전후하여 근대가 시작되었기 때문이다. 이런 관계로 바다에

---

1   남종영·손택수·이하나, 『해서열전(海書列傳)』, 글항아리, 2016.

대한 과학적 탐구뿐만 아니라, 인문사회과학 분야에서의 바다해양를 매개로 한 일련의 관심과 연구 역시 대항해시대를 기점으로 크게 확대되었다고 할 수 있다. 서로 고립되어 발전해오던 세계의 여러 지역이 짧은 기간동안 바다를 통해 연결됨으로써 진정한 세계사지구사의 흐름이 형성되었다. 그래서 근대를 '바다의 시대'라고 하는 규정은 많은 연구자들에 의해시민권을 얻게 된 것이다.

이 장에서는 근대화의 전개특히 동아시아에서 바다해양가 어떤 역할을 했는지에 대해서 살펴본다. 그리고 근대화의 과정에서 바다에 대한 지식은 어떻게 형성되었고, 이 지식은 바다에 대한 지식으로서만이 아니라 근대학문의 성립에도 기여했는데, 그것은 또 어떻게 전개되었는지에 대해서 정리한다. 다시 말해 근대의 시작과 대양의 발견은 밀접한 관련이 있는데, 대양을 누빌 수 있었던 지적 배경과 대양을 항해하면서 얻은 지식이 서구의 근대화를 촉진했다. 대항해시대로 대변되는 해양 및 세계의 발견을 가능케 한 바다에 대한 지식은 이후 바다를 전문적으로 연구하는 해양학으로 발전하고, 또 근대적인 인문사회과학 분야의 학문을 형성케 한 바탕이 되었다는 관점을 견지하고, 이에 대해 서술한다.

1. 바다가 근대학문의 길을 열다

일반적으로 서구에서 근대는 16세기부터 시작된다고 본다. 이를 초기근대16~18세기 중반와 근대18세기 후반~20세기 초반로 구분하기도 하는데,[2] 보통 초

---

2   초기 근대와 근대 시기의 차이는 다음과 같다. 첫째, 경제적 발전 : 초기 근대는 상업과
     무역을 기반으로 한 경제적 발전이 이루어졌다면, 근대 시기에는 산업 혁명과 함께 기

기 근대의 특징으로 르네상스, 종교개혁, 과학혁명 그리고 대항해시대를 들고 있다. 그런데 이 모두는 서로 긴밀히 연결되어 서구 근대를 형성했다. 슈미트는 초기 근대의 특징인 르네상스와 종교개혁 역시 바다 원소와 밀접한 관련이 있다고 말했다. 그는 한 예로서 당시 바다를 주름잡던 스페인이 가톨릭을 대변하는 국가였던 점을 상기하고, 대양의 자식들인 사략선, 사략선원, 해적, 상업-모험가들이 해양에서 스페인 배를 납포했던 점을 들어 세계 가톨릭주의에 맞선 세계 프로테스탄티즘이라는 측면에서 이들이 세계사적 전선에 서있다고 해석한 것이다.[3]

해양이 유럽의 역사에서 중요한 요소이자 배경이었던 것은 1장에서 말한 브로델의 "지중해와 지중해 세계"라는 연구에서 확인할 수 있다. 그는 지중해를 세계역사에서 중요한 연결점으로 보고, 그곳에서 벌어졌던 무역, 전쟁, 문화적 교류 등이 어떻게 역사적인 흐름을 만들어갔는지에 대해서 얘기했다. 또 그는 해양의 "시공간적 지속성"을 강조하며, 역사적 사건들이 단기적인 요인만으로 설명될 수 없다고 주장했다. 당시 지중해에는 소위 '바다의 민족들'이 이것의 제해권을 놓고 다투고 있었는데, 이것은 생존의 문제였기 때문이다. 이 때문에 역사상 최초의 해적과 해병과 해전이 등장했다. 이 모두 바다와 항구의 통제권을 확보하기 위한 것이다. 이것을 상실했을 때 가장 위대한 제국들조차 늘 쇠락하고 말았다. 지

계화된 생산과 대규모 공장 제도로 발전했다. 초기 근대는 주로 농업 경제와 수공업 중심의 경제였으나, 근대는 대량 생산과 산업화가 주된 특징이다. 둘째, 정치적 변화 : 초기 근대에는 절대주의와 같은 왕권 강화가 나타났고, 민주주의는 아직 미완성이었으나, 근대 시기에는 프랑스 혁명과 같은 사건을 통해 민주주의와 시민 권리가 확립되고, 헌법과 법치주의가 강화되었다. 셋째, 사회적 변화 : 초기 근대는 대체로 봉건적 질서의 잔재가 남아 있었지만, 근대는 계급과 노동의 변화를 이끌었고, 노동 계급과 중산층의 형성, 도시화 등이 이루어졌다.

3 칼 슈미트, 김남시 역, 『땅과 바다―칼 슈미트의 세계사적 고찰』, 꾸리에, 2016, 56쪽.

중해에서 보더라도 무역교역은 전쟁을, 또 항구도시를 통한 문화적 교류를 발생시켰다. 이는 자연스럽게 바다에 대한 지식 그리고 바다를 활용하는 능력을 향상시키게 된다. 대부분의 혁신들이 바다에서 이루어진 것이거나, 바다를 항해하기 위해서 만들어졌던 것이다. 더 큰 배를 만들게 되면서 지중해를 벗어나 대서양으로 진출하게 되고, 궁극적으로는 전 세계의 대양으로까지 진출하게 되었는데, 여기서 중요한 것은 바로 조선술과 항해술의 발전이다. 그리고 해군의 양성은 안전한 해상로를 확보하고, 또 언제 발생할지 모르는 해상에서의 교전에 대한 대비였다.

지중해를 중심으로 전개된 이와 같은 해상에서의 교역과 전쟁 그리고 문화적 교류가 형성한 '지중해 세계'는 이후 대서양을 시작으로 전 세계의 대양을 무대로 다시 형성되기 시작했다. 지중해 세계를 전 세계 해양으로 옮겨 놓는 과정은 교역 규모와 공간 그리고 이동의 확대를 수반한다. 대항해시대15세기 후반~17세기 초반는 유럽 국가들이 새로운 무역로를 개척하고 해외로 진출한 시기로서, 이 시기의 변화가 서구 근대화의 중요한 토대를 마련했던 것이다. 그리고 동시에 대항해시대는 서구 근대화의 형식을 전세계에 보급하는 과정이기도 했다.

유럽의 근대화는 슈미트의 말처럼 대항해시대를 통해 다양한 지적 흐름이 형성되면서 근대학문이 탄생함에 따라 추동되었다. 그리고 이것이 대양을 통해 비유럽권에도 전파된 것이다. 근대학문은 우선 바다에 대한 지식의 급격한 발전에서 기인했다. 유럽 국가들이 대양을 항해하면서 바다에 대한 지리적, 과학적 탐구가 활발히 이루어졌기 때문이다. 한편 근대 과학혁명16~18세기은 바다에 대한 체계적인 연구를 촉진했는데, 17세기와 18세기에는 천문학과 지구과학이 발전하면서, 바다에 대한 과학적 항해가 가능해졌다. 갈릴레오 갈릴레이는 망원경을 사용하여 별과 해양을 연구했으며, 아이작 뉴턴은 만유인력의 법칙을 통해 해양의 조석과 해류를 설명하는 이론을 제시했다. 해류와 기후에 대한 연구도 이 시기에 활발히 이루어졌다. 특히, 벤저민 프랭클린은 북대서양 해류를 연구하여, 해류의 흐름이 항해에 중요한 영향을 미친다는 것을 밝혀냈다. 게다가 18세기 말, 제임스 쿡 선장은 태평양을 항해하면서, 지도 제작과 해양의 지리적 탐사를 체계적으로 진행했는데, 그의 탐험은 바다에 대한 이해를 한층 더 심화시켰다. 게다가 항해술 자체도 발전했는데, 대항해시대의 대표적인 항해자들인 크리스토퍼 콜럼버스, 바스코 다 가마, 페르디난드 마젤란 등의 탐험가들은 카르타그램과 지도를 작성하며, 바다에 대한 구체적인 지식을 축적했다. 항해용 지도인 포르투갈의 항해 지도나 아프리카 해안의 지도가 대표적인 예다. 또 대항해시대 동안 자석 나침반과 별을 이용한 항법이 발전하면서, 항로를 더욱 정확하게 계획할 수 있었다. 특히, 해양별인 북극성을 이용한 항법은 중요하게 여겨졌다. 대항해시대의 탐험은 새로운 대륙과 해양을 발견하며, 상대적 위치와 해류, 항로 등에 대한 지식을 축적하였다. 콜럼버스의 아메리카 대륙 발견이나 마젤란의 세계 일주는 대양에 대한 이해를 크게 변화시켰다. 근대 이후에는 바다에 대한 연구가 더욱 과학적이고 기술적으로 발전했다. 특히, 19세기와 20세기에는 '해양학'이라는 새로운 학문이 탄생했고, 현대의 기술을 통해 바다에 대한 지식은 비약적으로 확장되었다. 이처럼 대항해시대를 거치면서 바다 자체 그리고 바다를 활용하는 나아가 전 세계 바다를 둘러싼 지리 지식 등이 확대되었다.

아울러 교역을 위한 해상 이동은 당연히 그 수단인 배[4]의 발전을 요구

---

4   참고로 배(ship)라는 단어는 원래 선박 일반을 가리키는 용어가 아니라, 돛대 세 개에 모두 가로돛을 단 특정 형태의 함선만 가리켰다고 한다.

했다. 이미 대항해시대 전 발트해와 대서양에 여러 항구가 설치되고, 14세기 초에는 70개가 넘는 도시들을 결집한 한자동맹이 형성되어 1,000척이 넘는 배를 운영했다. 같은 시기에 베네치아 역시 상업 세계의 중심이 되어 1425년에는 갤리선이 3,000척을 넘었는데, 그 중 300척은 군사용이었다. 이후 차례로 포르투갈과 네덜란드가 배를 개량하고 지도를 제작하여 16세기말 세계적인 해양 루트를 개발하였다. 지중해보다 큰 대양을 항해하기 위해서는 이것이 가능한 배의 제조가 필수적이다. 예를 들어, 네덜란드가 비상하게 된 것이 1590년부터 특별히 고안된 암스테르담의 조선소들을 통해 새로운 배를 발명하고 산업화된 방식으로 건조한 덕분인데, 바로 이 새로운 배가 플라위트라고 하는 수송선이다. 이 플라위트 덕분에 네덜란드는 유럽 전체 다른 모든 선단의 여섯 배에 달하는 화물을 운송할 수 있었다.[5] 네덜란드 동인도회사가 설립된 것이 1602년인데, 이것은 조선 능력과 무관하지 않다.

대항해시대 동안, 유럽의 여러 국가들은 아메리카, 아프리카, 아시아 등으로 항해를 떠나 새로운 무역로를 개척했고, 이는 상업적 확장과 무역의 활성화를 가져왔으며, 유럽 경제에 큰 변화를 일으켰다. 특히 스페인, 포르투갈, 네덜란드, 영국 등은 식민지에서 얻은 자원과 상품들을 통해 부를 축적했고, 이로 인해 자본주의 경제 체제가 형성되었으며, 이는 근대 경제의 기초가 되었다. 또 대항해시대의 무역과 상업 활동은 은행 시스템, 주식회사 등의 금융 제도의 발전을 촉진시켰다. 이는 근대 경제의 중요한 특징인 시장 경제와 금융 자본주의의 확립에 기여했다. 아울러 대항해시대에 유럽 국가들은 대서양과 태평양, 인도양을 횡단하여 식민지

5   자크 아탈리, 전경훈 역, 『바다의 시간』, 책과함께, 2021, 111쪽.

를 개척하고, 이를 통해 정치적, 경제적 지배를 확대했다. 이는 동시에 유럽 국가들이 근대 국가의 형태를 갖추는 데 중요한 역할을 했다. 식민지에서 얻은 자원을 통해 경제적 기반이 강화되었고, 이는 근대 국가의 형성과 국제 정치 질서의 변화를 이끌었다. 특히, 영국과 네덜란드는 대항해시대 동안의 식민지 무역을 바탕으로 강력한 근대 자본주의 국가로 발전하였고, 국가주의와 민족주의의 기초가 되는 정치적 변화를 경험하게 되었다. 또한 대항해시대의 무역과 경제적 번영은 근대 정치에서 중요한 자본의 축적을 가능하게 했다.

또 대항해시대의 탐험과 식민지 개척은 유럽인들에게 세계관의 변화를 가져왔다. 새로운 대륙과 다양한 문화와의 만남은 서구 문화에 다양성과 다른 문화에 대한 인식을 심어주었으며, 이는 근대 인문주의와 인간 중심의 사고로 이어졌다. 대항해시대의 경험은 또한 지구는 둥글다는 사실을 증명하는 등 지리적 이해와 함께 철학적·과학적 사고의 발전을 이끌었다. 특히 근대 과학혁명은 인간이 자연과 우주를 이해하는 방식에 큰 영향을 미쳤으며, 이는 서구 근대의 중요한 문화적, 지적 기반이 되었다. 따라서 대항해시대는 서구 근대화의 중요한 전환점이자 촉진제로 작용한 시기였다.[6]

『바다의 철학』 저자인 군터 슐츠는, 바다를 '물리적 바다'와 '도덕적인 바다'라는 이중의 관점으로 봐야한다고 지적한 요한 게오르크 바흐 1693~1775의 말에 기반해, 후자는 누가 바다의 지배권을 가질 것인가 하는 문제를 얘기한다고 말했다. 바다의 본성이 소유와 대립하기 때문에 바다

---

6   주경철은 해적선이 일반 선박과 달리 새로운 종류의 공동체를 형성했다고 하는데, 이들은 망망대해를 돌아다니며 살아야 했기 때문에 무질서가 아니라 선상질서 곧 해적 규약을 만들어 그들만의 민주주의를 실현했다고 적었다. 『문명과 바다』, 2009, 177쪽.

는 공유재산이다. 그래서 모든 민족은 교역을 위해 바다를 사용할 수 있다. 이 자유로운 바다는 자유무역을 실현시킨다. 이런 바다의 성질은 자연스럽게 철학에서 코즈모폴리터니즘세계시민, 휴머니티헤르더, 국제법칸트을 도출해낸다. 루소가 얘기했고, 헤겔이 주목한, 교역해상무역이 문명 및 교양과 맺는 관계는 평등을 키워 귀족계급의 특수한 위치를 무너뜨리도록 돕는다. 그래서 게오르크 지멜은 해상무역을 추동하는 것은 돈이지만, 돈과 바다가 기존의 사회질서를 갈아엎는다는 점에서 일치한다고 보았다. 곧 지멜에게 해상무역은 시민사회의 일이며 계급 차이를 없애는 행위였던 것이다. 나아가 헤겔은 바다가 교양을 키워 준다고 강조했다. 이것은 바다를 통한 교류에서 재화뿐만 아니라 생각과 지식을 나누어 교양을 키우기 때문이다.

사실 대양 즉 난바다를 항해하게 되면서 어느 누구도 이곳에서는 정주할 수 없다고 못박고, 이에 바다는 자유로운 공간으로 남아야 한다. 이것이 이후 해양법의 기초가 되었고, 동시에 자유무역을 실현하는 바탕이 되었다. 이렇게 근대 해양법의 기초를 세운 그로티우스가, 바다는 오로지 공동재산이라는 인식을 전제해야 한다, 곧 바다의 소유권을 주장하는 것은 바다의 본성을 어기는 일이라고 주장했지만, 근대는 이렇게 바다를 오용시키는 형태로 전개되었다.[7]

이 때문에 대항해시대를 거치면서 해상에서의 전쟁 또한 빈번하게 일어났다. 이것은 유럽에서 있었던 군사혁명이 해상으로 전개된 것이라고 해석할 수 있다.[8] 칼 슈미트가, 한 국가나 민족이 자신의 실존 전체를 다른 원소가 아닌 바다를 향해 결단한다는 문제를 제기하면서 지중해 세계

---

7   군터 슐츠, 김희상 역, 『바다의 철학』, 이유출판, 2020, 89~120쪽.
8   군사혁명과 해전의 관계에 대해서는 다음 절에서 설명한다.

도 그렇지 못했다고 한 것을 해전에서 찾았는데, 그것은 해전의 양상이 배위에서 이루어지는 육지전적 특성이 지녔기 때문이라고 말한 적이 있다. 그가 바라는 진정한 해전은 결국 16세기 새로운 군함이 등장하여 고도의 항해술과 결부된 원거리 대포-교전^{Artilleriekampf}이었다. 이는 당시 모든 유럽의 '운송업자'이었던 조선술이 발달한 네덜란드의 배가 바탕이 되었는데, 이 새로운 기술에 대한 최초의 근대적 의미의 학문적인 서적이 1679년 프랑스인 예수회 신부 폴 오스테가 쓴 『해양 군대의 기술 혹은 해양 진화의 협정』이라고 하였다.[9]

자크 아탈리는 18세기말 한 때 개척자들의 것이었던 바다가 다시 닫혀버렸다고 하면서 그 이유를 새로운 에너지원^{석탄과 석유}과 새로운 추진 방식^{外車와 스크루}을 사용하는 선박들한테서 찾았다. 이 선박들이 기존의 운송방식을 전복하고, 산업화, 경쟁, 분업을 촉진했으며, 사람과 사상, 공산품과 원재료와 농산물의 대규모 이동을 이끌었다.[10] 자크 아탈리의 이런 생각은, 칼 슈미트가 거대한 물고기였던 리바이어던이 기계로 변신한, 실로 특별한 종류의 본질적 전환^{Wesenswandlung}이라고 말한 것을 상기시킨다.[11] 이러한 배로 건설된 해군은 제국을 건설케 했다. 이제 전세계 제해권을 위해 해전을 불사하게 된 것이다. 이러한 서구 근대국가가 해군을 끌고와 동아시아 바다에 등장한 것이 바로 아편전쟁이다. 물론 이면에는 경제적인 교역의 욕구가 있었지만 말이다.

---

9   칼 슈미트, 앞의 책, 46쪽.
10   자크 아탈리, 앞의 책, 125쪽.
11   칼 슈미트, 앞의 책, 119쪽.

2. 해전海戰이 동아시아 근대학문을 낳다

반복되지만, 사실 바다에 대한 관심과 연구는 이미 어떤 이유로 말미암아 유럽인들이 바다로 몰려가게 된 데서 시작되었다. 그리고 이 유럽인들이 바다로 향했던 것이 바로 근대의 시작을 알렸다. 돈을 벌기 위해서, 물자를 구하기 위해서, 기독교도의 나라를 건설하기 위해서 그 이유는 다양했고, 또 이러한 목적을 추구하는 이들이 바다로 달려갔다. 그런데 바다는 세계를 연결하고 있고, 그래서 대양을 건넜던 이들은 결국 동아시아 해역에까지 이르렀다. 동아시아를 비롯한 비서구의 근대를 '충격과 수용'의 과정이라고 보았던 틀을 통해서 얘기한다면, 바로 바다를 통한 충격과 수용이라고 할 수 있고, 충격과 수용이 낳은 문화접변이 발생한 곳이 바로 해역이었다.

대항해시대를 열었던 유럽인들에게 가장 시급한 해양 관련 지식과 물품은 항해를 위한 배, 조류, 풍향, 해도 그리고 자신을 보호할 무기 등이었다. 그래서 항해를 위해서는 선박 제조와 항해술 그리고 지리학이 중요했다. 그리고 유럽인들의 대항해가 '발견'과 '탐험'의 시대에서 '정복'과 '교역'의 시대로 전환하면서 선박용 대포와 같은 무기의 개발 역시 필요했다. 그리고 전쟁海戰을 위한 해군의 창설로 이어지면서 군사학도 발전한다.[12] 이와 같은 해양 관련 학문은 비서구권 곧 동아시아 지역에도 전파되는데, 특히 아편전쟁1840에서의 패전이 그 계기가 되었다.

앞에서 말했듯이, 대항해시대 이후 서구의 근대화 과정은 해양의 관점에서 보면 역시 재해권을 둘러싼 투쟁으로 점철되었다. 제해권의 문제는

---

12   유럽의 이러한 변화에 대해서는 주경철, 『대항해시대-해상 팽창과 근대 세계의 형성』, 서울대 출판부, 2008, 3·4장 참조.

자연스럽게 해양에서 전투력 곧 군사력이 강조되고, 따라서 이를 양성하고 보유할 제도와 예산을 갖춘 국민국가의 성장과 궤를 같이 한다. 곧 자국의 이익을 도모하는 자유무역과 식민지 개척을 실현하기 위해 군대 특히 해군의 양성이 긴요했다. 이것은 초기 근대시기 진행되었던 서구의 군사혁명과 연결된다. 군사혁명Military Revolution은 군사 기술, 전략, 조직의 변화와 함께 국가의 군사력 및 전쟁 수행 방식의 근본적인 혁신을 말한다. 이 혁명은 해양과 밀접하게 연결되었으며, 특히 해양 국가들인 영국, 네덜란드, 스페인 등이 이러한 변화의 중심에 있었다.[13]

동아시아를 비롯한 비유럽의 해양권역에서는 이러한 서구 국가들의 배를 보고, 저 바다 너머의 존재를 깨달았다. 특히 동아시아 지역의 해안에서는 이 배를 흑선黑船, 이양선異樣船 등으로 불렀고 심지어 조선에서는 악령으로까지 인식했었다. 이러한 유럽 배에 대한 이 지역민들의 공포는 동아시아 지역의 맹주였던 청나라가 아편전쟁에서 영국에 패배하는 것을 목도하는 순간 더욱 확대되었다. 이 공포와 열패감은 자연스럽게 동아시아 지역인들의 유럽에 대한 인식을 추동했고, 나아가 이 유럽을 배우고자 했다. 그 배움학문의 첫걸음이 바로 흑선이양선에 대한 것이었고, 이것은 자연스럽게 해군의 양성으로 이어졌다. 곧 바다에 대한 인식과 연구는 바로 해군에서 출발했고, 이것은 자연스럽게 동아시아 근대학문 수립의 순서를 규정했다.

이를 설명하는데 대표적인 텍스트가 위원魏源의 『해국도지』1842라고 할

---

13 군사혁명과 해양의 관계는 해상전투의 발전, 대형전함의 등장, 화포와 총기의 발전으로 나타났고, 또 군사혁명은 국가 간의 해상 군사력 경쟁을 촉발시켰다. 특히 해상 군사력은 유럽 강국들 간의 세력 균형에 중요한 영향을 미쳤는데, 해양에서의 우위 확보는 각 국가의 군사적, 경제적 성패를 좌우하는 중요한 요소였기 때문이다.

수 있다. 최종 120권에 달하는 이 저서는 당시 중국지식인이 해양을 중심으로 변화된 주변 상황을 분석하고, 여기에 청조 정부가 어떻게 대응해야할 것인지를 기술한 책이다. 특히 서양의 침공에 대해 이이공이以夷攻夷, 사이제이師夷制夷, 이이관이以夷款夷 등의 대처방안을 제시한 『해국도지』는 청淸뿐만 아니라 조선과 일본에도 영향을 주었다. 서문에 해당하는 「주해편籌海篇」에 어양禦洋의 대책으로 앞서 말한 3가지 대처방안을 의수議守, 의공議攻, 의관議款으로 나누어 설명하고 있다.

　의수는 어적禦敵하는 방법으로, 적을 내하內河, 해구海口, 외양外洋 중 어디서 막는 것이 좋은지 설명하고 있으며, 또 병력을 훈련하는 방법에 대해서도 연토병練土兵, 연수용練水勇으로 나누어 기술하였다. 의공은 어수보다 더 적극적인 공세적 외적外敵 퇴치 방법인데, 여기에는 외적의 적을 활용하는 '이이공이'와 양이洋夷의 장기를 배워 양이를 제어하는 '사이제이' 두 가지 방법이 소개되어 있다. 마지막으로 양이와 조약을 맺고 상화相和하는 방법을 설명한 의관에서도 서양 각국의 통상요구를 들어주어 호시互市하는 것과 아편에 대한 통시通市 대책 등 두 가지로 크게 나누어 설명하고 있다.[14]

　「주해편」의 내용을 정리하면, 첫째, 지형지세를 적절히 이용하면서 기습공격을 감행하여 적을 제압할 수 있도록 수비를 철저히 한 후에, '이이제이'나 '사이제이'의 방법으로 적을 공격하는데, 이를 위해서는 반드시 적의 정세와 동향을 철저히 파악하여 그들의 앞선 병기제조 기술과 서양제국 상호간의 친소관계에 대해 관찰하고 연구하여야 한다는 어적의 논리이고, 둘째, 이러한 군사적 대응이 불가능할 때는 차선책으로 양이

14　元載淵, 「『海國圖志』收容 前後의 禦洋論과 西洋認識─李圭景(1788~1856)과 尹宗儀(1805~1886)를 중심으로」, 『韓國思想史學』 第17輯, 한국사상사학회, 2001, 401~402쪽.

와 조약을 맺고 교역통상을 하는데, 그들의 앞선 경영기술과 조직을 배우고 교역에 부가하는 관세의 운용을 통해 아편과 같은 해로운 물품은 점차 줄여나가고 쌀과 같은 유용한 식량의 도입을 늘려간다는 어적의 논리이다.[15]

이러한 인식하에 세계 지도 및 각국의 각종지지地志, 세계 자연지리 총론, 종교, 역법, 연대의 비교표, 중국 유명인의 해방론海防論, 신문잡지의 대외관계 기사 초략, 해방무기 관련 논의와 도설圖說, 서양과학 기술론, 지구과학적 자연현상의 자연지리석 해설 등을 망라하여 내저를 완성했다. 『해국도지』는 아편전쟁 뒤에 쓰여진 탓인지, 해방海防이라는 시각이 두드러지게 드러난다. 해금海禁이 안에서 밖으로 나가는 것을 막는 것이라면, 해방은 밖에서 안으로 들어오는 것을 막겠다는 뜻이다. 청이 정해 놓은 교역의 방식을 무너뜨리고 보다 많은 통상을 요구하다가 급기야 군대를 동원한 영국을 비롯한 서양 열강의 침략을 막는 방식을 제시한 것이다. 그래서 우선적인 것은 군사 방면이고, 그 다음이 통상이다.

군사 방면에서의 요구에 따라 『해국도지』는 비교적 상세하고 정확한 지리학 지식은 물론 전 세계 각 지역과 국가의 정치, 경제, 풍속, 물산 등과 관련된 지식을 수록하였다. 이로 인해 내륙 제국을 해양시대의 복잡한 네트워크 속에 위치 지음으로써, 대륙의 제국이 해양시대 주권 국가로의 전변을 위한 지식상의 근거를 제공해주었다. 그리고 해방의 요구는 『해국도지』를 단순한 지리학을 비롯한 세계 각국의 실정을 전달하는 저작이 아니라, 해안 방어의 전략과 군사 교육 및 무기 제작 등도 기술하고 있는 데서 알 수 있듯이, 하나의 군사 저작이라는 성격도 갖게 하였다. 원래 근

<hr />

15   元載淵, 앞의 글, 406쪽.

대 지식 체계 내에서 '지리학'의 중요성은 근대 세계체제의 군사적 성격에 의해 결정된 것으로, 혹자는 근대 무역의 군사 및 그 기술에 대한 의존에 의해 결정된 것이라 말하기도 한다.

영국 식민주의의 무역은 자연적, 자발적, 사적인 성격의 무역이 아니라, 국가의 군사적 보호 특히 원양 능력을 지닌 해군의 범주 내에서의 무역으로, 영국에 의해 주도된 세계 경제와 결합시키는 작용을 하였다. 그런 점에서 위원은, 특히 동인도회사의 폐해를 주목하면서 동인도회사의 기능에 대해, 회사는 타국과 통상을 시작할 때 함선과 화포를 만들고, 운하를 정비하고, 포구를 점령하고, 상가를 구축하는데, 이는 일시에 수만 금의 비용이 드는 일이라 한두 상인이 혼자서 할 수 있는 일이 아니다. 그렇기 때문에 반드시 많은 사람들의 힘을 모아야 가능하며, 심지어는 국왕의 자본을 빌려 도모하기도 한다. 따라서 회사가 아니라면 이루어질 수 없다고 인식했다. 이는 영국 식민무역에 대한 정확한 개괄이다.

당시 청정부가 가장 중요하게 바라본 것 역시 해군을 앞세운 서양 열강의 군사력이었다. 이것은 무역을 위한 해상교통로 및 거점 확보를 위한 방안이며, 유럽의 정부들이 국가적 차원에서 지원해야할 대상이었다. 그래서 해군의 창설 그리고 군사적 보호에 의한 통상무역의 확대라는 형태가 서양 열강에 의해 전개되었던 것이다. 이는 영국보다 먼저 대아시아 무역에 뛰어든 네덜란드 동인도 회사가 내건 "전투 없이 거래 없다No business without battle"라는 캐치프레이즈의 다른 버전이다. 아편전쟁을 통해 이를 간파한 위원이 『해국도지』에서 군사적 방어와 공격을 맨 앞에 제시한 것은 너무도 당연하다. 한편 『해국도지』가 또 다른 의미를 갖는 것은 바로 많은 분량을 할애해 적은 해양과 관련한 기록이다. 이는 위원이 해상활동 즉 해양에 기반한 시대가 도래했음을 인식했다는 방증이다. 이웃해서 영토를 둘러싸고 분쟁^{전쟁}을 일으킨 적이 없는 국가와 교역 및 전쟁을 하게 된 시대 곧 해양시대라는 것을 깨달았다는 것이다.

일반적으로 해양 군사력에 의해 지배되는 세계 정치와 경제의 권력 관계야말로 해양시대의 주요 특징으로 간주된다. 일찍이 해양력이라는 개념을 내세워 해양시대의 도래를 정당화했던 알프레드 머핸^{Alfred Thayer Mahan}은 해군력 각축을 통한 국가 간의 전쟁이나 해상 무역을 통한 국가의 부강이라는 측면에서 해양관계가 매우 중요한 역할을 해왔음을 입증하였다.[16] 각국이 자신들의 영토가 아닌 공동의 해상항로에서 경쟁하는 데 빠르고 편리한 수로 교통과 운송의 발전은 필수적이며, 또한 상업운송에 대한 군사적 보호와 해상운송로 확장을 보장할 수 있는 군사력은 불가피한 요소다. 해양 패권 국가는 어느 지역에나 자유롭게 군대를 보낼 수 있다. 이런 상황 하에서, 해양을 지배할 능력이 없는 국가는 군사적으로도, 또한 상업적으로도 커다란 피해를 입을 수밖에 없었다.[17]

이렇게 본다면, 근대학문 역시 해양 지식과 항해술, 선박 제조 그리고 군사력을 종합한 해군에서 출발한다고 해도 과언이 아니다. 해군은 단순한 무장집단이 아니라 과학과 기술이 집적한 군사기구로서 그 구축 과정은 근대화를 촉진하는 역할을 담당하였다. 해군의 성립은 항해, 통신, 조선, 연료 개발, 항만 정비, 기관, 총포 제조 등과 관련한 근대과학과 산업기술의 발전을 전제하고 있다. 또 이런 기술에 숙달된 인력 양성과 사회 전반에 걸친 과학기술의 발전이 뒷받침되어야 한다. 따라서 해군 발전의

---

16 알프레드 세이어 마한, 김주식 역, 『해양력이 역사에 미치는 영향(*The Influence of Sea Power upon History*, 1660~1783)』 1·2, 책세상, 1999.

17 김태만, 「『海國圖志』에 나타난 魏源의 세계인식 연구」, 『중국학』 51집, 대한중국학회, 2015, 180쪽.

역사를 보면 어느 정도 그 국가의 근대화 과정을 이해할 수 있다는 지적은 타당하다.[18] 해군의 건설을 통해 근대국가로 가장 빠르게 성장한 동아시아 국가는 일본이다. 섬나라 일본은 이미 막부시기부터 해방론이 등장하여 해상 방위와 국가 존립의 문제를 심각하게 고민하였다. 특히 아편전쟁은 해방론을 더욱 활성화시켰다. 영국위협론이 일본 전국 총동원의 해방령론으로 부각되었다. 이후 막부말기 '해군혁명'이 전개되면서 서구 해군체제의 전파와 수용이 이루어졌다.[19]

동아시아 지역 역시 역사적으로 보면 바다해양과 관련한 활동은 있었고, 명나라 때 정화鄭和가 대양 원정을 떠났던 사실도 있었다. 하지만 그이후 바다로 나가지 않았고, 그래서 그동안 잔잔하던 바다가 갑자기 요동치게 된 것은 19세기 동아시아 해안에 등장한 서구인들의 배였다. 그이후 해군 창설로 시작된 동아시아 근대화는 차츰 서구의 근대를 다양한 층위에서 수용하면서 현재까지 진행되었다. 동아시아 근대성을 탐문하는 것은 결국 서구 근대성에 대한 반추이기도 하다. 이를 일본사상가 다케우치 요시미는 '방법으로서의 아시아'라는 개념을 통해 서구 근대에 대해 근원적인 질문을 던지고 인류의 미래 문명에 대한 고민을 제기하였던 것이다.[20]

---

18   馮靑, 『中國海軍と近代日中關係』, 錦正社, 2011; 조세현 앞의 책 185쪽에서 재인용.
19   막부말기 해군혁명의 전개과정과 관련해서는 박영준, 『해군의 탄생과 근대 일본』, 그물, 2014, 2·3장 참조.
20   다케우치 요시미, 서광덕·백지운 역, 『일본과 아시아』, 소명출판, 2004, 169쪽.

3. 해양 관련 학문의 탄생

1) 해양인문사회과학

앞의 절에서 언급한 위원의 『해국도지』는 해금 정책으로 인해 바다로 나가는 것이 제한적이었던 동아시아 해역에 출현한 흑선이양선으로 대표되는 서구 근대를 동아시아인이 주체적으로 인식하고 이를 학습하기 위해 시도된 소위 '양무'의 결과이다. 이 책이 담고 있는 핵심적인 주제는 해국海國의 군사력과 경제력이다. 이를 바다와 연결해서 정리한 것인데, 이렇게 보면 바다와 관련된 학문이 서둘러 형성되었음을 알 수 있다. 그것을 앞에서 해군과 근대학문의 탄생으로 정리했다. 해군력의 강화는 과학기술뿐만 아니라 다양한 학문 분야의 발전을 추동했다. 특히 '바다의 영토화'가 국가적 과제가 된 근대 이후 머핸이 말한 해양력은 한층 더 중요해졌다. 이로 인해 자연과학 분야는 말할 것도 없고, 사회과학 분야의 해양 관련 학문은 주로 국제법해양법, 정치외교학, 경제학, 사회학 등이 해상물류, 해상영토, 연해 생활환경 등의 문제에 대응하는 형태로 발전했다.

사실 현대 시기 해양과 관련된 학문은 바다와 해양 환경, 해양 생태계, 인간 사회와의 관계를 탐구하는 여러 학문 분야를 포함한다. 각 학문은 해양과 관련된 다양한 측면을 다루며, 자연과학, 사회과학, 인문학 등 여러 분야에 걸쳐 연구된다. 주요 학문으로는 해양학, 해양생물학, 해양환경학, 해양기술학 외에 해양정치학, 해양경제학, 해양법학, 해양사회학, 해양심리학, 해양교육학, 해양인문학 등이다. 이를 구체적으로 말해보면, 첫째, 해양학Oceanography은 바다의 물리적, 화학적, 생물학적, 지질학적 특성을 연구하는 학문으로, 세부 분야에는 바다의 물리적 특성, 파도, 해류, 기후와의 상호작용 등을 연구하는 물리 해양학Physical Oceanography, 바다의 화학적 성분과 물질의 순환, 해양 오염 등을 다루는 화학 해양학Chemical Oceanography, 또 해양 생태계와 해양 생물들의 분포 및 생태적 상호작용을 연구하는 생물 해양학Biological Oceanography 그리고 해양 바닥의 지질 구조와 그 변화, 해저 지진 등을 연구하는 지질 해양학Geological Oceanography이 있다. 그 외에도 기후해양학과 해양공학 등이 있다. 해양학은 단순히 바다에 관한 학문을 넘어, 지구 환경을 이해하고, 기후 변화, 해양 오염, 자원 개발 등 다양한 문제를 해결하는 데 중요한 역할을 한다. 해양은 지구 표면의 약 70%를 차지하고, 기후와 대기 순환에 큰 영향을 미치며, 지구의 기후 시스템, 생태계, 자원 관리에 중요한 기여를 하고 있다. 따라서 해양학은 우리가 직면한 많은 환경적, 경제적 문제들을 해결하는 데 필수적인 학문으로, 예를 들어, 해양 보호, 해양 자원 관리, 기후 변화 대응 등의 문제를 해결하기 위해서는 해양학적 연구와 그 결과가 매우 중요하다. 해양학은 또한 인간 활동이 해양에 미치는 영향과 해양이 지구 환경에 미치는 영향을 다루기도 한다.

둘째, 해양 생물학Marine Biology은 해양 생물과 그들의 서식지, 생태적 관계를 연구하는 학문으로, 해양 생물의 다양성, 해양 생태계의 기능, 해양 환경 변화가 생물에 미치는 영향 등을 다룬다. 예를 들어, 산호초 생태계, 해양 포유류, 어류, 플랑크톤 연구 등이다. 셋째, 해양 환경학Marine Environmental Science은 해양 환경의 보전과 관리, 해양 오염, 기후 변화가 해양에 미치는 영향을 연구하는 분야로서, 해양 오염, 해양 산성화, 해양 생태계 보호 및 복원, 해양 자원의 지속 가능한 관리 등이 포함된다. 넷째, 해양 기술학Marine Technology은 해양 환경에서의 기술적 도전과 해결책을 다루는 학문으로, 해양 탐사 기술, 해양 로봇 공학, 해양 선박 기술, 해양 구조물 설계 그리고 해양 드론과 로봇, 해양 에너지 발전 기술 등을 포함한다.

이상이 자연과학 분야라면 다음은 사회과학분야이다. 첫째, 해양 경제학Marine Economics은 해양 자원과 해양 산업이 경제에 미치는 영향을 연구하는 분야로, 해상 운송, 해양 자원 개발, 어업 경제, 해양 관광, 해양 무역 등을 다룬다. 구체적으로는 해양 자원의 경제적 가치, 해양 산업의 성장과 규제, 해양 경제 정책 등을 분석한다. 둘째, 해양 법학Maritime Law은 해양과 관련된 법률 문제를 연구하는 학문으로, 해양 경계, 해양 자원 소유권, 해상 사고, 국제 해양 법률 등이 포함된다. 국제 해양법, 해상 사고와 구호, 해양 환경 보호법 등이 그 예다. 셋째, 해양 정치학Maritime Politics은 주로 해양을 둘러싼 국제적 정치적 문제를 연구하는 분야로서, 해양 영토 분쟁, 해양 자원의 국제적 협상, 해상 무역과 정치 경제, 해양 안보 문제 등을 다룬다. 예를 들면, 남중국해 분쟁, 해양 자원의 국제적 협상, 해양 군사적 긴장 등이다. 넷째, 해양 사회학Maritime Sociology[21]은 해양 사회의 사회적 구조와 해양 산업에서 일하는 사람들, 해양 공동체의 삶을 연구하는 분야로서, 해양 노동, 해양 공동체의 사회적 특성, 해양 산업 근로자들의 삶 등을 다룬다. 다섯째, 해양 교육학Marine Education이다. 해양 환경과 관련된 교육 프로그램과 그 효과를 연구하는 분야로서, 해양 교육 커리큘럼

---

21 해양사회학이라고 하더라도 Maritime Sociology, Marine Sociology, Sociology of Oceans, Socio-Oceanography라는 식으로 구분할 수 있다. 앞의 두 개는 인간과 바다의 상호작용에 중점을 두는 반면, 세 번째 바다의 사회학은 해양 공간이 사회적 차원에서 미치는 글로벌적인 영향을 다룬다. 맨 뒤의 사회-해양학은 사회학과 환경 과학을 결합한 학제간 접근법으로, 인간 사회와 해양 시스템의 상호작용을 사회적 및 환경적 관점에서 연구한다. 공통적으로 ① 인간과 환경의 상호작용 : 인간이 바다를 어떻게 이용하고, 바다와 어떻게 함께 살아가는지. ② 글로벌 연결성 : 바다를 통한 무역, 이주, 그리고 문화적 교류. ③ 환경적 영향 : 인간 활동이 해양 환경에 미치는 영향과 그 반대로, 해양이 인간 사회에 미치는 영향. ④ 지속 가능성 및 정책 : 과잉 어획, 오염, 기후 변화와 같은 환경적 문제 해결을 위한 정책과 연구를 진행한다. 이 모든 분야는 바다를 사회적, 환경적 공간으로 이해하며, 인간 활동이 해양과 어떻게 상호작용하고, 해양이 인간 사회에 미치는 영향을 연구하는 데 중요한 기여를 한다.

개발, 해양 환경 의식 향상 프로그램, 해양 교육 방법론 등을 다루며, 예를 들어 해양 보호 교육, 어린이 대상 해양 교육 프로그램 등이 있다.

다음은 인문학 범주에 속하는 분야다. 첫째, 해양 고고학Maritime Archaeology은 해양과 관련된 고고학적 유적을 연구하는 분야로서, 침몰한 선박, 고대 항로, 해양 고대 문명 등의 유적 발굴과 연구 등을 연구한다. 고대 항로의 탐색, 선박 발굴, 해양 유적의 보호와 보존 등을 예로 들 수 있다. 둘째, 해양 심리학Marine Psychology인데, 해양 환경이 인간의 심리적, 감정적 상태에 미치는 영향을 연구하는 분야이다. 세부적으로는 바다에서의 탐험이 심리에 미치는 영향, 해양 환경에서의 스트레스와 회복력 등이 포함된다. 셋째, 해양 인문학Maritime Humanities이다. 주로 바다와 인간 문화, 역사, 문학, 예술의 관계를 연구하는 학문으로, 세부적으로는 해양 역사, 해양 문학, 해양 문화, 해양 예술 등이 포함된다. 그래서 해양 탐험의 역사, 바다를 주제로 한 문학 작품, 항해의 문화적 의미 등이 연구의 대상이다.

이처럼 해양과 관련된 학문은 다양한 분야를 포함하며, 자연과학, 사회과학, 인문학 등 여러 학문적 접근을 통해 바다와 인간 사회 간의 상호작용을 탐구하고 있다. 각 학문은 해양 환경 보호, 자원 관리, 문화적 이해 등을 촉진하고, 해양 생태계와 인간의 지속 가능한 관계를 만들기 위한 연구와 교육을 진행하고 있다. 이렇게 보면 현재 근대학문 분과 전체가 해양과 접목하여 다른 각각의 학문분야를 만들고 있는 것이다.[22]

앞의 해양과 관련된 학문 분류는 서구에서 정립된 것이다. 이 가운데 해양인문학은 해양문학, 해양사학, 해양철학, 해양문화, 해양민속학, 해양문화인류학 등을 포괄하는 것으로 정의하였다. 쉽게 말해 해양인문학海

---

22 양귀전의 『해양문명론과 해양중국』에서 '해양인문사회과학'이란 용어를 사용한 것 또한 이러한 해양 관련 학문의 포괄성을 염두에 둔 것이다.

洋人文学은 바다해양과 관련된 문화, 역사, 사회적 측면을 탐구하는 학문 분야인데, 영미권에서는 Maritime Humanities, Oceanic Humanities, 그리고 Blue Humanities 등으로 표현한다. 이 말은 모두 바다와 인간의 관계를 탐구하는 학문적 분야이지만, 각 용어는 강조하는 대상과 접근 방식에서 미묘한 차이를 보인다. 이 세 가지 용어는 해양 환경과 인간 사회의 상호작용을 다루지만, 그 범위와 초점이 다른데, Maritime Humanities해양인문학은 해양과 인간 사회의 상호작용, 특히 해양 교역과 항해에 관련된 역사적, 문화적, 경제적 측면에 주목한다. 그래서 주요 관심사 또한 항구 도시, 해상 교역, 항해 기술, 해양 문명의 발전, 해양법, 그리고 해양과 관련된 인간 활동들이 사회에 미친 영향 등이다. 특히 해양이 인류 문명에 끼친 직접적인 영향, 예를 들어, 세계 해상 교역망의 발전이나 항해와 탐험의 역사적 맥락을 중심으로 다룬다. Maritime Humanities은 특정 지역적, 경제적 활동과 관련이 깊어서, 해양 교역이 형성한 상업 중심지나 항해로 연결된 국제적 문화 교류의 역사에 대한 연구가 중심이 된다.

한편 Oceanic Humanities바다 인문학은 바다와 인간의 존재론적 관계, 해양의 자연적 특성과 그 상징성, 생태적 중요성을 탐구한다. 주요 관심사는 바다의 물리적 환경, 바다가 인간 문화에 미친 상징적, 문학적, 철학적 영향을 다룬다. 바다는 종종 문학, 예술, 신화에서 중요한 상징으로 등장하였다. Oceanic Humanities은 물리적 바다 자체와 그 환경적, 생태적 역할에 초점을 맞추고, 인간과 바다의 관계를 심층적으로 탐구하는 경향이 있다. 이는 바다가 인간 존재와 정체성에 미친 영향을 다루는 데 더 중점을 둔다고 할 수 있다. 바다를 주제로 한 문학 작품이나 예술, 해양 환경의 생태적 의미를 탐구하는 연구들이 이에 해당한다.

마지막으로 Blue Humanities블루 휴머니티즈는 해양 환경과 인간 사회의 복합적 관계를 생태학적, 사회적, 문화적 맥락에서 다룬다는 점에서 다른 두 용어와 차별화된다. 주요 관심사는 바다와 해양 환경이 인간 사회와 문화에 미친 영향을, 기후 변화, 해양 산성화, 해양 보호, 그리고 인간 활동이 해양 생태계에 미치는 영향을 포함하여 다룬다. 또한 Blue Humanities는 종종 탈식민지적 관점이나 원주민 지식, 생태적 회복력과 같은 보다 현대적이고 진보적인 이슈들을 다루기도 한다. Blue Humanities는 해양 환경을 넘어서, 지구와 바다의 생태적 위기와 인간의 역할을 다루고, 기후 변화나 환경 정의, 바다의 정치경제적 측면 등 폭넓은 사회적, 환경적 문제를 통합적으로 바라보는 접근을 지향하는 것이 특징이다. 해양 생태계의 보호와 회복, 바다의 환경적 위기, 군용 소나military sonar, 군용 음성탐지기가 고래류에 미치는 영향 등 현대적이고 복합적인 환경 문제를 다룬 연구가 대표적이다.

이를 정리하면, Maritime Humanities는 주로 항해, 해상 교역, 항구도시 등 인간 사회와 해양의 역사적, 경제적 상호작용에 초점을 맞추고, Oceanic Humanities는 물리적 바다와 그 환경적, 상징적, 문학적 측면을 더 깊이 탐구하며, 바다와 인간 존재의 관계를 분석한다. Blue Humanities는 해양 환경과 기후 변화, 생태적 위기, 사회적 문제를 아우르며, 환경 정의와 탈식민지적 관점 등 현대적이고 복합적인 이슈를 포함한다고 할 수 있다. 따라서, Blue Humanities는 바다해양에 관한 가장 폭넓고 현대적인 연구 분야로, Maritime Humanities와 Oceanic Humanities의 전통적 접근을 넘어 생태적, 정치적, 사회적 문제를 다루는 학문적 영역이라 할 수 있겠다.[23]

일반적으로 해양인문학Maritime Humanities은 바다와 해양 환경, 인간 사회

---

23 Maritime Humanities는 *The Maritime World of Early Modern Britain*(Maritime Humanities, 1400~1800), Amsterdam University Press, 2020라는 책의 제목에서 그 의미를 잘 볼 수 있다.

와의 관계를 탐구하는 학문 분야로, 여러 하위 분과학문을 포함한다. 이들은 각각 해양과 관련된 다양한 측면을 다루며, 문학, 역사, 문화, 예술, 철학, 정치, 생태학 등을 포함한 넓은 영역에 걸쳐 있다. 해양인문학의 주요 하위 분과학문으로는 ① 해양 역사학Maritime History ② 해양 문화학Maritime Culture Studies ③ 해양 문학Maritime Literature ④ 해양 철학Maritime Philosophy ⑤ 해양 환경학Maritime Environmental Studies ⑥ 해양 예술Maritime Art ⑦ 해양 고고학Maritime Archaeology 등이 있다. 이밖에도 사회과학으로 범위를 넓히면 앞에서 언급한 해양정치, 해양사회, 해양경제, 해양법학, 해양교육학 등을 포함한다.[24]

2) 해역인문학

그렇다면 이 책에서 사용하고 있는 해역인문학은 어떻게 정의할 수 있을까? 이를 위해서는 왜 일반적으로 사용하고 있는 해양인문학이란 용

---

[24] 해양역사학은 해양과 관련된 역사적 사건과 현상을 다룬다. 해상 교역, 항해, 해양 탐험, 해양 군사 활동, 해양법 등을 포함하며, 역사적 문서와 자료를 분석하여 인간 사회와 해양의 상호작용을 탐구한다. 예시 : 항해역사, 해양 탐험, 해상 제국들의 역사. 해양문화학은 해양을 중심으로 형성된 문화적 특징이나 해양 민속, 해상 생활, 항해 기술 등 인간 사회의 다양한 문화적 표현을 연구한다. 예시 : 항구 도시의 문화, 해양 민속과 전통, 해양 문학과 예술. 해양문학은 바다를 주제로 한 문학 작품을 연구하는 분야로 해양 환경, 항해, 물리적, 심리적 여정 등을 다룬 문학 작품을 분석한다. 예시 : 『모비 딕』(Herman Melville), 「리리코의 해양 노래」(John Masefield) 등의 문학 작품 분석. 해양철학은 바다와 해양 환경에 대한 철학적 탐구를 다루는데, 바다를 통한 인간 존재론, 인간과 자연의 관계, 생태학적 윤리 등을 논의한다. 예시 : 해양 환경 보호와 윤리적 책임, 인간과 자연의 상호작용에 관한 철학적 논의. 해양환경학은 해양 환경의 변화와 그로 인한 인간 사회의 영향, 바다의 생태계와 인간 활동의 관계를 다룬다. 기후 변화, 해양 오염, 해양 자원 관리 등도 포함된다. 예시 : 해양 생태계 보호, 바다 산성화와 기후 변화의 영향. 해양 예술은 해양을 주제로 한 예술 작품과 그 표현 방식에 대한 연구로, 해양 환경, 항해, 바다의 상징성 등을 예술적 관점에서 탐구한다.

어 대신 해역인문학을 사용하려고 하는가 하는 것에 대해 얘기해야겠다. 해역인문학海域人文学[25]은 말 그대로 특정 해양 지역이나 해역과 관련된 문화, 역사, 사회적 특성 등을 연구하는 학문이다. 앞에서 말했듯이 서구에서는 해양인문학이란 학문이 정립되어 있고, 또 해역인문학은 해양인문학의 한 분야라고 규정하고 있다. 이는 해양을 중심으로 한 지역적 관점에서 인간의 활동과 문화적 상호작용을 탐구하는 접근법이다. 서구의 관련 개념을 유추하기 위해 몇 가지 저작을 알아본다면 다음과 같다. 예를 들어, David Armitage·Alison Bashford·Sujit Sivasundaram, *Oceanic Histories*, Cambridge University Press, 2018은 세계 역사에서 바다의 중요성을 강조하며, 인도양, 태평양, 대서양 등 주요 바다와 남중국해, 지중해, 발트해 등 다양한 해양의 역사와 환경적 상호작용을 다루고 있다. 또 Lincoln Paine, *The Sea and Civilization : A Maritime History of the World*, Vintage : Reprint edition, 2015도 역시 세계 역사에서 바다의 중요성을 강조하며, 바다가 인간 문명의 발전과 밀접하게 연결되어 있다는 관점을 제시한다. 고대부터 현대까지 해양을 통한 무역, 탐험, 식민지화 등 다양한 주제를 다루고 있다. 그리고 Birendra Nath Prasad(editor), *Maritime Southeast Asia : History, Culture and Religion, c. First Century CE–Fifteenth Century CE*, ISEAS – Yusof Ishak Institute/Manohar Publishers & Distributors, 2024은 동남아시아의 해양 역사, 문화, 종교에 대한 연구서로서, 동남아시아의 해양 네트워크와 그 지역의 역사적 및 문화적 발전에 대한 중요한 통찰을 제공한다. 또 Steve Mentz, *An Introduction to the Blue Humanities*, Routledge, 2023은 '블루 휴머니티즈'를 이해하는 데 있어 중요한 기초적

---

25 자세한 것은 부경대 인문한국플러스사업단 편, 『동북아해역과 인문학』, 소명출판, 2020.

인 저작으로, 해양과 인간 문화의 관계를 깊이 있게 탐구하며, 바다가 인간 존재와 상상력에 미친 영향을 이해하고자 한다. 문학, 예술, 환경, 역사 등을 아우르는 이 책은 블루 휴머니티즈의 핵심 개념을 소개하고, 해양을 인간 경험의 중요한 요소로 다루고 있다.

이밖에 해역인문학 관련 논문으로 Kenneth R. Hall, "Ports-of-Trade, Maritime Diasporas, and Networks of Trade and Cultural Integration in the Bay of Bengal Region of the Indian Ocean : c.1300~1500", *Journal of the Economic and Social History of the Orient* 53(1~2), 2010은 1300년부터 1500년까지의 인도양 벵골만 지역의 무역 네트워크와 문화적 통합을 다루고 있는데, 인도양은 고대부터 근대까지 중요한 해상 교역로였으며, 그 지역의 다양한 문화와 사회적 상호작용을 분석한다. 또 Daniel D. Huppert·Rebecca L. Johnson·Jessica Leahy and Kathleen Bell, "Interactions between human communities and estuaries in the Pacific Northwest : Trends and implications for management", *Estuaries and Coasts* 26(4), 2003은 태평양 북서부의 하구와 인간 공동체 간의 상호작용에 대한 심도 있는 분석을 통해, 환경적 지속 가능성과 사회적 요구를 모두 고려한 하구 관리의 필요성을 강조한다. 이 연구는 하구와 인간 공동체 간의 관계를 이해하고, 해당 지역의 환경 정책과 자원 관리 전략에 기여한다. 그리고 Mirriam Wangui, "Impact of Trade Networks on Cultural Exchange in the Medieval Mediterranean World", *European Journal of Historical Research* Vol.3 No.3, 2024는 중세 지중해 세계에서 무역 네트워크가 문화 교류에 미친 영향을 분석했는데, 동방에서의 비단과 향신료와 같은 상품이 어떻게 현지 미감과 예술 표현에 영향을 미쳤는지, 또한 수학과 천문학 지식의 교류가 르네상스의 기초를 어떻게 마련했는지를 검토하고 있다. 또 Tran Xuan

Hiep·Nguyen Tuan Binh, "The Strait of Malacca (Malaysia) with Its Role in the Network of Maritime Trade in Asia and East - West Cultural Exchange in the Middle Ages", *PalArchs Journal of Archaeology of Egypt / Egyptology* 17(4), 2020은 말레이시아 말라카 해협이 중세 아시아 해상 무역과 동서양 문화 교류에서 수행한 중요성을 다루는 연구로서, 말라카 해협이 어떻게 아시아 대륙과 인도양을 연결하는 주요 해상 교통로로서 기능하며, 다양한 문화와 상업 활동의 중심지로 발전했는지를 분석한다.[26]

물론 한국에서도 해역인문학보다 해양인문학을 일반적으로 사용하고 있다. 인문학 방면에서 이른바 바다와 인간의 관계를 다루는 학문을 말할 때 주로 '해양인문학'이라고 부른다. 곧 해양＋인문학인데, 국내의 학술계, 교육계나 출판계에서 사용하는 연구분야 명칭, 또 강의 제목 그리고 책 제목 심지어 연구소 명칭 등에서도 해양인문학이란 이름을 자주 볼 수 있다.[27] 동아시아 지역은 해양문명이라는 단독적인 문명 체계보다는 해양을 통한 무역, 군사적 활동, 그리고 문화적 교류가 중심이 되었다. 중국, 일본, 한국 모두 해양을 중요한 상업과 군사적 교류의 중심으로 활용하였고, 이를 통해 각각의 문화가 발전했다. 특히 중국의 해상 실크로드, 일본과 한국의 해상 무역은 동아시아의 문화적 교류와 경제적 번영을 이끄는 중요한 요소였으며, 또 해양 방어와 해양 탐험은 각국의 중요한 국

---

26 이상 몇 편의 해양(역)인문학과 관련한 저술은 세계 각 지역의 연구 동향을 무작위적으로 소개한 것에 불과하다. 해양(역)인문학 관련 연구가 지역마다 아주 많이 이루어지고 있으며, 동아시아 해역으로 국한하더라도 한국외에 많은 국가에서 진행되고 있음을 알 수 있다. 이러한 연구동향을 제대로 파악하는 일이 (동북아)해역인문학 수립을 위한 사전작업으로서 긴요하다.

27 예를 들어, 『해양인문학이란 무엇인가』(2018), 『해양인문학』(2022) 등의 서적과 국립부경대 해양인문연구소(연구기관), 「해양인문학의 이해」(강좌) 등이다. 그리고 언론에서도 대체로 '해양인문학'이란 용어를 사용한다.

가적 전략으로 작용했다.

강조하고 싶은 것은 서구의 해양인문학과 대비되는 동아시아^{한국} 해양인문학이 어떤 것인지를 탐구해보자는 것이다. 그래서 찾은 것이 해역인문학이라는 용어다. 동아시아 지역은 역사적으로 유럽의 대항해시대와 같은 해양을 누비는 경험을 해보지 못했다. 서구의 이양선이 오기 전까지 동아시아 연해에서 주로 해상활동을 해왔다. 그리고 19세기 서양의 배들이 연해에 들어오게 되면서 대양을 인식하게 되었다. 그런 점에서 동아시아 지역에서는 전통적으로 해양^{대양}보다 오랫동안 연해 곧 해역에 거주하는 사람들의 삶과 활동 그리고 근대 이후 이곳에 들어온 이방인들과 접촉으로 인한 사회적 변화가 주목을 받는다. 제1부의 시작부터 계속적으로 해역이란 용어에 의식적으로 착목한 것은 바다^{해양}과 육지^땅의 관계를 가장 잘 보여주는 것이 해역이기 때문이었다. 실제로 해상에서 인간의 활동은 제한적이지만, 해양과의 관계성이 깊은 인간 활동의 공간은 해역이고, 이 해역을 중심으로 다양한 해양문화가 형성되고 또 이 공간에 거주하는 사람들에 의해 도시화가 진행되어 내륙과 또 다른 해역으로 전파와 교류가 이루지면서 해양문명 또한 형성된 것이라고 이해한다면, 해역이란 장소^{공간}에 대한 천착 그리고 그 장소성에 기반한 학문 그 가운데 인문학은 해역인문학으로 명명되어야 할 것이다. 곧 해역인문학은 해양인문학 보다 해역사회와 인간에 대한 탐구가 중심이 되는 것이다. 게다가 동아시아 지역은 서구와 다른 해양지리적 특징과 강제적 개항이란 역사적 성격을 띠고 있기 때문에 동아시아 바다를 염두에 둔 동아시아발 해양인문학은 해역인문학으로 지칭하는 것이 그 특성을 잘 드러낼 수 있을 것으로 기대한다. 이에 대해서는 다음 장에서 자세히 살펴본다.

이상으로 바다는 전세계의 근대학문을 추동하고 또 바다는 그 학문의 대상이 되었다. 지그문트 바우만이 '액체근대'라고 근대성을 규정했을 때, 이 말은 물이 지닌 유동성을 염두에 둔 표현이다. 유동성은 앞에서 설명했듯이 자유, 공동체, 시민사회, 개인성, 교양, 해방과 같은 근대적 개념을 연상시킨다.[28] 해역인문학은 바로 이러한 해양성이 해역이란 장소에서 구현되었던 현상을 탐구하는 학문이다. 그리고 그것은 각 해역마다 탄생된 나름의 독특한 문화(명)를 연구하고, 이를 바탕으로 새로운 인류문화에 대한 전망을 탐색하는 학문이다.

---

[28] 지그문트 바우만, 이일수 역, 『액체근대』, 강, 2009, 서문 참고.

제3장

동아시아론과 해양

1. 방법으로서의 해양

앞서 해양 자체에 대한 학문과 해양을 활용하는 그리고 해양과 인연이 있는 학문으로 구분해서 말한 적이 있는데, 여기서 해양학이라는 주로 자연과학 분야의 학문이 발전해왔던 점 그리고 인문학의 대상에서 바다는 배제되어 왔던 점을 상기해보자. 곧 해양은 자연적 법칙과 질서가 존재하는 공간으로만 인식된 측면이 강하다. 그리고 현재도 그러하다. 한편 인문학과 가까운 해양문화에 대한 연구 역시 인간의 정적, 보편적 가치를 규명하는 성격이 강한 인문학이 동적 상대적 지향이 강한 해양문화를 감당하기에는 어려운 점이 있다. 그런데 최근 바다를 무대로 하는 인간의 삶에 주목한 연구가 대두되면서 바다에 대한 인식의 지평이 넓어짐에 따라 해양과 관련한 인문학적 연구의 지평이 만들어지기 시작했다.

그런데 원래 인문학이란 넓은 범주로 본다면, 기본적으로 해양에서 이루어지는 인간의 각종 활동에 대한 연구가 포함되어 있기 때문에 굳이 해양인문학이란 개념을 제안할 필요는 없겠다. 그럼에도 불구하고 해양이란 접두어를 붙여서 해양사회학, 해양경제학과 같은 해양으로 시작되는 분과학문과 마찬가지로 해양인문학을 제안하는 이유는 바로 인문학이 지닌 성격을 해양에 더 밀착시켜 이해하고 싶은 것이다. 한 논문에서 해양인문학의 과제를 '영토적 국경 개념을 극복하는 문화 권역의 창출', '문화적 소수자인 해양문화 향유자들에 대한 재인식', '자연과학과의 생산적 접합을 통한 인문학의 창신'을 제시한 것은[1] 앞에서 설명한 해역인문학 개념의 사용과도 연관된다. 위의 제안을 다른 말로 하면, 국민국가론 비판과 초국적 문화권 형성, 중심이 아닌 주변부(인)에 대한 관심, 21세기 새로운 인문학이란 과제를 제기한 것이라고 하겠다. 이것은 '해양을 방법으로' 해서 풀어내고자 한다고 말해도 될 듯하다.

2022년에 발표된 *OCEAN AS METHOD : Thinking With the Maritime* Dilip M. Menon · Nishat Zaidi · Simi Malhotra · Saarah Jappie, Routledge[2]라는 책은 말 근대로 '해양을 방법으로'라는 제목을 달고 있다. 이 책은 해양적 시각이 단순히 인간 역사에 접근하는 대안적인 방법 중 하나가 아니라, 인류가 직면한 긴급한 문제들에 효과적으로 대응하기 위해 반드시 필요한 접근법이라는 가정을 바탕으로 하고 있다. 이러한 문제들에는 지구 온난화로 인한 화산 폭발과 산불, 해수면 상승, 기후 변화의 다양한 표현, 난민 위기, 그리고 영토적 사고로 인한 폭력이 포함된다. 토지, 국가, 제국 중심의 역사

---

1   엄태웅·최호석,「해양인문학의 가능성과 과제」,『동북아문화연구』제17집, 2008, 172~174쪽.
2   이 책은 글로벌 사우스(아프리카 및 남미, 아시아의 개발도상국을 총칭하는 용어로, 현재 전 세계 인구의 약 85%와 GDP의 40%를 차지하고 있다)에 위치한 대학들이 자신의 지적 프로젝트, 교육과정, 교수법을 어떻게 고민해야 할지에 대한 무관심을 인식하면서 비롯되었다. 따라서 이 협력 연구는 인도양 지역에서의 이동성, 순환, 세계시민주의와 글로벌 사우스의 성찰과 지적 전통에 관한 내용을 다룬다. 프로젝트가 다루고자 하는 세 가지 주제는 ① 국가와 지역을 넘어, 국가의 개념이 핵심에 있는 국제를 넘어 우리를 연결하는 바다를 다시 생각해야 할 필요성이다. ② 해양의 연속체를 통해 평행하고 지속적인 역사를 생각해야 할 필요성, 즉 해양은 별도의 실체가 아닌 육지와 함께 존재한다. ③ 해양 사고가 만들어내는 세계시민주의와 크레올라이제이션의 내러티브에 대한 아이디어이다.

서술은 폭력의 논리를 재생산해왔으며, 해양적 사고는 이러한 문제들에 대한 해결책을 제시할 수 있는 중요한 관점으로 여겨진다고 밝히고 있다. '방법으로서의 해양'은 인문학과 사회과학에 대한 새로운 사고 방식을 제시하는데, 이 방법은 사회 및 인문학 연구에서 해양의 연관성을 탐구하고 국가 역사와 지역 연구에 대한 대안을 제시하려고 한다. 지구 온난화와 해수면 상승이 전 세계에 경종을 울리면서 이 책의 각 장은 해양을 통해 우리의 미래를 더 잘 이해할 수 있는 담론을 재조정할 때라고 주장하고 있다.

저자가 몸담았던 부경대 HK+사업단의 공동연구 과제 '동북아해역과 인문네트워크의 역동성 연구' 역시 '방법으로서의 해역'을 제시했다. 연구목표는 첫째, 육역陸域의 개별 국가 단위로 논의되어 온 세계를 해역海域이라는 관점에서 다르게 사유하고 구상할 수 있는 학문적 방법 둘째, 동북아 현상의 역사적 맥락과 그 과정에서 축적된 경험을 발판으로 현재의 문제를 해결하고 향후의 방향성을 제시하는 실천적 논의를 도출하는 것이다. 이 목표에서 알 수 있는 것은, 우선 해역에 대한 강조가 엿보이고, 또 동북아동아시아라는 지역에서 발생한 역사적 사건과 거기에서 파생된 경험에 대한 이해를 바탕으로 동북아의 현재 그리고 미래 비전을 제시해보겠다는 의도이다. 후자는 이미 기존의 많은 HK사업단이 추구해온 주제다. 즉 이들 연구는 초국가적 공간 또는 지역의 인문적 요소에 대한 지식과 그것을 연구하고 사유하는 방법을 제공하거나, 일국一國에 포섭되면서도 국가와는 다른 틀에서 외부 세계와 관계를 맺고 작동하는 도시와 권역의 가능성을 제시하고, 인문 활동의 실제적이고 실천적인 장소로서 로컬의 가치를 환기했다.[3]

부경대 HK+사업단은 국민국가 체제를 넘어서 새로운 가치와 세계상을 구축하려는 이와 같은 연구들의 관점과 성과를 비판적으로 수용하면서, 이들 연구가 구상하고 탐구해 온 초국가적 공간, 실재의 지역, 일국 속에 포함된 지방이면서도 그것을 넘어 새로운 세계를 사유할 수 있는 방법으로서 해역海域에 주목하고자 했다. 그리고, 방법으로 적시한 해역은 연구의 대상이기도 하고 또한 시각이기도 하다. 기존의 HK사업단이 추구해 온 탈국가, 탈경계, 로컬리티, 접경 등의 문제의식을 수용하면서 이를 육지가 아닌 바다의 시각 또는 방법으로서 그리고 바다와 인접한 지역간의 관계에서 파악하고 있다. 그래서 부경대 HK+사업단이 해역을 육역陸域의 상대어로 두지 않고 바다를 통해 이어진 육역 세계 전반이라고 정의한다면, 바다와 육역에서 동시에 이루어져 온 인류사는 결국 해역사라고 할 수 있을 것이다.

이와 같은 해역의 관점을 도입하면 국가 간 관계가 아닌 바다와 육역을 가로지르는 관계망으로 역사와 세계를 사유할 수 있다. 이 관계망은 바다와 육역의 결절 지점해항도시, 항구도시들을 연결하는 선형의 관계망에 머무르지 않고, 결절 지점을 중심으로 그 배후지와 외부 세계가 이어지는 보다 넓은 면의 관계망으로 확장된다. 바다를 통해 점, 선, 면으로 확장된 이 관계망 위에서 다양한 층위의 인간 활동들이 이루어지면서 입체적인 세계상이 구축되고, 이러한 세계상이 시간의 흐름에 따라 발전하고 변용하면서 인류사를 형성한다고 파악한다.[4]

인문학 분야에서 해양(역)과 결합하여 해양(역)인문학을 제기하는 것

---

3   부경대 인문한국플러스사업단 편, '2017년 HK+사업 인문기초학문분야 연구계획서'
     참조.
4   서광덕·손동주, 「동북아해역인문학 관련 연구의 동향과 전망」, 『동북아해역과 인문네
     트워크의 역동성 탐구』, 소명출판, 2024.

은, 상대적으로 해양에 대해 사회적, 학술적으로 주목하지 못한 동아시아 지역의 경우 국가별로 차이는 있으나, '근대 = 바다'라는 등식이 주는 압력과 실제 바다를 사고함으로써 종래의 학문적 인식틀을 바꿀 수 있는 가능성에서 나온 것이라고 볼 수 있다. 그런 점에서 방법이 되는 것은 앞의 글로벌 사우나나 동아시아 모두 동일한 문제의식의 발로이다. 특히 21세기 지구와 관련된 현안을 푸는 실마리도 사실 바다에 있다는 합의가 전제되고 있는 점에서 서로 연대할 수 있는 가능성도 발견할 수 있다.

앞에서도 잠깐 언급했지만, '방법으로서~'라는 수사를 다는 모든 접근들은 본질주의를 피하면서 대상의 정체로 파고드는 '방법'이다. '방법으로서~'라는 수사를 처음 썼던 사람은 다케우치 요시미인데, 그는 '근대성'이라는 것의 의미를 일본이 '서구화'라고만 받아들인 데 대한 반성에서 이 수사를 사용한다. 그는 여기서 근대성과 아시아 사이의 긴장을 포착했고, 아시아라는 개념을 통해 '근대성 = 서구화'가 아닐 수 있다는 가능성을 얻는다. 비록 서구에 의해 명명된 아시아라는 용어지만 아직 그 본질적 내용이 규정되지 않은 이 말을 가설로 어떤 다가올 가능성 또는 우리 주변에 이미 있던 가능성의 의미를 밝혀낼 수 있지 않을까 생각했던 것이다. 아울러 이런 방법은 그러한 가능성을 고민케 했던 기존 권력의 역학을 볼 수 있도록 하는 이점이 있다. 이런 점에서 '방법'이라는 수사는 관점의 다양성을 전제한다. '방법으로서'라는 수사는 일찌감치 진리와 본질주의의 독재를 벗어나는 해방의 접근법일 수 있다.[5]

5　김동규, 「서발터니티(subalternity)라는 방법」, 『인문사회과학연구』 24(3), 2023. '방법으로서~'라는 표현은 이미 다양한 저작에서 사용되고 있다. 『방법으로서의 중국』(2020), 『방법으로서의 경계』(2021), 『방법으로서의 글로벌차이나』(2024), 『방법으로서의 출판』(2023) 등이다.

해양사 연구는 서구학술사에서 완전한 주류는 아니었지만, 그렇다고 변방이 아니었던 것은 이미 앞의 두 장에서 설명한 것으로 확인이 된 듯하다. 하지만 글로벌 사우스, 동아시아에서는 새롭게 시작된 역사학의 학문 분야이고, 또 지구적 문제로 인해 해양에 대한 관심이 높아진 현재 상황에서 해양학이란 자연과학적 연구가 해양에 대한 연구를 주도하고 있는 현실을 넘어, 해양과 인간 특히 동아시아인들의 관계를 다시 생각하고 여기서 종래의 인식론적 틀을 극복할 수 있는 대안을 마련하자는 취지에서 '방법' 개념을 사용한 것이다. 이것은 서구 근대성에 대한 문제를 아시아를 통해 다시 생각해보려 했던 다케우치 요시미의 사유를 계승하는 것이라고 할 수 있다. 이러한 문제의식에서 다음 절에서는 해양과 동아시아를 연결해서 생각해보자.

2. 해양과 리저널리즘

1990년대 초부터 현재까지 국내 지식계의 화두 가운데 하나는 '동아시아'라고 할 수 있다. 약 30년간 일견 지역명에 불과한 동아시아를 둘러싼 논의가 어떻게 번성했는지에 대해서는 관련된 많은 연구서를 통해서 확인할 수 있다.[6] 유럽이나 미국이 주도하여 세계지역을 나누고 그리고 각 지역에 이름을 부여한 것 가운데 하나인 (동)아시아가 한국에서 문

6　간단히 몇 권만 제시해보더라도 대략 이렇다. 『동아시아의 지역 질서』(2005), 『동아시아의 귀환』(2000), 『동아시아는 몇 시인가』(2015), 『동아시아 담론 ─ 1990~2000년대 한국사상계의 한 단면』(2016), 『연동하는 동아시아를 보는 눈』(2018), 『동아시아담론의 계보와 미래 ─ 대안체제의 길』(2022) 등.

제가 된 데에는 탈냉전이란 세계사적 전환이 계기가 되었다. 일국을 넘어서 지역을 사고하게 되었는데, 이로 인해 동아시아는 지역주의, 지역공동체, 지역질서, 지역협력이라는 용어들과 결합했고, 이렇게 되면서 자연스럽게 20세기 초에 등장했던 아시아주의와 동양 담론을 소환하기도 했다. 이와 같은 지역론적 논의는 중국이나 일본과 같은 동아시아의 다른 지역에서도 제기되었다. 한국처럼 폭발적이지는 않았고, 또 한국 지식계의 국제적 학술교류활동에 의해 촉발된 점도 있지만, 중국과 일본의 지식인들역시 동아시아론과 관련해 논의를 전개했다. 이것은 모두 근대 이후 서구의 눈에 비친 (동)아시아가 아니라, 그 지역인들에 의해 자신들이 발딛고있는 지역에서 발화되는 동아시아론이라는 점에서 차별성을 갖는다.

그런데 동아시아 지역에서 나온 동아시아 담론은 발화한 지점에 따라서 그리고 발화하는 이에 의해 다양한 스펙트럼을 나타내었다. 예를 들어, 한중일이라고 하더라도 지정학적 위치에 따라서 동아시아를 논의하는 방식과 내용이 달랐다. 그에 따라 자연스럽게 동아시아라는 지역적 범위를 설정하는 데에도 차이가 드러났다. '동아시아'라는 문제 자체가 애매하기 때문에 이를 언급하는 것은 뚜렷한 목적성을 가질 수밖에 없고, 그것에 따라 다채로운 논의를 생산하였다. 다양한 스펙트럼을 가지면서전개되어온 한국의 동아시아론을 중심으로 중국과 일본 지식인들의 동아시아론을 '땅과 바다'라는 범주를 중심에 두고서 살펴보면 어떨까. 이는 글로벌히스토리의 시각하에 일국사에서 지역사 또는 세계사로, 일국연구에서 지역 연구로 전환되고 있는 현재적 학술상황에서 이미 전개된동아시아 담론을 세계사나 지역 연구의 관점에서 새롭게 읽어내려는 작업의 일환이다. 그리고 땅과 바다는 이미 서구 중심의 세계사 서술에서중요한 분석 범주로 작동해왔고, 이는 일부의 동아시아 담론에서도 적용하여 설명하고 있다. 특히 해역이라는 특수 공간을 대상으로 종래의 동아시아 담론을 다시 읽어봄으로써 이를 통해 동아시아적 시각에서 해역 연구의 의미를 탐구하고, 지역 연구의 하나로서 해역 연구가 동아시아 담론에 어떤 시사점을 제공할 수 있을지를 점검해보자.

1) 동아시아의 해양과 국민국가

유럽이 육지에서 해양 중심으로 역사의 실존을 전환하는 공간 혁명은 전지구가 보편적 규범으로 따라야 할 '문명'을 만들었고, 이것은 19세기 이후 동아시아 근대를 규정하는 준거가 되었다. 이러한 해양적 실존은 동아시아 지역에서 현재까지 일본의 아시아주의, 미국의 환태평양과 같은 형태로 그 질서와 논리를 만들었다.[7]

일찍부터 해양으로의 진출을 모색하고 해양국가로서의 정체성을 확보하기 시작한 일본은 아편전쟁에서 중국이 패전한 것을 보고, 동아시아 지역에서 종래의 중화질서가 붕괴될 것임을 간파했다. 메이지 시기 이후 제기된 흥아론興亞論과 탈아론脫亞論의 변주는 어떤 점에서는 해양을 중심으로 한 새로운 아시아 질서를 구상하는 과정에서 나온 것으로 해석할 수 있다.[8] 청淸이 변경으로서 남방 해안을 바라보고, 이이제이以夷制夷라는 방식으로 서양 오랑캐를 소탕하는 정도로 인식했던 것과 달리, 메이지 일본은 지정학적 문제로 인해 국가의 흥망이 걸린 문제로 바다를 사고했던 것이다. '해국일본'[9]은 이를 표현하는 용어다. 그리고 아시아주의나 대동

---

7   백지운, 「'일대일로'와 제국의 지정학」, 박경석 편, 『연동하는 동아시아를 보는 눈』, 창비, 2018, 249쪽.

8   물론 메이지 시기 이후 일본의 해외 정책이 전적으로 해양진출론에 초점을 맞춘 것은 아니다. 북진(대륙)과 남진(해상)의 두 방향으로 전개되었다.

9   하야시 시헤이(林子平)의 『海國兵談』(1791)이란 책에서 '해국'이란 용어가 등장한다.

아공영권의 이름으로 유럽과 같이 땅의 확보에 나섰고, 이는 제국주의화의 길이기도 했다.

한편 바다를 통한 근대화의 길이 막혀 버린 한국에서 주체적으로 국가나 민족적 전망으로서 바다를 사유한 것은 해방이후 나온 반도성과 관련된, 그리고 대륙성보다 해양성에 편중한 주장들이다. 특히 1949년 대한민국 정부 교통부 산하 해양국에서 창간한 『해양』이라는 잡지의 창간호에서 한 논자는 「바다를 인식하자」라는 글에서 "바다! 해방과 동시에 우리에게 갖어다 준 커다란 선물 중의 하나가 바다이다"[10]라고 적었다. 이렇게 해방과 동시에 탈식민적 관점에서 근대가 바다의 시대라는 점을 환기하고, '잃어버린 바다 = 잃어버린 근대'라는 등식이 성립되었다. 이후 바다의 국민국가화가 진행되고, 또 아메리카라는 새로운 정치적 파트너쉽과 더불어 탈식민 국가의 낙관적 미래를 아로새겨 넣을 수 있는 텅빈 자유로운 공간인 태평양이 등장하였다.[11] 이것이 해방 이후 남한의 국민국가 수립 과정에서 등장하는 바다 관련 인식이다. 이후 조선업과 수산업 및 해운업의 성장과 함께 해양수산부가 설치되고, '해양국가 한국'이라는 슬로건이 등장하였다.

2천 년대 들어와서 중국 역시 '해양중국'이란 구호를 내걸고, 해양강국으로서의 발전을 모색하고 있다. 일본은 패전으로 인해 해양진출론이 사그라들었지만, 냉전체제가 와해되고 글로벌라이제이션의 소용돌이 속에서 개방성, 다양성, 자유로운 교류에의 우위를 점하는 '해양국가 = 글로벌국가'로 탈바꿈하기 위한 해양정신의 유효성에 대한 재인식, 그리고 그

---

10   장세진, 「해방기 공간 상상력의 전이와 '태평양'의 문화정치학」, 『상허학보』 26, 상허학회, 2009, 115쪽 재인용.
11   장세진, 위의 글, 109~122쪽.

이념을 21세기 국가전략으로 삼으려는 의도를 담고 다시 '해양국가'를 제창하고 있다.[12] 이것은 다분히 동아시아 지역에서 다시 일본의 위상을 제고하려는 의도와도 연결된다. 이 모두 현재 한중일 국가의 '바다의 국민국가화' 지향을 나타내는 것이다.

2) 한국발 동아시아 담론과 해양

그런데 이와 같이 해양을 통한 국가주의적 흐름과 달리 지역을 사유하려는 시도가 전개되었다. 그 대표적인 것 가운데 하나가 한국의 동아시아론이다. 1990년대 초 탈냉전 시대를 맞이하여 한국에서는 한반도의 운명과 탈근대의 전망을 연결하려는 사유와 실천의 장소로서 동아시아를 설정하는 담론이 등장했고, 비슷한 시기에 EU와 같은 지역경제공동체론의 등장과 함께 동아시아는 중요한 의제가 되었다.[13] 이것은 한국 지식계가 처음으로 지역에 대한 사유를 보여준 것으로 의미가 크지만, 이전에도 이미 동아시아 공동체론과 같은 논의가 있었다.

한국의 동아시아 담론의 역사를 정리한 윤여일은 한국발 동아시아론을 문화정체성론, 대안체제론, 발전모델론, 지역주의론으로 범주화했다. 한국의 동아시아 담론의 4가지 하위 담론에서 해양을 중심에 놓고 논의를 전개한 것은 거의 없다. 다만 해양과 연결하여 말할 수 있는 것은 지역주의론과 대안체제론 그리고 발전모델론이라고 할 수 있는데, 앞의 두 담론은 주로 동아시아를 사유하면서 미래의 전망을 확보하려는 논의이고, 그런 점에서 '지적 실험으로서의 동아시아'백영서라는 주장에 가깝다. 여기서 동

---

12 류교열, 「근대 일본의 해양진출론과 최근의 해양국가 구상」, 『국제해양문제연구』, 16(1), 한국해양대 국제해양문제연구소, 2004.
13 윤여일, 『동아시아 담론-1990~2000년대 한국사상계의 한 단면』, 돌베개, 2016.

아시아는 느슨한 지역연대로서의 동아시아 구상, 국가가 아닌 시민 중심의 동아시아, 민간 네트워크에 기반한 동아시아와 같은 실험을 통해 동아시아상을 구축하고자 한다. 동아시아에서 바다가 바로 이러한 장으로서 기능할 수 있는지를 따져보는 것은 두 담론과 연결될 수 있는 지점이겠다.

특히 동아시아를 둘러싼 논의는 사회과학 분야에서의 새로운 지역주의 논의와 연결되고 있다. 다면적이고 광범위하고, 하위지역체계의 맥락에서 발전하며, 자발적이고, 상향적이라는 점에서 옛 지역주의와 구별되는 새로운 지역주의는 국민국가의 상대화와 동시에 탈영토화를 주장한다. 사회학자 이철호는 복합성과 유동성에 기초하여 지역을 고찰하기 위해 공간을 장소들간의 관계로 관찰하려는 시도인 토포스topos 개념을 제안한다. 이러한 새로운 지역주의 접근법에서 볼 때, 동아시아 지역에서 중요하게 평가해야할 것이 바로 해양(역)이라고 지적한다. 동아시아의 초국가적 공간 혹은 트랜스로컬한 새로운 국제공간은 장기 역사를 통해 소수의 전통으로 남겨진 '해양아시아'임을 강조한다. 그래서 해양아시아의 전통과 특성들을 복원하는 것이 중요하다고 말하면서, 하마시타 다케시의 광역해역권아시아교역권, 롱바르의 해양아시아에 주목한다.[14]

그리고 발전모델론은 주로 미국의 원조에 의해 경제성장을 이룩한 해양 자유주의 진영 국가들의 사례를 설명한다는 점에서 해양과 관련이 있고, 특히 이것은 전후 일본을 중심으로 형성된 경제체제와 연결되어 있어서 뒤에 설명할 아시아교역권론에 바탕을 둔 아시아론 곧 해양아시아 주장과 이어진다.

---

14   이철호, 「동아시아 공간 인식에 있어 해양과 대륙」, 『세계정치』 26(2), 서울대 국제문제 연구소, 2005.

3) 일본의 해양아시아 주장

일본에서 해양은 국가주의 그리고 동시에 지역주의와 결부된다. 거슬러 올라가면 일본의 아시아주의 역시 일종의 지역 담론이었다. 그리고 그 뒤로 이어진 일본의 제국주의화가 국가주의와 지역주의를 하나로 연결시켰다. 일찍이 탈아론을 주장했던 일본은 동아시아의 지역 질서를 상정하면서도 자신을 아시아인으로 포함시키는 지역주의를 선호하지 않았다. 그것은 이전의 중화질서를 염두에 두었기 때문이다. 바로 이러한 생각은 '바다의 아시아' 곧 해양아시아 주장에도 그대로 드러났다. 바다의 아시아는 외부로 열린 아시아, 교역네트워크로 연결된 자본주의적 아시아이다. 이는 '육지의 아시아'를 대립항으로 두는데, 곧 내부를 향한 아시아, 향신鄕紳과 농민의 아시아, 농본주의의 아시아와 대치된다.[15]

일본에게 아시아에서의 근대적 지역질서는 바로 이러한 바다의 아시아 영역에서 형성되었고, 제국주의 일본은 이를 토대로 대륙을 향한 식민지 확장을 시도했던 것이다. 이것은 전후戰後에도 그대로 유지되었고, 1980년대 아시아교역권론으로 이어졌다. '동아시아의 기적'과 일본자본주의의 역사적 역할을 정합적으로 설명하는 학설로 등장한 아시아 교역권론은 '해양아시아 간 경쟁 → 쇄국 → 근면혁명 → 생산혁명 → 개항 → 아시아간 경쟁의 재연 → 경쟁에서의 승리 → 패전 → 경제부흥 → 일본을 선두로 한 NIES, ASEAN, 중국의 연쇄적 경제발전'이라는 역사상을 제시했다.[16]

---

15   시라이시 다카시, 류교열·이수열·구지영 역,『바다의 제국』, 선인, 2011, 151~152쪽.
16   이수열은 아시아 교역권론이 근세일본의 실상을 실체 이상으로 과대포장하거나 근대 이후 일본자본주의가 수행한 제국주의적 침략을 은폐하는 등 많은 문제점을 내포하고 있다고 지적한다. 「아시아 교역권론의 역사상 – 일본사를 중심으로」,『한일관계사연구』48호, 2014.

그런데 동아시아와 해양을 연결하는 담론에서, 중국이나 한국과 달리 대륙과 물리적으로 연결되어 있지 않은 일본의 시각이 많이 참조될 때, 자칫 동아시아 역사에서 유라시아 대륙의 정치적 경제적 군사적 상황이 유발했던 역사에 대해 상대적으로 소홀하지 않았나 하는 의심이 드는 것은 자연스럽다. 앞에서도 말했듯이, '육지의 아시아'와 '바다의 아시아'라는 구분은 중국을 염두에 둔 것이다. 아시아교역권론자 가운데 중국연구자인 하마시타 다케시의 조공체제론이 유럽중심주의의 극복이나 내셔널 히스토리의 상대화라는 문제의식 그리고 국가가 아닌 네트워크 중심의 지역 연구가 가능하다는 점에서 긍정적으로 평가하는 중국학자 왕후이 역시 해양 동아시아의 구도에서 아시아 내륙의 역사적 연관과 그 변화는 종속적이고 주변적인 지위에 놓이게 된다고 비판한다. 중국 동부 해안의 해양무역권 형성과 대륙 내부의 동력의 관계에 대해서는 거의 언급하지 못했고, 또 일찍부터 아시아 내부에 침투한 서양에 대해서도 선명한 서술을 하지 못했다고 지적한다.[17] 이것은, 유럽의 '대항해시대'는 아시아 내륙의 세력을 극복할 능력이 없었던 유럽 세력이 바다로 진출할 수밖에 없었던 결과라는 시각을 참조할 때, 유럽그리고 일본이 주체가 되는 근대성 담론과 해양 담론에 의해 가려진 대륙 / 내륙의 역사세계는 어떤 위상을 가져야 하는 것인지에 대한 답을 요구한다.

4) 중국의 동아시아 인식과 해양

한국과 일본에 비해 동아시아에 대한 인식이 강하지 않은 중국에서는 방금 말한 현재 중국의 대표적인 지식인 가운데 한 사람인 왕후이가 동

---

17   왕후이, 송인재 역, 『아시아는 세계다』, 글항아리, 2011, 87~89쪽.

아시아 문제가 중요한 과제임을 인정한 바 있다. 그는 「아시아 상상의 계보－새로운 아시아를 상상하기 위하여」라는 글에서 정치경제적으로 신자유주의체제하에서 새롭게 등장하는 신제국 질서에 대한 대항이라는 맥락에서그런 점에서 20세기의 '혁명'적 전통을 환기하고 또 민족－국가라는 근대성 서사에 의해 왜곡된 아시아 내부의 상호 불신과 오해를 극복한다는 측면조공네트워크 등 새로운 아시아의 관계 설정에서 아시아 문제를 제기하였다. 그런 점에서, 그는 아시아 문제는 아시아의 문제이면서 '세계역사'의 문제라고 정의한다. 이를 위해 왕후이는 탈근대론을 비롯한 서구의 다양한 사상가들을 수용하고 있으며, 나아가 아시아 근대의 자산을 발굴하고자 시도했다.[18]

이 책의 문제의식과 연관해서 왕후이의 작업에서 주목할 것은 바로 근대성 서사에 의해 왜곡된 아시아 내부의 상호 불신과 오해를 극복하기 위해, 하마시타 다케시의 조공네트워크를 거론하면서 제시한 긍정과 비판의 대목이다. 교토학파의 대표적인 학자인 미야자키 이치사다는 '동양'이란 개념을 창안하고, 동아시아 세계를 중국 세계의 일부분으로 봐왔던 것을 대신해 중국과 그 역사를 동양사의 범주에 집어넣었다. 여기서 교통을 통해 다른 지역의 역사를 연결하고, 중국의 역사를 서양의 자본주의와 민족－국가의 시야에서 관찰했다. 하마시타 다케시의 이론 역시 동아시아 내부의 근대적인 동력을 중요시했지만, 미야자키가 묘사했던 유럽식 국민주의적인 동양적 근세와는 전혀 다르게 조공시스템을 네트워크로 삼아 아시아의 내재적 총체성을 구축했다. 이 아시아 지역의 조공네트워크는 서양 자본주의의 확장에 의해 철저하게 파괴되지 않았으며, 하나의 세계체제로서의 아시아가 근대에도 여전히 존재한다고 생각한다. 왕후이

---

18   왕후이, 이욱연 외역, 『새로운 아시아를 상상한다』, 창비, 2003.

는 이러한 주장이 일본과 아시아의 역사적 관계성을 부정하는 특수론자들을 비판하고, 중국 내부의 시각에 젖어서 중국을 대하는 중국학자들에게도 중국을 주변에서 바라보는 역사적 시각을 제공했다는 점에서 의미가 크다고 말한다.

최근의 연구도 이러한 관점을 입증하고 있는데, 적어도 상업적 측면에서 보면 중국동아시아 근대를 우리가 알고 있는 '서양의 충격과 중국의 대응'이라는 기존의 인식이 잘못된 것이었음을 알 수 있다. 그것은 중국을 이해하는 데 있어서 적어도 하나가 아닌 중국, 그리고 해양과 대륙의 분리, 그 가운데 아시아해역권에서 해상무역을 장악했던 중국 상인네트워크의 강고함에 주목해야 한다고 말하고 있다. 이러한 주장은 안드레 군더 프랑크『리오리엔트』, 캘리포니아학파, 하마시타 다케시 등의 아시아교역권론으로 연결되는 하나의 연구 흐름을 형성하고 있다. 아이러니하게도 1980년대 개혁개방이후 중국의 경제 발전 역시 화교(상) 네트워크와 연결되었고, 덩샤오핑의 남순강화에서 보듯이 해안가를 중심으로 펼쳐졌다. 그리고 이러한 경제력을 바탕으로 해군력을 강화하려고 하면서 일대일로一帶一路라는 광역 경제권 형성을 통해 다시 종래의 중화제국의 꿈을 꾸고 있는 것처럼 보인다. 어쩌면 이상의 연구는 바로 20세기말 이후 중국의 부상을 설명하고자 한 데서 출발한 것인지도 모르겠다. 근대 시기 동아시아 지역에서의 해양은 이처럼 (중국)상인과 그들의 네트워크에 의해 형성된 해상무역의 장과 루트를 통해 동아시아 지역민들에게 다가왔던 것이다.

3. 동아시아 지역연구와 해역

1) 동아시아 지역 질서와 해양

중국사학자 조세현의 『천하의 바다에서 국가의 바다』라는 책은 해양과 국가 간의 길항관계를 통해 근대 중국의 형성과정을 실증적으로 고찰하는 것을 목표로 했다. 이것은 '중화제국에서 국민국가'로 전환했다고 보는 근대 중국에 대한 기존 시각의 해양 버전이라고 할 수도 있겠다. 그런데 동아시아에서 국민국가 중심의 세계체제는 사실 1945년 이후에 실현되기 시작했고, 그 전에는 중화제국을 이어 제국일본에 의한 지역 질서였다. 그리고 동아시아라는 용어를 사용하는 순간부터 자연스럽게 '지역'이란 개념을 수반될 수밖에 없는데, 그렇다면 현재는 국가가 아닌 지역 개념을 사용해 근대의 전과 후 그리고 현재까지 동아시아의 지역 질서를 본다면, 앞서 말한 중화제국에서 제국일본 그리고 미국 주도의 '아시아-태평양'이란 지역관념으로 전개되었다가 21세기 들어서 다시 미국과 중국이 대립하면서 예전의 중화제국으로 전환할 것인가 하는 의문을 갖게 되는 시기가 아닌가 한다.

이것은 동아시아 지역 질서를 제국이란 관점에서 해석하는 것이지만, 한편으로는 동아시아 지역의 바다 곧 그 해상을 관통하며 연결하는 광역 네트워크와 겹친다. 동아시아 지역 질서가 각 제국의 변화에 의해 전개된다고 하는 이 말을 해역권역으로 바꿔 표현하면, 그 중심권역이 환황해권, 환동중국해, 환남중국해권에서 환동해권발해, 동중국해, 남중국해도 포함으로, 다시 아시아·태평양 권역으로 변화했고, 이제 다시 환동중국해, 환남중국해, 환황해권이 중심이 되는 형태로 진행해갈 것이라고 할 수 있다.[19] 각 제국의 시대마다 중심 해역권역이 달라지고 있는데, 예를 들어 중화제국이었던 청은 해상왕조로 자처하지 않았지만, 남중국해에서 활발한 해상교역이 진행되었던 것은 잘 알려진 사실이다. 이와 관련해서는 다시 자세히 설명하겠지만, 전통적인 중화제국은 정치적으로는 바다를 중심에 두지 않았으나, 경제교역의 측면에서는 그 비중이 적지 않았다고 할 수 있다. 제국이 유지되기 위해서는 경제력과 문화 권력이 중요하다.

이와 관련하여 『동아시아의 지역질서』라는 책의 편자인 중국사학자 백영서는 이러한 제국 중심의 동아시아 지역 질서를 설명하면서 각 제국의 특징에 대해 이렇게 지적한다. 먼저 일본제국은 중화제국이나 미제국과 달리 경제적으로나 이념적으로 제국을 유지할 만한 역량이 되지 못했고, 그래서 정치·군사적인 힘을 동원한 직접지배에 의존해 제국을 유지했으며, 또 중화제국처럼 풍부한 경제력에 의해 주변국을 끌어들일 수도 없어 오히려 제국권의 중심, 즉 본국 일본에 빈약한 자원을 확보하기 위해 주변국을 수탈하는 구조, 달리 표현하면 '공영'이란 군사적 의미에서만 실현될 수밖에 없는 구조였다고 말한다. 게다가 문명의 표준 같은 것을 제공할 위치에 있지도 못했다고 한다. 한편 미국은 처음부터 유럽에서와 마찬가지로 동아시아에서도 지역통합을 시도했다. 경제적으로 일본중심의 수직적 지역분업체제의 골격을 갖춘 대동아공영권의 경제적 연계망을 부분적으로 부활시켰다. 이것은 일종의 '공표되지 않은 지역통합'인데, 일본의 지도층은 이 질서에 적응하면서 파편화된 자신의 제국을 새롭게 살릴 수 있는 호기를 적극 활용했다. 곧 미국 중심의 동아시아 안보질서와 그에 대응하는 경제영역을 유지할 수 있었다. 그 원동력은 미국이 가진 경제적 흡인력에서 나왔다. 이때 미국이 주도한 '아시아·태평양'이

---

19 물론 바다는 연결되어 있기 때문에 특정한 권역 안에서 제한된 네트워크망을 갖는다고 인식하는 것은 너무 단순한 이해다.

란 지역관념이 출현했다. 이 새로운 질서에 아시아 각국이 끌려들어간 데는 미국이 전파한 이념 내지 가치관도 크게 작용했다.[20]

백영서는 나아가 동아시아 지역 질서의 미래를 미국의 일극적 주도권과 동아시아의 다극적 지역통합 노력이 타협·경쟁하는 과정에서 결정될 것으로 전망한다. 그는 앞으로 나타날 새로운 질서가 불확실하긴 하나 국민국가들로 이루어진 종래의 질서를 유지하는 것과 동시에 국민국가를 극복하는 것, 이 두 가지 힘의 방향이 지속적인 상호작용을 하는 복합적인 과정에서 형성될 것으로 예상한다. 동아시아 질서는 19세기 말 중화제국이 몰락하면서 다중심이 경쟁하는 불안정한 국면에 빠져들었다. 한 세기가 지난 지금은 거꾸로 중국의 급부상을 맞아 지역질서가 또다시 격변기로 접어들고 있다. 그만큼 동아시아에서 중국의 지정학적 위치는 중요하다.

이전의 중화제국은 언뜻 보면 패권 전성기의 미국과 유사한 점이 많다. 압도적 초강대국의 지위를 가졌고, 국제관계를 세력균형적 사고에 의해 대처하면서도 문명의 논리에 따라 위계적 질서를 형성했으며, 그 문명으로 주변의 질서 참가국들의 자발성을 이끌어냈다. 그리고 무엇보다 막대한 경제적 혜택이 지역 질서 유지에 크게 기여했다. 따라서 중화제국이 미래에 부활하려면 먼저 경제력이 예전만한 흡인력을 발휘해야 한다. 중국경제의 급속한 성장으로 눈부시게 증가하는 국가경제총량은 중국제국의 부활을 연상시키는 관건적 요인이다. 중국 경제력의 미래에 대해 낙관과 비관이 엇갈릴 정도로 논쟁적이지만, 적어도 동아시아에서 지역 강대국으로서 역할하기에 충분한 물적 기반은 확보할 것으로 예상된다. 예전

---

20 백영서, 「제국을 넘어 동아시아공동체로」, 『동아시아의 지역질서─제국을 넘어 공동체로』, 창비, 2005, 19~22쪽.

처럼 문명의 표준을 제시하여 그 주변에서 그것을 수용하게 할 능력즉연성권력, soft-power이 있을지는 낙관하기 어렵다.[21] 그럼에도 불구하고 중국은 앞으로의 동아시아 지역 질서에서 중요한 역할을 할 것으로 예상되는데, 그것이 조공체제를 근간으로 한 중화제국의 모습으로 등장할지 아니면 19세기 청정부가 추구했던 바다를 경영하는 해양강국의 형태가 될 것인지는 알 수 없다.

2) 해역권과 동아시아 지역 연구

한국과 일본의 동아시아 관련 논의에서 해양과 관련된 주장의 다소多少 및 내용의 차이는 동아시아 지역연구의 방향과도 연결된다. 앞에서 지역연구를 해양과 연결하는데 주목한 논의를 소개했지만, 이렇게 바다가 국제공간의 중요한 구성 부분으로서 성립될 수 있는 것은 바다에서 인류의 이동과 교류가 이루어졌기 때문이다. 동아시아 해역은 '유동적 중심'과 '다층적 시간'을 담지하고 있고, 이를 발굴하여 동아시아 공동체론에 활용하자고 주장하는 이도 있다. 국민국가의 틀에서의 지역 질서를 지양하고, 동아시아 해역에서의 인적 활동을 중심으로 부상된 해역 공간을 새로운 패러다임으로 설정하는 작업이 역사상의 동아시아 공동체를 고찰하는데 새로운 방법론으로서 타당하다고 판단하는 것이다.[22] 여기서 우리는 다시 '해역海域'이라는 개념에 주목하지 않을 수 없다. 이것은 해양이라는 바다를 지칭하는 개념과는 달리 바다와 육지가 맞닿는 경계를 가리킨다. 이는 브로델이 말한 '해역세계' 곧 육지를 가운데 두고 바다가 둘러

---

21 위의 글, 28~29쪽.
22 대림검, 「동아시아 공동체에 있어 해역 공간의 재인식」, 『아세아연구』 60(4), 고려대 아세아문제연구소, 2017.

싸는 형태가 아니라, 바다를 중심에 놓고 육지가 포위하는 형태와도 연결이 된다. 이것은 바다 그 자체만으로 보지 않고 육지와 바다의 관계를 중심으로 형성되는 틀과 그 영향권으로 설정하는 개념이다. 브로델이 『지중해』에서 제기한 해역 개념을 따르면서도 지리 환경적 요인에 입각하여 해역세계를 설정하고자 하는 시각과, 해역세계의 설정 자체는 지리 외에도 다른 요소들, 특히 네트워크적 요소에 기초하고 있다는 시각이 존재한다. 전자는 드니 롱바르를 비롯한 동남아시아를 연구하는 학자들이 주로 취하는 반면, 후자는 하네다 마사시를 비롯한 동북아시아 연구자들에게서 많이 보인다.[23]

이 해역세계는 이후 환**권역으로 되고, 환동해 문명사주강현, 아시아 지중해지푸루, 동아지중해고쿠보 나오이치, 윤명철, 황해지중해권덕영 등으로 현상하고 있는데, 이런 논의들은 대체로 동아시아의 해역이 인간·물질·문화의 교류가 이루어지는 문명의 교차로라는 점을 강조하고, 대륙아시아와 구분되는 새로운 지역관념을 형성하며 또 국민국가를 상대화하고 있다는 점에서 의미가 있다. 하지만 서양사학자 현재열이 "브로델의 해역세계를 검토하며 얻은 가장 중요한 시사점은 일정한 범위의 바다를 해역세계라고 할 때, 왜 이 바다가 해역세계인가가 제시되어야 한다는 점이다"[24]라는 의문은 되돌아볼 필요가 있다. 이와 관련해 하네다 마사시는 해역세계 개념 또한 국민국가론처럼 또 다른 닫힌 공간을 새롭게 만들어내는 것은 아닌가라는 점에 주의해야 한다고 지적한다.[25] 동북아해역이라고 말할 때, 우리는 자연스럽게 동북아시아 또는 동아시아라는 지역 개념에서 자

---

23 현재열, 「브로델의 지중해와 해역세계(Maritime World)」, 『역사와 세계』 제42집, 2012.
24 위의 글, 215쪽.
25 하네다 마사시, 이수열 역, 『새로운 세계사-지구시민을 위한 구상』, 선인, 2014, 132~137쪽.

유로울 수 없게 되고, 그래서 동북아시아 + 해역이라는 사고를 하게 된다.

이러한 우려를 감안하더라도 앞에서 한국의 동아시아 담론의 하위 담론 가운데 문화정체성론과 지역주의론을 해역세계 또는 환**권역으로 치환시켜 논의할 경우, 종래의 유교문화와 아시아적 가치라든지, 특정 국가나 지역을 중심으로 한 지역질서를 상대화해서 볼 수 있는 시각을 얻을 수 있을 것이다. 이는 국민국가를 넘어서는 초국적 지역을 목표로 한 새로운 지역연구를 지향하는데 있어서도 유용한 관점을 제공받을 수 있다. 이는 닫힌 공간으로서의 특정 지역에 한정되지 않고 이를 넘어서 원래 공해로서 경계없는 바다의 성격을 되살리고, 동시에 그 바다를 통해 이루어진 해역 내 문화교류의 현상을 살펴, 닫힌 바다에서 열린 바다로 나가는 노력과 병행되어야 한다. 이를 위해 그간 제기된 해역과 관련된 다양한 논의들을 성실하게 검토하는 것이 한국의 인문학자들에 의해 제기된 '지적 실험으로서의 동아시아'로 대변되는 동아시아 담론^{대안체제론}을 성숙시키는 사상적 자원을 발굴하는 과제의 하나가 될 수 있을 것이다.

3) 해역인문학과 동아시아론

페르낭 브로델의 해양사 연구를 시작으로, 인문사회과학 분야에서 이미 고대 시기부터 바다는 인류의 문명을 형성하는데 대단히 중요한 장場이었다는 점이 밝혀졌고, 이것은 인류사를 해양의 시각에서 다시 봐야 한다는 인식을 심어주었다. 그리고 대항해시대와 함께 시작된 근대 시기에는 사람과 물자 및 문화를 전달하는 교통로로서 또 이런 교류와 교역에서의 갈등이 충돌하는 장場으로서 바다가 인식되었다. 그래서 '근대가 바다의 시대'라는 정의는 바로 '바다가 문제가 된 시대가 근대'라고 말해도 될 듯하다. 곧 근대는 바다가 해상교통로로서 기능하기 때문에 바다에 대한 과학적 연구가 필요하게 되었고, 이 교통로를 따라 사람과 물자가 이동하게 됨으로서 네트워크가 만들어지고, 또 이문화의 교류를 통한 새로운 문화가 형성되었던 시대인 것이다.

그리고 동아시아의 근세가 해금海禁의 시대였다고 보는 기존의 역사서술에서 보더라도, 근대는 기본적으로 해양에서 비롯되었다는 주장은 설득력이 있다. 왜냐하면 앞서 말한 자본주의 등과 같이 근대성과 관련된 다양한 개념이 구현되었던 것은 해금이 아니라 전해展海를 행한 유럽에 의해서였기 때문이다. 즉 서양 열강이 해양을 통해 동아시아의 전통적 해금체제를 붕괴시키고, 또 근대적 국민국가론에 의해 바다에서도 해양의 경계와 영역에 대한 인식 즉 '바다의 영토화'가 전개되었으며 그래서 '국가의 바다'라는 규정도 충분히 성립한다.[26] 그리고 실제 근대 이후 동아시아의 바다는 '제국의 바다, 식민의 바다'라고 명명할 수 있듯이, 동아시아 해역에서 많은 전쟁이 일어났고, 지금도 전쟁의 가능성이 상존하고 있다는 점에서 바다를 근대와 연결시키고, 여기서 동아시아의 지역 질서를 규명하는 것이 하나의 과제다.

앞서 말한 바 있듯이, 칼 슈미트는 세계사를 '땅의 힘에 대한 대양의 힘의 투쟁, 대양의 힘에 대한 땅의 힘의 투쟁의 역사'라고 정의하였다. 이 투쟁은 19세기말 당시 러시아와 영국 간의 긴장을 '곰과 고래의 투쟁'이라고 지칭한 것처럼 고대부터 현재까지 지속되었다. 특히 유럽의 역사에서 고대 그리스 세계는 대양 민족의 항해와 전투에서 탄생했고, 이후 대양권력이 등장하여 지중해를 장악하고, 점차 세계대양의 공간이 열리게 되면서 현재에 이르게 되었던 것이다. 슈미트는 땅의 힘에 대한 대양의

---

26 조세현, 『천하의 바다에서 국가의 바다로-해양의 시각에서 본 근대 중국의 형성』, 일조각, 2016.

힘의 투쟁이 대항해시대 이후 전개되었다고 했는데, 아이러니하게도 이 것이 비서구권인 동아시아 해안의 변화를 초래했다. 그 변화의 하나는 불평등조약에 의한 강제적인 개항이 해양고고학이나 문화인류학 분야에서 발굴하는 과거 연해의 흔적을 지우게 했다는 사실이다.

칼 슈미트는 이를 영국에 의한 전 지구적 공간혁명에 의해서 실현되었다고 한다. 다시 말하면 유럽에 의한 공간 확장이다. 이 공간 확장은 유럽인들에 의한 지구상의 땅 취득의 역사를 시작하게 했다. 동시에 모든 삶의 영역과 존재 형태들, 예술, 과학, 기술 모든 종류의 인간 창조력이 이 새로운 공간 개념을 공유하게 되었다고 보았다. 따라서 이 공간혁명은 동시에 심대한 문화적 전환이기도 했던 것이다. 슈미트의 이 공간혁명 주장은 결국 서구에 의한 세계사의 형성이고, 그것은 대양의 힘에 의한 땅의 힘에 대한 도전으로 나타났으며, 동아시아 지역 역시 이 공간혁명에 휩쓸려 들어간 것이다.[27] 이 글로벌화 현상은 지역연합리저널리즘과 지역성로컬리티에 대한 문제의식도 동시에 낳았다. 동아시아 지역의 국가연합의 형태를 넘어서고 또 각 지역이 초超국경의 자유로운 교류가 가능한 해역권역 중심으로 한 지역연대를 구상해 볼 수 있다. 해역인문학이어야 하는 그리고 동아시아 해역이어야 하는 이유가 바로 여기에 있다. 그래서 '방법으로서의 해역'이다.

해역인문학과 동아시아론과의 관계와 관련해서는 부경대 HK+사업단 사업계획서에서 "동북아 국제 관계에서부터 국가, 사회, 개인 일상의 각 층위에서 심화되고 있는 갈등과 모순의 맥락을 이해하고 그 해결 방안을 모색하기 위하여"라고 명시하고 있는 것처럼, 그 갈등의 현장으로서 해역

---

27   칼 슈미트, 김남시 역, 『땅과 바다―칼 슈미트의 세계사적 고찰』, 꾸리에, 2016, 80~87쪽.

세계에 주목한다고 밝혔다. 이렇게 해역은 동아시아론과 결코 무관하지 않다. 왜냐하면 1990년대 한국에서 추동한 동아시아 담론은 세계적으로 글로벌리즘과 지역주의가 대두하는 현상과 함께 출현하여 종래의 국가 주도의 경제나 안보 공동체적 성격이 강한 동아시아 공동체론이나 동아시아 발전국가론, 유교자본주의론과 같은 동아시아론이 아니라, 동아시아를 지역적 유동성을 전제로 삼는 공간에 대한 감각 그리고 지역 내 국가나 세력 간에 역사적으로 누적된 구조적 연관성을 찾아내는 역사감각을 통해 새로운 지역감각을 발굴해내자는 주장[28]과 맥을 같이 하고 있기 때문이다. '지적 실험으로서의 동아시아'^{백영서} 또는 '사상과제로서의 아시아'^{야마무로 신이치}라는 표현처럼 동아시아 해역을 탈근대의 문명론적 대안을 발굴하는 하나의 장으로서 바라보는 것이다. 이를 위해 필요한 것이 바로 지역감각 즉 리저널리즘에 입각한 동아시아론이다. 이와 같은 동아시아 담론에 입각할 때 해역이 과연 이와 같은 리저널한 감각을 버리는 장소가 될 것인가 하는 것이 문제다.

그런데 앞의 인용에 이어서 "내셔널과 트랜스내셔널, 중앙과 지방의 힘들이 길항하고, 이질적 성격의 인간 집단과 문화가 접촉, 갈등, 교섭해 온 해역海域 세계에 주목한다"고 하였는데, 이 문장에서 보면 해역 세계가 바로 사회적으로 문제를 일으키거나 주목을 받을 만한 상태나 성질 곧 사건성을 띠는 공간^{장소}으로서, 연구의 대상이 되거나 또 이러한 연구를 통해 '지적 실험'이나 '사상과제로서의 동아시아'를 추구하는 사상적 자원을 발굴할 수 있는가 하는 것이 관건이 된다. 이럴 때 해역은 사건으로서의 해역이고, 나아가서는 사상화를 위한 자원으로서 해역이다. 자본주의

28 마루카와 데쓰시, 백지운·윤여일 역, 『리저널리즘』, 그린비, 2008.

문명과 국민국가로 대변되는 근대를 극복하는 대안을 마련하는 사유의 장으로서 동북아해역을 설정하고, 이에 대한 연구를 어떻게 전개할 것인가 하는 것이 해역인문학의 과제인 셈이다.[29]

4. 동아시아 해역인문학의 과제

근대는 바다와 함께 시작되었고, '바다가 문제가 된 시대'가 근대라고 할 수 있다. 곧 근대는 엄청난 인력과 자원의 이동, 새로운 지식과 기술의 전파, 폭력과 파괴의 전 세계적 범람으로 점철되었고, 이 모두가 바다를 통해 이루어졌다. 그리고 바다를 통한 근대 문명의 수용은 개념, 학문 그리고 제도의 측면에서 다양하게 전개되었다. 그래서 동아시아 각국이 해양 및 해양 관련 지식 그리고 그것과 함께 들어온 서구의 근대문명을 어떻게 수용했는지를 꼼꼼히 살피는 작업의 필요성이 절실하다. 이미 많은 연구 성과가 있지만, 이를 해양에 초점을 맞추어 새롭게 정리하는 연구는 아직 부족하기 때문이다.

또 동아시아라는 지역 개념 및 담론을 해양과 관련된 다양한 논의와 어떻게 연결할 것인가 하는 이론적 문제가 있다. 동아시아라는 용어를 사용하는 순간부터 자연스럽게 '지역'이란 개념은 수반될 수밖에 없고, 그렇다면 국가가 아닌 지역 개념을 사용해 근대의 전파 후 그리고 현재까지 동아시아의 지역 질서를 해역의 시각에서 다시 조망하는 일이 요구된다. 중화질서, 일본의 대동아공영권, 태평양 시대로 이어지는 동아시아

---

29 졸고, 「해역인문학으로 가는 길」, 『동북아해역과 인문학』, 소명출판, 2020, 24쪽.

지역 질서는 이 지역의 바다 곧 그 해상을 관통하며 연결되는 광역네트워크와 겹친다. 이 네트워크는 다양한 인적 물적 문화적 교류를 통해 형성되었다. 동아시아 지역에서 인문학 분야의 해양 관련 학문은, 바다와 인간의 관계에 대한 연구를 활성화하기 위해 상대적으로 가려진 해역세계의 제 양상들을 많이 발굴해내야 할 숙제가 있다.

제2부

경계로서의 해역

제1장

경계의 도시 상하이와 지식네트워크

1. 근대도시 '상하이'의 탄생

상하이는 전통적으로 경제와 문화가 발달한 장쑤江蘇와 저장浙江이란 지역을 배후지로 갖고 있다. 게다가 지리적으로 훌륭한 항구로서 장강長江이 바다로 흘러드는 입구에 존재한다. 그래서 아편전쟁 이전부터 서방의 영향을 쉽게 받는 지역이었다.[1]

쑤저우蘇州나 양저우揚州보다 낮았던 상하이의 문화적 지위가 개항 전부터 변화하기 시작했는데, 그래서 왕타오王韜는 "상하이는 서양인이 들어오기 전부터 문화가 바뀌기 시작했다"고 말했다. 즉 전통문화가 해체되고 근대의식이 싹트기 시작했는데, 이것은 서양문화를 수입하는데 유리한 조건을 형성했다. 개항 이후 상하이에서는 서양인과 중국인의 분리 정책이 시행되었고, 그래서 서양인들은 자신들만의 주거지 곧 조계租界를 형성하였다. 그런데 이 분리 정책이 소도회小刀會의 난으로 붕괴되고 조계지의 화양잡거華洋雜居가 용인되었는데, 이것은 노동력 및 상품 소비자의 확보라는 측면에서 조계지의 서양인들에게 유리한 조건을 제공했다. 아

---

1   명나라 때 이미 상하이에는 대량의 천주교도가 존재했는데, 강남에 5만 명, 그 가운데 상하이에 4만 명이 있었다고 한다. 곧 상하이는 천주교의 중요한 선교 기지였다.

편전쟁이후 개항된 5개 항구 가운데 광저우廣州는 영국인을 비롯한 외국인들에게 대한 적대감과 저항이 강렬했으며, 전통적으로 배외의식이 강한 곳이었다. '객가인客家人'이란 명칭은 바로 이런 성격을 잘 드러낸다. 이러한 광저우인들의 전투성과 용감함은 오히려 광저우에 봉건전제제도를 지속시켰다. 푸저우福州도 푸젠성福建省의 상품 집산지에 불과했고, 게다가 푸저우인들도 침략자를 극도로 증오했다. 샤먼廈門도 무역활동을 하기에는 별로 좋지 못한 환경이었고, 닝보寧波는 저장浙江 지역의 주요 상품집산지가 아니었다. 그래서 5개의 개항도시 중에서 상하이가 비교 우위를 갖게 되었다.

상하이는 외국에 대한 배척의식이 약했다. 작은 어촌이었던 상하이가 큰 규모의 항구도시로 발전하는 과정에서 외지인들이 이주해 와 토착민들과 어울려 살면서 도시가 확장되었기에 다른 곳보다 개방적이었다. 그리고 상하이에 형성된 조계租界는 먼저 안전을 제공했다. 이것은 자유로운 활동을 할 수 있는 환경을 제공했으며 그래서 서방문화를 수용하는데 유리했다. 당시 중국의 봉건제도가 자본주의 발전을 저해했기 때문에 오히려 이러한 조계는 더욱 성장할 수 있었다. 조계의 치외법권治外法權은 중국상하이를 반半식민지사회로 떨어뜨렸지만, 외국자본의 권익을 보호하여 이들의 발전에 유리한 환경을 조성해주었다. 게다가 서양식민주의 가치가 존재했다. 상하이 조계의 법치는 자유로운 언론활동을 보장했으며, 중국의 봉건전제통치를 반대하는 중요한 기지로 작용했다. 그래서 캉유웨이康有爲, 황쭌셴黃遵憲, 옌푸嚴復, 량치차오梁啓超, 차이위안페이蔡元培 등과 같은 근대 중국의 지식인들 상당수가 상하이에서 활동을 벌였다.

그리고 소설을 비롯한 상하이 문화는 문화적 기초가 탄탄한 장쑤와 저장으로 팔려가고, 또 경제발전에 따라 상하이에 문화수준을 갖춘 외지인들이 들어와서 거대한 문화시장이 형성되었는데, 1890년대 해관海關의 자료에 의하면 장쑤에서 문맹을 벗어난 남자가 전체 60%를 차지했다고 한다. 또 기계업의 발전과 함께 상업적 신문업이 발달하였다. 게다가 과거 시험에 낙방한 타락한 문화인이 대거 존재했는데, 바로 이들이 저널리스트가 되었다. 이것은 마카오와 홍콩, 광저우의 신문이 상하이보다 발전이 더딘 이유와 대립한다. 이 도시들은 문화 빈곤지역에다 큰 규모의 문화시장이 형성되지 못했다.

이와 같이 상하이가 중국 근대의 문화중심이 될 수 있었던 것은 지리, 역사, 문화, 경제, 정치 등의 여러 요소가 종합적으로 작용한 결과였다.[2]

2. 근대문화 생산의 중심, 상하이

앞에서 얘기한 것처럼, 상하이가 근대문화의 중심이 될 수 있었던 것은 지식의 생산, 유통, 소비라는 구조가 완벽하게 갖추어졌기 때문이다. 곧 지식의 생산이라는 측면에서는 상하이에 들어온 서양인들에 의해 서구 근대지식이 소개되었고여기에 대해서는 다음 절에서 자세히 설명, 유통이라는 측면에서는 이렇게 생산된 근대지식이 장쑤나 저장을 넘어서 더 먼 곳까지 전해질 수 있는 교통망을 갖추고 있었으며, 마지막으로 소비라는 측면에서는 이러한 지식을 갈망하는 소비자층이 상하이에 거주하는 중국인들뿐만 아니라, 그 주변에도 많이 존재하고 있었기 때문이다. 상하이에서 생성된 근대지식은 중국만이 아니라, 동북아해역의 여러 지역에도 전파되

---

2   위앤진, 「상하이는 어떻게 중국 근대의 문화중심이 될 수 있었는가」, 『한국학연구』 제20집, 2009 참조.

었다.

상하이 지식네트워크의 형성과 관련해서는 위의 3가지 요소에 대한 전반적인 검토가 필요하다. 즉 동북아해역에서 상하이를 중심으로 한 지식네트워크의 지도를 작성해야 하는데, 현재까지 이와 관련된 연구는 주로 생산이란 측면에서 누구에 의해 어떤 텍스트들이 어떻게 만들어졌는지에 대한 것이 많았다. 또 소비라는 측면에서 어떤 텍스트들이 조선이나 일본에 수용되었고, 또 이 텍스트들이 그 국가의 근대화에 어떤 영향을 주었는지에 대한 연구 역시 적지 않게 이루어졌다. 그런데 이 생산과 소비의 중개 역할인 유통에 대한 연구는 사실 미흡하다. 이것은 생산된 텍스트가 어떻게 전파되었는지에 대한 것인데, 청조이전 아주 이른 시기에 서학西學 관련 서적이 들어왔던 방식처럼, 곧 선교사나 외교사절 그리고 상인과 같은 어떤 특정한 사람들에 의해 한정된 수의 서학책이 권력자나 특수 계층에 의해 수용되었던 것과 달리, 19세기 중엽이 되면 동서東西간 교류가 빈번해지고, 또 근대적인 인쇄 및 출판이 가능해져서 이러한 책들의 유통 역시 다양한 계층의 사람들에 의해 이루어지게 되었다. 따라서 지식의 유통이란 관점에서 본다면, 바로 이러한 서학 서적들이 어떤 경로를 통해 전파되는가에 대한 연구가 지금부터 활발히 전개될 필요가 있다. 이를 위해서는 정기 항로를 비롯한 교통망 그리고 관료, 선교사와 상인들의 이동 등 유통의 네트워크를 사료로 규명해야 한다.

우선 근대 지식의 생산이란 측면에서 본다면, 서양 가톨릭 선교사들의 활약을 주목해야 한다.[3] 아편전쟁 이전에 서양 선교사들은 비록 중국의 변경 지역에서 선교활동에 종사하였지만, 성서 번역과 잡지 간행 등을 통

---

3 이와 관련해서는 리암 매튜 브로키, 조미원·서광덕 역, 『동아시아로의 항해-초기 근대 가톨릭 예수회의 중국 선교』, 소명출판, 2024 참고.

해 보여준 그들의 선교와 번역 활동은 그 이후에 전개되는 번역된 중국의 근대를 알리는 징후였다. 청말 중국에서 서양 학술 번역의 과정을 고찰할 때, 19세기 초부터 아편전쟁 이전까지 프로테스탄트 선교사들이 활동한 시기를 번역의 전사前史로 본다면, 그 이후 중화민국 등장 이전까지의 과정은 일반적으로 다음과 같이 3단계로 나누어 볼 수 있다.

제1단계1843~1860는 아편전쟁에서 중국이 패한 뒤, 영국, 미국, 프랑스와 차례로 불평등조약을 체결하게 되고, 홍콩을 영국에게 할양하게 되었을 뿐만 아니라 광서우를 비롯한 연해의 5개 항구를 개항하면서, 선교사들이 연해 지역에서 활동하기 시작한 시기이다. 제2단계1860~1900는 2차 아편전쟁에서 중국이 패한 이후 서양 선교사들의 중국 내 선교활동, 여행, 항해의 자유가 보장되어 그들의 활동이 왕성하게 전개된 시기이며, 한편으로는 서양 열강의 군사적 힘에 대한 방어 의식에서 청조 국가가 직접 서양 학술의 번역에 착수하게 되는 시기이다. 제3단계1900~1911는 청일전쟁에서 중국이 일본에 패하면서, 유럽의 열강에 대한 패배에 비해 더 큰 충격을 받은 시기이며, 과거 시험 준비에 매진하던 중국의 지식인들이 역사상 최초로 일본으로 유학하게 된 시기이다. 무술변법의 주도자들이 일본으로 정치적 망명을 떠나게 된 것과 맞물려, 중국인들이 일본의 학술과 사상에 관심을 가지면서, 메이지 일본에서 이루어진 서양사상 관련 문헌을 대대적으로 중국어로 번역하게 된 시기이다.

근대지식의 생산 주체로서 위의 1, 2단계에서 주도적인 역할을 한 이들이 앞에서 말한 대로 곧 프로테스탄트 선교사였다. 연구에 의하면 1840년대부터 1890년대까지 17개의 기독교 출판기관이 차례로 설립되어 전국 각지에 분포되었다. 약 반세기 동안 외국인들은 170여 종의 중외문中外文 신문을 발간하여 당시 중국의 간행물의 95%를 점했다고 한다.[4]

아편전쟁이 발발하기 이전인 1807년 런던선교회London Missionary Society 소속의 모리슨Morrison, Robert 중국명 馬禮遜, 1782~1834은 이미 중국의 광저우에 도착했는데, 그는 중국에 온 최초의 프로테스탄트 선교사였다. 초기 프로테스탄트 선교사들은 말레이, 싱가포르 등 주로 남양 일대에서 선교활동에 종사하였지만, 청말 중국에 서양의 종교와 학술이 전래되는 서막을 연주하였다. 19세기 초 선교사들의 번역은 그 이후 중국에 온 선교사들의 저작에 비하면 적은 양이지만, 성서의 번역을 비롯하여, 세계역사, 지리, 정치, 경제 등에 관한 새로운 지식을 전했다. 그중에서 모리슨이 번역한 『신천성서神天聖書』1823, 말라카, Milne와 공동번역는 신·구약을 포함한, 중국어로 된 최초의 완역 성경이라 할 수 있다. 또한『중문어법A Grammar of the Chinese Language』1814, 『중영자전A Dicitionary of the Chinese language』1822 등과 같이, 두 문화 사이의 소통을 위한 기초 작업으로 문법과 사전류의 서적이 간행된 것을 보면, 프로테스탄트 선교사들에 의한 성서 번역이 이전의 가톨릭 선교사들의 번역과는 달리, 근대적 성격을 띠고 있었음을 알 수 있다.

또한 미국 공리회The American Board of Commissioners for Foreign Mission 선교사 브리지먼Bridgman, Elijah Coleman 중국명 神治文 혹은 高理文, 1801~1861이 편찬한 『아메리카 합성국지략美理哥省國誌略』싱가포르, 1838은 아메리카에 관한 전반적 해설서이며, 그 중에는 미국의 독립선언서도 포함되어 있다. 이 책은 뒤에 『아메리카 합중국지략』광저우, 1846, 『연방지략』상하이, 1861 등의 서명으로 개정판이 거듭 나왔는데, 근대 중국의 지식인들뿐만 아니라, 한국과 중국을 비롯한 동아시아 지식인들이 아메리카를 이해하는데 귀중한 자료였다. 위원魏源, 1794~1857이 지은『해국도지海國圖志』1842년 초판에서 아메리카에 관한

---

4   葉再生, 「現代印刷出版技術的傳入與早期的基督敎出版社」, 『中國近代現代出版史學術 討論會文集』, 中國書籍出版社, 1990.

서술은 이 책을 전거로 삼은 것이다. 그리고 19세기 초 프로테스탄트 선교사들이 중국에 끼친 영향 중에서, 1815년 모리스와 밀느Milne, William 중국명 米憐가 말라카에서 공동으로 창간한 『찰세속매월통기전察世俗每月統記傳』1821년 정간, 1833년 독일 국적의 귀츨라프Gützlaff, Karl Friedrich August 중국명 郭實獵, 1803~1851가 광저우와 싱가포르에서 창간한 『동서양고매월통기전東西洋考每月統記傳』1838년 정간등과 같은 월간 잡지를 언급하지 않을 수 없다. 이러한 잡지들은 선교라는 목적 이외에도, 아편전쟁 이전의 중국인에게 유럽의 역사와 지리, 문화와 풍속, 과학과 기술 등을 소개하였다. 서양 선교사들이 간행한 이러한 잡지들은 중국인을 대상으로 중국어로 만들어진 최초의 잡지였으며, 잡지의 등장을 근대의 일면이라고 한다면, 근대적 잡지의 태동을 알리는 역할을 담당하였다고 할 수 있다.[5]

3. '상하이 지식네트워크'의 형성

1) 상하이의 서학 출판 단체

1724년 옹정제가 금교령을 내려 3백명에 가까운 예수회 선교사들을 광둥과 마카오로 추방했고, 이로 인해 예수회 선교사들에 의한 저작 활동은 거의 중지되었다. 이것은 100년 이상 계속된 중국의 '정보'선진국으로서의 지위가 급속히 후퇴하고, 반대로 난학蘭學장려책을 실시한 일본이 나가사키를 창구로 서양의 신지식을 축적하여 그 자리를 대신하게 만들었다.

---

5   양일모, 「근대 중국의 서양학문 수용과 번역」, 『시대와 철학』 15권 2호, 2004.

다시 중국이 정보 선진국의 지위를 되찾는 것은 1840년부터 1842년에 걸친 아편전쟁이 계기가 되었다. 광저우, 푸저우, 샤먼, 닝보, 상하이 5개 항이 개항되고, 예수회와 같은 가톨릭 선교사는 물론 전쟁전부터 말라카와 싱가폴을 거점으로 하면서 호시탐탐 중국에서의 전도를 노리던 런던회를 비롯한 프로테스탄트 선교사들이 이 5개의 항구로 쇄도하여 적극적으로 선교활동을 전개하였다. 특히 프로테스탄트 선교사들은 가톨릭 선교사들보다 예수회의 전통을 이어받아 한역양서漢譯洋書를 대량으로 저술하였는데, 이들이 바로 중국에게 정보 선진국의 지위를 되돌려준 주역이었다. 이 선교사들의 저술을 모아 정리한 중국인의 대표적인 성과가 바로 위원의『해국도지』1842년 초판이며, 이것은 1850년대에 조선과 일본에 영향을 주었다. 그밖에 해외사정 안내서가 주변 국가에 전래되었다.

이들의 지식 선교활동은 다방면으로 이루어졌는데, 교육사업, 의료와 사회복지 사업, 출판활동, 신문·잡지 발간 등이다. 그런데 여기서 특기할 것은 이러한 사업과 활동은 개인이 아닌 그룹이나 단체로 이루어지는 경우가 많았으며, 다양한 활동을 주도해 간 인물들을 보면 서로 인적네트워크를 형성하면서 상호 협력관계 내지 공동 활동 관계를 이루고 있었다는 점이다. 특히 학술과 교육활동은 선교사들이 주축이 되었다고는 하지만, 이들 활동에는 서구 상인들과 외교관, 변호사, 의사 등이 직·간접적으로 참여하였는데, 이로써 이들의 활동 성격도 정치, 경제적 이해와 결부되었을 뿐만 아니라, 종교적 차원을 넘어선 근대 서구에서 추진하던 보편적인 지식계몽의 성격도 아우르고 있었다. 따라서 19세기 중국에서의 지식 프로젝트로서의 서학 보급운동은 다양한 측면에서 서구 특히 영·미의 대중국 정책과 직간접적으로 연결되었다고 할 수 있다.

19세기 중국에서의 서학 보급과 관련하여 비교적 주목할 것은 다음과 같은 교육, 출판, 조직 활동을 들 수 있다. 즉 아편전쟁 이전인 1836년의 '모리슨 교육회Morrison Educational Society'와 1834년의 '중국 실용지식 보급회Society for the Diffusion of Useful Knowledge in China(SDUKC)'를 비롯하여, 1844년의 '묵해서관墨海書館, London Missionary Society Press', 그리고 1876년의 '격치서원格致書院', 1877년 '익지서회益智書會, School and Textbook Series Committee, 1890년 Educational Association of China로 영문명 개칭'와 1887년 '동문서회同文書會, The Society for the Diffusion of Christian and General Knowledge among the Chinese, 1894년 廣學會로 중국명 개칭' 등이 바로 19세기 중국에서 서학 보급에 종사했던 대표적인 단체나 조직들이다.

'중국 실용지식 보급회'는 중국인이 서구인을 야만인으로 멸시하는 것에 반발하여, '지적 충격'을 통해 서구 문명의 우수성을 알리고, '무지'와 '고립상태'로부터 중국인을 구하기 위해 지식 프로젝트의 일환으로 1834년에 광저우와 마카오에 거주하는 외국의 선교사, 외교관, 상인 등을 중심으로 설립된 단체다. 이 단체는 1846년까지 존속하면서 비록 활발한 활동을 전개했다고 볼 수는 없지만, 세계통사, 미국사E. C. Bridgman의 『합중국지(合衆國志, 美理哥國誌略)』, 이솝우화 등의 보급용 책자 6~8권을 출판하였고, 1833년에 창간된 『동서양고매월통기전Chinese Monthly Magazine 』1833~1838, 싱가포르를 기관지로 삼아 실용적인 신지식을 보급하는 등의 활동을 전개하였다. 이 잡지는 브리지먼과 귀츨라프가 주편을 맡아, 세계 각지의 지리, 특히 동남아시아 지역 지리와 그 지역에서의 서구의 식민지 활동을 소개하였다. 이어서 묵해서관 등 서학 보급 기관에 대해서 살펴보자.

가장 먼저 상하이에 들어온 프로테스탄트 선교사는 영국 런던회 소속의 메드허스트로버트 모리슨과 함께 남양에서 프로테스탄트 전교를 담당한 인물로서 모리슨이 죽고 난 뒤 실질상의 후계자로서 런던회의 중국 선교에 있어서 중심적인 역할을 함와 록하트였다. 1843

년에 각자의 근거지인 광저우와 저우산舟山의 딩하이定海로부터 이주했는
데, 그때 이들은 원래 바타비아현재 인도네시아 자카르타에 있던 런던회의 인쇄
소 그리고 딩하이定海에 있던 록하트의 진료소를 상하이의 신천지新天地로
이동시켰다. 이것이 바로 묵해서관과 인제의관으로 명명된 시설로서, 런
던회 소속의 교회 곧 천안당天安堂과 함께 '맥가권麥家圈'이라는 장소로 크
게 발전하여 상하이에서 프로테스탄트 선교파의 큰 활동거점이 되었다.

묵해서관은 15년여 동안 25만부에 가까운 한역성서漢譯聖書 그리고 171
종의 한문전도서漢文傳道書와 과학서를 발간했다. 천문 / 지리 / 수학 / 물
리 / 의학 분야를 망라했으며, 이에 상하이는 서양정보발신지로서 발돋
움하고, 1850년대 후반에 대大정보네트워크를 형성할 수 있었다. 1860년
대에 들어와 묵해서관의 인쇄업무 대부분이 닝보寧波에서 상하이로 이전
해온 미국 장로회 소속의 미화서관美華書館, 寧波시대의 명칭은 華花聖經書房, 1844년
마가오에서 창립에 양도되고, 곧 인쇄설비 자체도 『상해신보上海新報』의 발행을
준비하는 자림양행字林洋行에 팔렸다.

묵해서관의 활동에는 메드허스트 외에도 화학원장 밀른William Milne, 米怜
의 아들이자 '모리슨 교육회'의 교사였던 윌리엄 찰스 밀른W. C. Milne, 美 魏茶
과 영국 왕립협회 중국 지부 회원이었던 와일리A. Wylie,, 그리고 뮈르헤드
W. Muirhead,慕維廉, 에드킨스J. Edkins, 艾約瑟 등이 참여하고 있었다. 이 가운데
후자 3인은 또 1857년에 윌리암슨A. Williamson, 韋 廉臣 등과 더불어 발간한
최초의 근대적 중문 종합잡지인 『육합총담六合叢談, Shanghai Serial』을 발간하
였다. 이 잡지의 발간에는 왕타오1849년에 묵해서관에서 일하기 시작하여 13년간 등 중
국인 낭인이 협력했다. 묵해서관의 출판 서적 내용을 보면 여전히 종교적
내용이 다수를 점하고 있지만, 1844~1860년까지 대략 33종의 비종교
서학 관련 서적을 출판하였고, 『육합총담』은 『동서양고매월통기전』을 이

어 '문文'을 통한 중서中西소통과 중국에 대한 서학의 보급을 추동했으며, 중국인 지식계몽을 추구하였다. 묵해서관보다 20년 뒤인 1860년대에 들어와서 '양학소洋學所'에 해당하는 경사동문관京師同文館, 상하이광방언관上海廣方言館, 강남제조국번역관江南製造局翻譯官이 설립되었다.

그리고 비종교 서학의 소개와 보급은 주로 1870년 이후에 더욱 가속화되었으며, 이때 중요한 역할을 한 것은 1868년 강남제조국 산하에 부설한 번역관과 존 프라이어J. Fryer 등이 『중서문견록中西聞見錄』1872~1875을 대신하여 1876년에 창간한 『격치회편格致匯編』1876~1892, 그리고 앞서 말한 익지서회1877 등이다. 그러나 중국에 소개·번역되는 서학의 내용에 큰 변화를 가져온 것은 알렌Y. J. Allen이 주편한 『만국공보萬國公報』와 '동문서회同文書會, 廣學會'이다. 『만국공보』는 처음 알렌이 1868년에 『교회신보敎會新報』의 이름으로 주간지로 창간했다가, 1874년 『만국공보Globe Magazine』로 개칭하였다.

그 외에 동문서회가 있는데, 이 학회의 주창자는 스코틀랜드 출신으로 일찍이 익지서회를 조직하고 이끌었던 알렉산더 윌리암슨이다. 그는 1884년 스코틀랜드의 글래스고우에서 "중국 서적 및 소책자 협회Chinese Book and Tract Society, 한자명은 '同文書會'"를 조직하여 상하이에 인쇄소를 두고 종교와 과학에 관한 중국어본 서적들을 중국에 보급하는 운동을 벌이기도 했는데, 이는 익지서회와 함께 영국에서 시작된 '실용지식 보급회'와 같은 형태의 운동이었다. 그러나 스코틀랜드의 동문서회는 곧 해체되고, 윌리암슨은 1887년에 다시 동명의 단체를 조직하였다. 이 단체는 바로 앞서 시작한 인도의 경험을 직접적인 모델로 삼고, '익지서회'나 『만국공보』, 『중서문견록』, 『격치회편』 등을 통해 형성된 인적망과 활동 경험을 결집하여 조직한 것이다. 여기에는 19세기 초 중국에 있었던 '실용지식 보급회SDUKC'와 마찬가지로 실업가, 정치·외교가, 변호사, 의사, 선교사 등 다양한 지식인들이 망라되어 있었고, 운영자금도 여러 계층의 후원으로 충당되었다. 즉 19세기 후반 서학 보급을 위한 다양한 활동을 다시 하나로 재조직하여 체계적인 실천 활동을 추구하던 것이 바로 동문서회, 즉 광학회였던 것이다.

또 광학회는 그 영문 명칭에서도 나타나듯이, 서학의 보급이 주된 목적이었다. 그리고 서학과 관련된 광학회의 주요 활동은 무엇보다도 서적의 출판이다. 1898년 광학회에서 분류한 서학을 보면, 도학道學, 사학史學, 상학商學, 격치格致로 구분하고 있는 데서 알 수 있듯이 사학과 상학을 중시하고 있으며, 특히 사학 가운데는 서구의 정치변화 및 제도사가 포함되어 있다. 이 가운데 당시 영향력 있고 주목할 만한 것은 『만국공보』 잡지 외에 『태서신사람요泰西新史攬要』李提摩太, 1894, 『중동전기본말中東戰紀本末』林樂知, 1896, 『칠국신정비요七國新政備要』李提摩太, 1889, 『신정책新政策』李提摩太, 1895, 『문학과 국책文學興國策』林樂知, 1896, 『부국양민책富國養民策』艾約瑟, 1893, 『자서조동自西徂東』花之安, 1888 재판 등을 들 수 있다.

이 서적들은 주로 국가 정책과 직접적인 관계가 있는 것으로서, 『만국공보』의 여러 시평 및 정론과 함께 당시 변법운동의 직접적인 이론적 토대가 되었다. 그들의 이러한 활동은 일차적으로 중국인을 대상으로 했지만, 넓게는 바로 '한자문화권' 전체를 목표로 하고 있었다. 『만국공보』의 배포 내지 판매지역을 보면, 중국의 주요 도시와 일본, 조선과 홍콩, 싱가포르, 자카르타, 태국 등 동남아시아 및 미국, 유럽과 호주 등을 포함하고 있었다. 이는 세계 각지의 화교들뿐만 아니라, 한자문화권 전체에 영향력을 행사하려 했던 것으로 보인다. 즉 청일전쟁의 패배에도 불구하고, 서구인들에게 있어 중국은 여전히 기회의 땅이자, 아시아 변화의 핵심이었다. 그들이 추구한 것은 이미 서구의 통제권을 벗어나 자체적인 서구화를 추구하던 일본이 아니라, 서구인들의 기획에 따라서 점차 변화하는 중국이었다.[6]

<표 1> 청정부가 설립한 서학 교육 및 번역 기관[7]

기구명	설립년도	설립도시	설립 주도인물	주요 설립 목적
京師同文館	1862	北京	奕訢	외국어교육
上海廣方言館	1863	上海	李鴻章	외국어교육
廣州廣方言館	1864	廣州		외국어교육
江南製造局	1865	上海	李鴻章	기기제조
江南製造局 飜譯局	1865	上海		번역
金陵機器局	1865	南京	李鴻章	기기제조
福州船政局	1865~1912	福州	左宗棠 / 沈葆楨	기기제조
天津機器局	1867	天津	崇厚	기기제조
福州機器局	1869	福州	英桂	기기제조
蘭州機器局	1872	蘭州	左宗棠	기기제조
廣東機器局	1873	廣州	瑞麟	기기제조
山東機器局	1875	濟南	丁寶楨	기기제조
四川機器局	1877	成都	丁寶楨	기기제조
天津水師學堂	1880	天津		군사교육
天津武備學堂	1885	天津	李鴻章	군사교육
江南水師學堂	1890	南京	曾國藩	군사교육

2) 상하이 중심의 동북아해역 교통망

청나라 때 중국의 대외무역은 크게 서양을 향해서는 월해관越海館의 광저우, 동양 곧 일본을 향해서는 절해관浙海館의 자푸乍浦로 나뉘어 있었다. 게다가 1840년대 후반부터 광둥과 광시廣西에서는 천지회天地會에 의한 무장봉기가 일어나 광저우 일대의 분위기가 불안했고, 그래서 개항 10년

---

6 차태근, 「19세기말 중국의 西學과 이데올로기-'廣學會'와 『萬國公報』를 중심으로」, 『중국현대문학』 제33호, 2005.
7 윤영도, 「中國 近代 初期 西學 飜譯 硏究-『萬國公法』 飜譯 事例를 中心으로」, 연세대 박사논문, 2005.

뒤에 상하이는 다른 항구를 누르고 동아시아 최대의 항구로 대두되었다.

그리고 19세기 중엽 동아시아에는 상하이를 중심으로 무역, 교통 그리고 정보 등의 분야를 포함한 근대적인 네트워크가 출현했다. 이것은 중국 국내뿐만 아니라, 바다 건너 조선과 막부말의 일본도 포함했다. 유럽으로 향하는 정기 항로가 홍콩이나 상하이를 기점으로 하고 있었기 때문에, 당시 일본인이 양행洋行을 하고자 한다면 이 둘 중에 하나를 선택하지 않을 수 없었다. 양행자의 절반이 상하이를 통해 갔고, 그러면서 상하이를 체험하게 되었다. 이때 상하이에서 만난 이 많은 서양 가운데 일본의 무사들이 무엇보다 관심을 가진 것은 역시 선교사들이 경영한 일련의 인쇄소 등 근대적인 여러 시설이었다.

게다가 영국의 P & O 기선汽船, Pennisular & Oriental Steam Navigation Co.이 1850년에 상하이-홍콩간에 정기항로를 신설하고, 기존의 런던-홍콩간의 연락망을 상하이까지 연장했다. 영국의 P&O가 1859년에 일본의 개항과 거의 동시에 먼저 상하이와 나가사키 사이에 취항하고, 이어서 1864년에 상하이-요코하마 간에 정기항로를 개설했다. 프랑스의 프랑스제국 우선郵船, Services Maritimes des Messageries Imperiale이 1861년 사이공-상하이간, 또 1863년에 마르세유-상하이 정기항로를 개설하여 동남아시아와 유럽대륙을 상하이로 직접 연결했다. 그리고 프랑스제국 우선은 1865년에 상하이-요코하마간의 정기항로를 열고, 종래의 상하이-마르세유선과의 연결을 가능케 했다. 이후 미국의 태평양 우선郵船, Pacific Mail Steamship Co.도 1867년에 샌프란시스코와 홍콩간 항로를 열고, 그 속에 요코하마와 상하이 등을 기항지로 넣었다.

상하이를 중심으로 한 해운運航은 우선郵船만이 아니라 열강의 군함, 상선 등도 있어서, 상하이는 이 시기 동아시아의 허브로서 역할을 했다. 약

3,500척의 출입항이었다. 이러한 교통망과 관련해서는 더 자세한 연구가 필요하다. 상하이를 기점으로 해서 동북아해역에 펼쳐진 해운업을 위시한 교통망이 어떻게 구축되었으며, 여기에 어떤 사람들이 왕래하고 어떤 물자들이 운송되었는지는 상하이의 인쇄출판업과 서적유통망을 살필 수 있는 기반으로서, 이것은 상하이 지식네트워크 형성에 있어서 대단히 중요한 고리다.

4. '상하이 지식네트워크'와 동북아해역

1) 일본과의 정보네트워크 형성

원래 일본으로의 정보 전달 루트는 무역선唐船이었다. 이미 막부시대부터 무역선이 왕래를 하고 있었다. 게다가 자푸에서 출발하는 무역선 영파선寧波船과 상하이에서 출발하는 무역선 남경선南京船의 출항지인 저장성과 장쑤성은 청조때부터 일관되게 중국에서 출판의 중심지였다. 또 당시 한적漢籍에 대한 일본의 수요가 늘어가는 시기에 바로 구선口船, 구치부네, 나가사키에 입항하는 중국 선박을 가리킴에 의한 무역체제가 확립되었다. 이에『해국도지海國圖志』를 비롯한 일련의 해외정세를 알려주는 한적이 에도시대를 통해서 계속적으로 일본에 전래되었다.

막부말기 상하이는 일본에게 두 가지 의미에서 중요한 도시였다. 하나는 소위 반半식민지로서 성립한 조계가 바로 동아시아에서 자본주의의 최전선을 형성하고, 거기서 대량의 서양 정보가 일본에 전래되었기 때문이다. 그 속에는 선교사에 의한 다양한 한역양서가 구미의 지식을 전달해주었을 뿐만 아니라, 동시에 열강제국을 모델로 한 어떤 종류의 국가관 내지 국가상을 제시했다. 이것은 필시 종래의 막번체제의 붕괴를 눈앞에 두고 진실로 새로운 '국가'의 형태를 추구하는 많은 지사들에게 아주 필요한 것이었다. 19세기 중엽 일본으로의 한역양서의 수입과 관련해서는 〈표 2〉를 참조하기 바란다.

〈표 2〉를 통해 상하이에서 선교사들이 발행한 한역양서가 출판과 함께 일본에서도 나왔음을 알 수 있다. 그런데 우리가 궁금한 것은 과연 이 책들이 누구에 의해 어떻게 일본에 전해졌는가 하는 것이다. 추측할 수 있는 경로는 중국을 비롯해 동아시아 선교를 담당하는 선교사들이나 그 관련기관[8]을 통해 전달되었을 가능성이다. 이 기관을 통한 전파 경로가 가장 실질적인 방식이 될 수 있다고 생각된다. 그밖에 막말에 상하이를 비롯해 청나라를 왕래했던 관료와 유학생 및 상인들에 의해 전달되었을 거라고 상상해볼 수 있다. 아래 〈표 3〉은 바로 막말 구미 각국에 파견한 사절단과 유학생 현황이다.

메이지 유신이 시작된 1860년대에 이루어진 사절단과 유학생의 구미 파견은 위의 표에서 알 수 있는 것처럼, 대체로 상하이나 홍콩을 경유해서 구미로 향했다. 그리고 이때 상하이나 홍콩에서 구미로 향하는 배를 기다리면서 얼마동안 체류하게 되는데, 그때 상하이에 대한 경험은 구미

---

8   대표적인 것이 Religious Tract Society(RTS)이다. "영국(British dominions)과 해외에 기독교 문서, 서적의 보급"을 목적으로 하는 단체로서 설립되었고, 상임위원회 구성을 국교와 개신교 동등하게 절반으로 하는 초교파 단체라는 특성을 갖고 있다. 이후 RTS는 해외로 진출하면서 19세기에 기독교 문서의 전 지구적 생산과 출판을 담당하던 문서선교 기관으로 부상한다. 런던 본부를 모체로 각 지역에 지회를 두면서 선교사를 통해 문서를 번역 출판하였고, 비서구 사회에서는 아프리카, 인도, 중국의 RTS가 대표적이었다. 상하이에서는 1844년에 RTS위원회가 설립되었다. 조선은 1890년, 일본은 1899년에 설립되었다. 이고은, 「19세기 동북아 해양로를 통한 서구 개신교 선교사들의 근대지식 유통」, 부경대 인문한국플러스 사업단 제1회 국제학술대회 발표집(2018년 6월 1일).

〈표 2〉 선교사에 의한 한역양서(漢訳洋書)의 막말(幕末) 일본에서의 번역상황

書名(著者, 版元, 出版年)	翻刻者, 版元, 出版年
『数学啓蒙』(ワイリー, 墨海書館, 1853年)	幕府陸軍所和刻, 安政年間
『航海金針』(マックゴワン〈瑪高温〉, 寧波, 華花聖経書房, 1853年)	江戸岡田屋, 1857年
『地理全志』(ミュアーヘッド, 墨海書館, 1853~1854年)	塩谷宕陰訓爽快楼, 1858~1859年
『遐邇貫珍』(メドハースト, 香港英華書院, 1853年)	写本
『全体新論』(ホブソン, 墨海書館再版, 1855年)	伏見越智蔵版, 二書堂発兌, 1857年
『博物新編』(ホブソン, 墨海書館再版, 1855年)	開成所訓(官板), 江戸老皀館, 文久年間
『地球説略』(ウェイ, 寧波華花聖経書房, 1856年)	箕作阮甫訓, 江戸老皀館, 1860年
『大英国志』(ミュアーヘッド, 墨海書館, 1856年)	青木周弼訓, 長門温知社, 1861年
『智環啓蒙』(レッグ, 香港英華書院, 1856年)	柳河春三訓, 江戸開物社, 1866年
『香港船頭貨価紙』(日本版は「香港新聞」, Daily press 社, 1857年)	開成所官板, 文久年間
『西医略論』(ホブソン, 仁済医館, 1857年)	三宅艮斎, 江戸老皀館, 1858年
『六合叢談』(ワイリー, 墨海書館, 1857年)	蕃書調所官板, 江戸老皀館, 1860~1862年
『重学浅説』(ワイリー, 墨海書館, 1858年)	淀陰荒井某傍点, 淀陽木村某翻刊, 1860年
『内科新説』(ホブソン, 仁済医館, 1858年)	三宅艮斎, 江戸老皀館, 1859年
『婦嬰新説』(ホブソン, 仁済医館, 1858年)	三宅艮斎, 江戸老皀館, 1859年
『中外新報』(インスリー, 寧波華花聖経書房, 1854年)	蕃書調所官板, 江戸老皀館, 1860年
『代数学』(ワイリー, 墨海書館, 1859年)	駿河塚本明毅校正, 静岡集学所, 1872年
『談天』(ワイリー, 墨海書館, 1859年)	福田泉訓, 大坂河内屋, 1861年
『植物学』(ウイリアムソン, 墨海書館, 1859年)	木村嘉平, 1867年
『聯邦志略』(ブリッジマン, 墨海書館, 1861年)	箕作阮甫訓, 江戸老皀館, 1864年
『中外雑誌』(マックゴワン〈麦嘉湖〉, 上海, 1862年)	開成所官板, 江戸老皀館, 1864年
『万国公法』(マルテイン, 北京崇実館, 1864年)	開成所訓点翻刻, 江戸老皀館発兌, 1865年
『格物入門』(マルティン, 北京同文館, 1868年)	本山漸吉訓, 明清館, 1869年

注 : 『日本基督教史関係和漢書目録』(基督教虔学会編, 文見堂, 1954年)와 기타를 참고해서 작성함.

〈표 3〉 막말 구미제국에 보낸 사절단과 유학생의 파견상황

相手国	派遣年	目的	主要成員	備考
使節団				
米国	1860	日米修好通商条約批准交換	新見正興 小栗忠順 木村芥舟	米軍艦ポーハタン号による渡航, 帰途は香港経由
仏、英,蘭等	1862	開市・開港延期交渉	竹内保徳 福地源一郎 福沢輸吉	英軍艦オージン号による渡航, 往路・帰途とも香港経由
仏	1864	横浜鎮港交渉	池田長発 田辺太一 杉浦譲	仏軍艦, 郵船による渡航, 往路・帰途とも上海経由
仏, 英	1865	横浜製鉄所技師招聘等	柴田剛中 福地源一郎	英郵船による渡航上海経由
露	1866	日露国境画定協議	小出秀実 箕作秋坪	仏郵船による渡航マルセーユ経由
米	1867	軍艦, 武器購入	小野友五郎 松本寿太夫	
仏	1867	第2回パリ万国博参列等	徳川昭武 杉浦譲 渋沢栄一	仏郵船による渡航上海経由
留学生				
蘭	1862	幕府派遣留学	榎本武揚 赤松則良 西周	蘭商船カリブス号による渡航ジャワ経由
英	1863	長州藩派遣留学	井上馨 伊藤博文	英商船による渡航上海経由
英	1865	薩摩藩派遣留学	五代友厚 寺島宗則 森有礼	英商船, 郵船による渡航香港経由
露	1865	幕府派遣留学	市川兼秀 山内作左衛門	露軍艦による渡航
英	1866	幕府派遣留学	中村正直 川路太郎	英郵船による渡航上海経由
仏	1867	幕府派遣留学	徳川昭武 杉浦譲 渋沢栄一	仏郵船による渡航上海経由

注 : 富田仁 編, 『海を越えた日本人名事典』, 石附実著, 『近代日本の海外留学史』 및 다른 자료를 참고해서 작성함.[9]

에 대한 간접적인 체험이자 새로운 문물을 접하는 시간이었다. 그런데 메이지기에 들어와서 일본에게 상하이의 역할은 급속히 쇠퇴하게 되었는데, 그것은 그 시점에서 일본이 이미 스스로 '문명개화'를 표방하고 직접 구미로부터 근대적 제도의 수입을 개시하여 종래의 '중계지'로서의 상하이가 의미를 상실했기 때문이다. 보다 근본적인 원인은 오히려 내셔널리즘을 기반으로 한 구심적인 국민국가를 추진하는 메이지 일본에게 상하이의 근대는 이미 사마邪魔적이어서 결코 유익한 요소가 아니라고 생각되었기 때문이다. 좀 더 구체적인 연구가 필요하지만, 막부말에서 메이지 유신 초기에 일본은 서학을 상하이를 통해 받아들였던 것은 분명하다. 일본의 경우에 비해서 조선은 어떠했는지 살펴보자.

2) 조선의 서구 근대학술 수용과 상하이

같은 시기 '상하이 지식네트워크'와 조선의 연관성에 대한 연구는 많지 않다. 최근의 일부 연구에 의해 근대 계몽기 한국에서의 지식 유통이 수신사修信使, 영선사領選使 등의 외교 사절을 중심으로 이루어지기 시작하여, 점차 민간 교역이 확대되면서 직접적인 교류가 확산되었음을 추론할 수 있을 뿐이다. 한국인들이 상하이에 드나든 첫 시기를 정확하게 알 수는 없지만, 일단 1880년대가 그 출발점이 아닌가 여겨진다. 특히 1882년 중국과 조선의 '조청상민수륙무역장정朝淸商民水陸貿易章程' 체결은 비록 불평등조약이기는 하나, 점차 기존의 육로뿐만 아니라 해로海路를 통한 교역 확대가 이루어질 것임을 의미한다. '조청상민수륙무역장정'이 체결되고, 1883년 11월에 청국 윤선이 상하이와 인천항을 오가면서 무역이 시

---

9   劉建輝,『魔都上海—日本知識人の「近代」體驗』, 筑摩書房, 2010; (한글판) 류젠후이,
     양민호·권기수·손동주 역, 앞의 책, 2020.

작되었으니, 한국인 내왕의 시작도 이 시점일 것이다.[10] 물론 배가 오가지 않은 시절에도 인삼 상인들의 내왕이 존재했으므로, 1880년대 이전에도 한국인의 내왕이 없지는 않을 것으로 짐작할 수 있다.

상하이를 찾은 초기 인물은 역시 상인과 관리였다. 특히 인삼 보따리 장사가 발을 디디지 않은 곳이 거의 없을 정도로 그 활동 영역은 넓었다. 다음으로 관리들이 이곳을 방문했다. 1883년에 해관海關을 설치하면서 거기에 필요한 자금을 조달하고 해관 업무를 맡을 요원을 확보하기 위해 관리가 파견된 것이다. 권지협판교섭통상사무權知協辦交涉通商事務 민영익과 묄렌도르프가 바로 그들이다. 이어서 조희연과 김학익 등이 기계와 무기를 구입하기 위해 파견되기도 했다. 이 당시에 유학생도 나타나기 시작했고, 양반 출신 부호 자제들도 드나들었다. 1885년에 민영익이 상하이에 모습을 드러냈다가 정착했으니, 첫 정착인이라 추정되기도 한다. 또 이구원이나 김승학이 방문한 시기도 이 무렵이다. 윤치호가 도착한 시기도 1885년이었다. 그리고 청일전쟁이 발발했던 1894년에 이홍장李鴻章을 찾아갔던 김옥균金玉鈞이 홍종우洪鍾宇에 의해 살해된 곳도 바로 상하이였다.[11]

이 장의 주제에서 볼 때, 우리가 알고 싶은 것은 1800년대 중반에 과연 조선에는 상하이를 통해 어떤 한역서학서가 수용되었는가 하는 것이다. 한역서학서의 한국 전래에 관한 문헌기록을 토대로 서적을 통한 서양 학문의 수용 양상에 대한 국내의 연구에 의하면 123종의 중국본 서학서가 있었다. 이 가운데 18세기에 상당히 많은 수의 서학서가 전래되었다고 한다. 그러나 19세기 초가 되면 서학 전래의 일대 암흑기에 접어드는데, 그것은 서교西敎나 서학에 대한 억압정책 때문이었다. 앞의 연구에 의

10   羅愛子, 『韓國近代海運業史硏究』, 국학자료원, 1998, 49~50쪽.
11   孫科志, 『上海韓人社會史』, 한울아카데미, 2001.

하면, 순조 1년[1801] 신유박해와 고종 4년[1864] 대원군 집권 등으로 인해 서학서의 전래가 침체되던 중 고종 13년[1876]에 개항을 맞이하게 되는 이 시기를 쇠퇴기로 규정한다.[12]

이렇게 본다면, '상하이 지식네트워크'가 형성되던 19세기 중엽에 조선은 상하이를 통한 직접적인 서학의 수용은 어려웠을 것으로 추측할 수 있다. 결국 1876년 개항이후 중국을 통한 서양 학문의 전래보다는 일본이나 서양인을 통한 직접적인 전래가 빈번해졌다고 보는 편이 타당하다 하겠다. 1881년에 김윤식 등에 의해 베이징동문관을 시찰하고 총리교섭통상사무아문협변總理交涉通商事務衙門協弁으로서 고용된 독일인 밀렌도르프의 제안에 의해 동문학同文學이 설립될 때까지 약 80년간 조선은 서학과 서교에 대한 무시 그리고 배외사상으로 구미의 학술과 담을 쌓고 있었다. 물론 이런 쇄국정책 하에서도 간헐적으로 서학을 수용하였다. 그것은 박규수朴珪壽와 오경석吳慶錫 등의 베이징 경유라는 극히 제한된 정보회로에 의한 것이었다. 그래서 1853년 오경석 등에 의해 서학한역서가 수용되고, 실질적으로 구미지식의 도입이 수면 아래서 진행되어 서법西法, 서예西藝에 의해 개화자수開化自修할 수밖에 없다는 의론이 일어나기도 했다.[13] 또 1844년에 위원의 『해국도지』 초판본이 나왔는데, 조선에는 다음 해인 1845년에 전래되었다. 그런데 그 경로를 보면 1844년 10월 26일 겸사은동지사兼謝恩冬至使를 베이징으로 파견했는데, 다음 해 3월 28일 겸사은동지사의 일행 중에서 정사正使 흥완군興完君 이정응李晟應, 부사副使 예조판서 권대긍權大肯이 위원의 『해국도지』 50권을 가지고 귀국하였다는 기록이 있는 데서 알 수 있듯이, 베이징과

---

12   윤주영, 「중국본 서학서의 한국 전래에 관한 문헌적 고찰」, 전남대 석사논문, 1998.

13   山室信一, 『思想課題としてのアジア』, 岩波書店, 2001, 194~196쪽; (한글판)야마무로 신이치, 정선태·윤대석 역, 『사상과제로서의 아시아』, 소명출판, 2018.

의 육로를 통한 전래였다.[14] 물론 넓은 의미에서는 '상하이 지식네트워크'에 의해 탄생된 책의 전파라고 할 수도 있다.[15]

그렇다면 상하이를 직접 방문하고 거기서 상하이의 지식네트워크를 비롯한 새로운 문물을 목격하고 직접 조선으로 그것을 수용한 경우는 없는가 하는 것은 이제 연구 과제로 남는다. 현재까지 이와 관련된 연구는 충분치 않다. 특히 아편전쟁 이후 1850년대에서 1870년대까지 상하이를 방문한 이들에 대한 연구는 대단히 부족하다. 다만 앞에서 말했듯이, 몇 명의 관리가 상하이를 방문하고 돌아와서 조선의 국왕에게 보고한 것은 기록으로 남아 있다. 예를 들어, 앞에서 말한 조청수륙무역장정을 체결하는 데 관여했던 어윤중魚允中도 1881년 기선汽船을 타고 일본을 거쳐 상하이를 왕래했다. 그가 1881년 12월 24일 복명입시復命入侍하여 전한 사정을 살펴보면 다음과 같다.

상 왈   그 나라일본의 정형은 대개 어떠한가?

윤중 왈   지금 시국을 돌아보니 부강하지 않고 보국保國하기 어려우니, 상하가 한 뜻으로 경영하는 것이 이러할 뿐입니다.

상 왈   중원의 일과 각국의 허실을 자세히 탐문하여 알고 있는가?

윤중 왈   어찌 감히 상세히 알겠습니까.

상 왈   중원인이 많이 와서 거류한다는 말이 있는데, 중원의 일을 또한 상탐하였는가?

---

14   진아니, 「19세기 魏源의 『海國圖志』 판본비교와 조선 전래에 관한 연구」, 고려대 석사
      논문, 2015, 26쪽.
15   어윤중(魚允中), 『종정연표(從政年表 / 연표)』, 1881년 3월 20일~10월 10일. 어윤중이
      일본과 상하이를 왕래하는 과정에서 이용한 배는 모두 기선(汽船)이었다.

윤중 왈	중국은 일찍이 외부 사정에 어둡지 않아 여러 가지 사정이 많았는데, 근래 군사軍事에 힘써 여러 도적을 평정하니 이는 곧 증국번曾國藩, 좌종당左宗棠, 이홍장李鴻章에 의지하는 바가 큽니다. 이에 힘을 얻은 자는 비록 팔기군 녹영병이 있으나 회군淮軍과 상군湘軍에 의지하는 것과 같습니다.
상 왈	대국의 사정이 전일보다 나아졌던가?
윤중 왈	러시아와 더불어 다투어 근일 배상하고 드디어 실상을 알고 실질적인 정무를 배우고자 합니다.
상 왈	일본은 겉으로는 부강하나 내실은 그렇지 못한가?
윤중 왈	나라 전체가 모두 부강에 힘쓰나 유신維新의 시작이어서 재력을 낭비하여 국채가 3억 5천만에 이르러 세입의 반을 부채를 갚는데 쓰니, 국인이 그것을 걱정합니다.
	(…중략…)
상 왈	근래 중원은 과연 어떤 일에 힘쓰던가.
윤중 왈	군무에 전심용력하기 시작했으며, 근래 통상국을 다시 열고, 윤선輪船을 사용하며, 상업을 권장합니다. 외국인이 오면 즉시 통상하니 곧 우리도 또한 상무商務를 따라야 하는 까닭입니다.
상 왈	일본으로부터 중원은 거리가 얼마나 되는가?
윤중 왈	나가사키長崎로부터 상해上海까지 2,300리입니다.[16]

이 일기는 조사朝士로 일본에 파견되었던 어윤중이 일본을 거쳐 상하이를 왕복한 뒤, 입시하여 국왕과 나눈 대화의 일부이다. 어윤중이 일본과

---

16 강미정·김경남, 「근대 계몽기 한국에서의 중국 번역 서학서 수용 양상과 의의」, 『동악어문학』 71, 2017 참조.

중국 사정을 이해하는 과정은 서책보다 탐문探聞이 주된 방법이었다. 특히 상하이 시찰 과정에서 '강남기기제조총국'을 견문했음을 확인할 수 있는데, 그 과정에서 제조국 한역서학서를 접했을 가능성도 있다. 『종정연표』 1881년 12월 24일 '서계書啓'를 좀 더 살펴보자.

서계를 드림. 신은 본년 정월 성지를 받들어 4월에 행호군 박정양 등과 더불어 동래에서 동양윤선을 빌려 타고 일본으로 향해, 나가사키항에 도착하여 조선소, 공작국, 학교 및 다카시마 매광煤礦을 관람하고, 이에 고베항神戶港에 도착하여 화차火車를 타고 오사카에 도착하여 진대의 군사 조련을 보고 포병공창, 조폐국, 제지소, 박람회, 병원, 감옥 등을 두루 살피고, 사이쿄西京에 들어가 여홍장女紅場, 여학교, 맹아원을 보고, 다시 천진天津에 이르러 비파호를 본 뒤, 고베로 돌아와 윤선을 타고 요코하마橫濱에 도착하여 직접 에도江戶에 도착했습니다. 여기서 산조시네마토三條實美, 이와쿠라도모미巖倉具視, 데라시마무네노리寺島宗則, 소에지마다네오미副島種臣, 야마다아키요시山田顯義, 이노우에가오루井上馨, 오오야마이와오大山巖, 가와무라스미요시川村純義, 마스카타마사요시松方正義 등을 만나고, 관성공장중앙 관청의 공장에서 외무, 내무, 대장, 육군, 해군, 공부, 농상무성, 개척사開拓使, 원로원, 대학교, 사관학교, 호산학교, 사범학교, 공부대학교, 해군병학교, 기관학교, 어학교, 농학교, 전신, 우편, 인쇄, 와사국, 교육박물관, 박람회, 제지소, 집야감, 포병공창, 육종장, 요코스카橫須〔賀〕 조선소 등을 견문하고, 일로 북쪽을 돌아 우스노미야宇都宮에 이르러 병사들을 보고, 니코산日光山에서 효묘 어필을 살폈으며, 여러 신하들이 모두 배로 돌아왔습니다. 신은 재주가 둔하고 아는 것이 얕아서 견문한 것이 없습니다. 그러므로 수개월 머물다가 나가사키로 돌아와 중국 상해에 이르러 소송태蘇松太, 상해도를 일컬음 병비도 유서분兵備道劉瑞芬을 만나고, 강남 기기제조총국江南 機器製造總局으로 가서 조포창군화를 관람하고, 다시 중국 상국商局 윤선으로 천진天津에 이르러 직이(예)총독 이홍장李鴻章, 해관도 주복周馥을 만나고 다시 항로를 따라 상해에서 나가사키에 이르러 부산항에 도착하여 육지로 돌아왔으며, 대장성 사무 및 재정 견문은 별도의 책자를 만들어 이를 볼 수 있도록 하였습니다.[17]

이 서계는 조사朝士, 신사유람단 사신의 한 사람으로 일본에 갔던 어윤중이 일본과 중국에서 견문한 일과 대장성 재정 관련 보고서를 만들어 보고하기까지의 과정을 요약한 글이다. 일본과 중국 왕래는 윤선을 이용했으며, 일본의 각종 기관을 시찰하고, 관계자를 다수 만났으며, 중국에서는 강남 기기제조총국을 방문하고, 이홍장李鴻章, 주복周馥 등과 면담했음을 확인할 수 있다. 여기서 주목할 사실은 제조총국을 방문한 일이다. 왜냐하면 제조총국 방문은 곧 한역서학서를 접했을 가능성이 높음을 의미하기 때문이다. 이러한 사실은 1882년 영선사로 중국을 방문했던 김윤식金允植도 마찬가지다. 그의 일기인 『음청사陰晴史』 1882년 4월 26일 자 기록에서는 남국 제원의 회례단回禮單과 서목書目이 등장한다.

이 서목은 『격치휘편』 1880년 6~8월의 '역서사략譯書事略'에 등장하는 서목과 모두 일치한다. 영선사 파견 이후 1883년 기기창機器廠을 설치·운영한 점을 고려한다면, 이 시기 한역서학서가 국내에서 교재로 활용되었을 가능성은 매우 높다. 비록 제한적이기는 하지만, 중국을 통한 번역서학서의 유입은 한국의 근대지식 형성 과정에서 중요한 역할을 한 것으로 보이는데, 이러한 경향은 『한성순보』나 『한성주보』의 경우도 마찬가지이

---

17 강미정·김경남, 앞의 글, 2017.

다. 이광린1969의 『한국개화사연구』일조각에서 정리한 바와 같이, 『순보』에 인용된 각국의 신문명 가운데 중국의 『상해신보上海新報』, 『신보申報』, 『자림호보字林滬報』, 『향항서자보香港西字報』, 『향항중외신문香港中外新聞』, 『만국공보萬國公報』 등은 서양 지식을 한역漢譯하여 보급하는 데 중요한 역할을 했던 신문들이다

　1880년대 광범위한 번역 서학서의 유입과는 달리 갑오개혁 이전의 외서外書 유통은 그다지 활발한 것은 아니었다. 이는 조선 정부의 외서 정책과도 밀접한 관련이 있는데, 개항 직후 조선 정부에서는 외서 유통을 철저히 금지했다. 1884년 체결된 '조아조약朝俄條約'에는 정부가 허가하지 않는 외서外書와 인쇄물의 유통을 금지하는 조항이 들어 있다. 이 조항은 1886년 체결된 '조법조약朝法條約'에도 나타난다. 여기서 말하는 '허가하지 않는 서적'이 어떤 것인지는 밝히기 어려우나, 당시 조선 정부가 외서 유통을 그다지 환영하지 않았음은 쉽게 추론할 수 있다. 그뿐만 아니라, 1880년대 해외 지식의 유통도 당시의 일본이나 중국에 비해 활발하지 않았음을 확인할 수 있는데, 『격치휘편』의 경우 1876년 11월부터 1880년까지 중국, 싱가포르, 일본 등지에 판매소를 두었으나 조선의 경우 판매소를 둘 상황이 아니었다. 또한 『만국공보』에서도 1874년부터 1883년까지 각국 근사各國近事를 기록할 때, 한국은 '조선'이라는 국명 대신 '고려高麗'를 사용하고 있음을 고려한다면, 그 당시 조선의 사정이 상하이 지역에 널리 알려진 것은 아니었다고 추측할 수 있다.

　이러한 흐름에서 번역 서학서가 국내에 본격적으로 유통되기 시작한 것은 1895년 근대식 학제 도입 이후로 볼 수 있다. 1895년 학부에서는 근대식 교과서를 편찬하면서 다수의 번역서학서를 복각하여 교과서로 활용하였다. 예를 들어 『태서신사람요泰西新史攬要』, 『공법회통公法會通』, 『지

구약론地球略論』,『서례수지西禮須知』등이 대표적이다. 이러한 서적은 1887년 창립된 광학회廣學會, 처음에는 동문서관에서 발행한 것으로 알려져 있으나, 상당수의 책은 제조총국의 번역서학서와 관련을 맺고 있다. 이 점은 독립협회의 회보인『대조선독립협회회보』에서 빈번히『격치휘편』을 소개한 데서도 확인할 수 있다.[18]

19세기 중엽 서양 선교사와 일부 중국인들을 중심으로 활발하게 일어났던 '상하이 지식네트워크'는 당시 조선에는 직접 큰 영향을 주지 못했고, 오히려 1880년대 이후 일본을 경유하거나 서양인들이 직접 서학을 전해주는 방식으로 그것을 대신했다.

5. 소결

이상으로 19세기 중엽 상하이를 중심으로 한 근대지식 유통망에 대해서 살펴보았다. 상하이 지식네트워크가 형성되기 위해서는 서학을 중심으로 한 근대 지식의 생산과 유통과 수용이라는 과정이 필수적으로 요구된다. 지금까지의 연구는 상하이에서 생산된 지식의 내용에 대해서 또 주변 지역의 수용이라는 측면에 초점을 맞추었다면, 앞으로는 이 지식이 어떻게 전파되었는지에 대한 연구를 진행해야 한다고 생각한다. 상하이 지식네트워크를 전체적으로 조망하기 위해서 빠질 수 없는 유통망에 대한 연구는 당시 배를 통한 해로(도) 등 교통망에 대한 연구가 필수적이다. 향후 연구과제로 삼는다.

---

18   한보람,「1880년대 조선정부의 개화정책을 위한 국제정보수집 —『漢城周報』의 관련기사 분석」,『진단학보』101호, 2006.

제2장

근대 동아시아의 출판네트워크

1. 들어가며

20세기 말부터 '세계화Globalization'라는 용어는 인문사회과학 분야 전반에 익숙한 용어가 되었다. 이것은 정치나 경제 영역에서의 세계화 현상을 지칭하는 것이 아니라, 세계화로 인한 사회와 문화의 변용에 더 초점을 두는 점에서 그렇다. 그런데 이 '세계화'는 비단 현재 시점에서 처음 나타난 것이 아니라, 이미 유럽을 중심으로 한 서구 세력에 의해 근대화가 진행된 시기부터 시작되었다고 보는 것이 맞다. 헬드David Held는 일찍이 세계화를 전 역사 시대에 걸친 이주, 세계종교의 전파, 대제국의 압력, 유럽 국민국가와 자본주의 그리고 그 이념의 초국가적 흐름, 글로벌 언어로서의 영어 지배화와 같은 각 시대를 가르는 현상을 단계적으로 다루며, 세계화를 4단계로 나누고 있다.

1단계는 전근대1500년 이전로, 미국 및 유라시아 대륙의 대제국 내부에서 미개척지로의 이동이 일어난 단계다. 2단계는 근대 초기1500~1850 서양이 발흥하여 세계종교로서 기독교의 세계적인 확대가 진행되었다. 3단계는 근대1850~1954로 영국 중심의 서양 지배에 의한 글로벌 네트워크와 문화의 흐름이 가속화되고, 19세기 중엽까지 교통, 통신 기술의 발달전화, 전보, 라디오, 철도, 운하, 선박로 인해 유럽의 사람, 사상, 종교가 이민과 함께 전 세계로 확대된 단계다. 4단계는 현대로 국민국가 간의 세계적 규모의 조직 형성, 구미의 힘 상대화, 교통 통신기술의 진보에 의한 사람, 물건, 이미지, 상징의 교류 양과 속도의 확대가 이루어진 단계이다.[1] 이런 구분에 따르면, 동아시아 지역은 바로 세계화의 두 번째 단계 즉 근대 초기에 들어와서 세계화의 흐름에 합류한다. 물론 같은 동아시아 지역이라고 하더라도 내부적으로 세계화와 접촉하는 시간의 차이는 있다.

우리는 헬드의 세계화에 대한 정리를 동아시아 지역에 적용할 경우, 근대 초기의 세계화는 일차적으로 서구화 또는 근대화를 말한다고 할 수 있다. 이런 근대화의 과정에서 문화는 서구를 시발점으로 동아시아를 향해 일방통행식 흐름이 형성된다. 또 헬드의 3단계 현상이 동아시아 지역에서도 나타났다. 서구 중심의 글로벌 네트워크 및 문화가 확대되었는데, 이 과정에는 교통과 통신, 미디어의 발달 등이 복합적으로 작용했다. 그런데 글로벌 네트워크에 동아시아 지역이 편입되면서, 앤더슨Benedict Anderson이 얘기한 것처럼, 인쇄술의 발전과 이로 인해 나온 모국어 출판물에 의해 '국민'이라는 새로운 '상상의 공동체' 즉 국민국가의 형성이 나타나게 되었다.

여기서 중요한 것은 세계화의 과정에 개별 국가적 근대화의 이행이 동시에 전개된다는 점이다. 이와 관련해 오늘날 세계화의 핵심적인 문제를 '문화적 동질화와 이질화 사이의 긴장'이라고 본 아파두라이Arjun Appadurai의 시각을 참조할 수 있다. 즉 현재의 '문화'는 전지구적으로 동질화와 이질화 사이에서 밀접하게 상호작용하고 있다. 그래서 더 이상 중심-주변

---

1   데이비드 헬드 외, 조효제 역, 『전지구적 변환』, 창비, 2002.

모델로는 설명하기 어려운 복합적이고 중층적이며 이동배치displacement
되는 질서가 형성된다. 오늘날 세계화에 관한 논의는 탈근대성 혹은 근대
성에 대한 반성적 논의로 발전할 수 있고, 또 세계화의 탈영역적 성격이
동태적이고 자유로운 지역횡단의 가능성과 새로운 글로컬 문화형성의
가능성을 제시할 수 있다고 아파두라이는 지적한다.[2]

이와 같은 세계화에 대한 시각은, 문화는 서양에서 동아시아로의 일방
적 흐름이 아니라는 사실을 일깨운다. 곧 문화제국주의가 주장하듯, 세계
화가 제국주의적 문화가 로컬의 문화를 동질화·획일화하는 과정이 아님
을 강조한다. 다시 말해 개별 국가적 근대로의 이행이 세계화에 대한 서
구 일변도의 방향이라는 인식에 대해 문제를 제기했다. 그래서 세계화에
대한 이와 같은 인식은 동아시아 지역의 '전통과 현대화'라는 현상을 서
구화와는 다른 측면에서 볼 수 있게 했다. 곧 "전지구적으로 유통되는 문
화적 텍스트는 각각의 로컬한 컨텍스트에서 다른 방식으로 수용되고 해
석되며 재문맥화되고 있는"[3] 것이다. 물론 아파두라이는 이러한 세계화
의 바탕에는 전자미디어에 의한 트랜스내셔널한 세계의 일상화라는 사
실이 있음을 주목하고 있다.[4] 이것이 '문화의 세계화'를 추동하여 지역횡
단의 가능성과 새로운 글로컬 문화형성의 가능성을 엿보게 하는데, 이러
한 문화의 세계화라는 현상은 근대 시기에는 문화를 텍스트의 형태로 담
고 있는 출판물의 국제적 유통과 수용에서 확인할 수 있다.

이 장은 문화의 세계화라는 시각을 근대 동아시아에 적용하여 그 인문
네트워크의 형성과정에 대해 검토하되 주로 출판의 측면에서 살펴보고

---

2   아르준 아파두라이, 채호선·차원현·배개화 역, 『고삐 풀린 현대성』, 현실문화연구, 2004.

3   요시미 순야, 박광현 역, 『문화연구(Cultural Studies)』, 동국대 출판부, 2008.

4   문연주, 「출판을 통해 보는 일본 문화의 세계화」, 『인문언어』 12(2), 2010, 479~487쪽.

자 한다. 특히 활자 인쇄 출판을 통해 동아시아에서의 네트워크 형성이 어떻게 이루어지는지 전체적인 얼개를 정리해볼 것이다. 시기적으로는 19세기 중후반부터 20세기초까지 동아시아 지역의 근대 출판에 대한 것인데, 서구화라는 형태의 근대화가 진행되더라도 역시 로컬한 컨텍스트에서 다른 형태의 반反근대화도 진행되었고, 이것이 출판 분야에서도 나타났다. 이는 한적漢籍의 출판과 보급에서 그 예를 볼 수 있다. 여기서는 이러한 내용적인 측면에 대한 연구는 지양하고, 초보적으로 인쇄소, 출판사, 서점, 서적 및 잡지, 유통, 저역자, 독자라는 근대적 출판의 메카니즘이 어떻게 형성되었는지, 이 가운데서도 동아시아의 근대적인 출판사 또는 서점을 중심으로 해서 동아시아 지식네트워크의 양상들을 정리해 보려고 한다. 특히 동아시아 지역내에서 근대적인 지식의 유통이 하드웨어적인 측면, 곧 출판사나 서점의 실제적인 이동에 의해 어떻게 전개되었는지를 중점적으로 살펴본다.[5]

2. 근대 동아시아 지식네트워크 형성의 기반

동아시아 지식네트워크의 형성에 있어서 그 물질적 기반에 해당하는 것은 책과 신문잡지 등의 유통일 것이다. 전통적으로 동아시아에서 지식은 일부 지배층의 소유였고, 그것이 그 지배를 강화해주었다. 그리고 이

---

5   출판학이 하나의 학문으로 엄연히 존재하기 때문에 조심스러운데, 지식의 유통에 초점을 맞춘다면 그 유통의 주요 대상인 책과 같은 활자 인쇄물을 언급해야 하지만, 이 장에서는 그 유통을 담당하는 출판업의 주요 대상인 서점 또는 출판사(서점 기능을 가진)의 이동을 중심으로 살펴보고자 한다.

지식이 일부 계층의 소유물일 수밖에 없었던 것은 바로 지식의 유통과 관련되었다. 지식을 담고 있는 책이라는 것의 제작과 유통의 제한 때문에 소수의 사람들만이 접할 수 있었던 것이다. 이 봉인이 해제된 것이 바로 근대라는 시기다. 이 절에서는 먼저 근대적인 형태의 출판주로 인쇄소, 출판사, 서점 등이 동아시아 지역에서는 언제부터 시작되었는지 한중일의 상황을 간략히 정리해본다.

1) 서양선교사에 의해 시작된 중국의 근대 출판

중국의 근대 출판의 역사에 대해서는 사네토우 게이슈實藤惠秀[6]의 논문에서 간략하지만 잘 정리되어 있다. 여기서는 사네토우의 정리를 바탕으로 서술한다. 인쇄 출판과 관련해서 중국만큼 오랜 역사를 지닌 국가는 없을 것이다. 그것은 남겨진 기록물의 시기와 분량 그리고 일관성이 증명한다. 이것은 종이와 인쇄술의 발명에서 비롯되었음은 다시 말할 필요가 없다. 이미 수나라 때 인쇄술이 개발된 이후 당나라 때 목판인쇄술이, 명나라 때 동銅활자가 발명되었다. 그런데 이런 중국에서 서양식 활자로 한문인쇄가 이루어지게 되는데, 그것은 1819년 선교사 로버트 모리슨이 밀른W. C. Milne과 중국인 기독교신자 채고蔡高와 함께 말라카에서 『신구약성서』한역판을 인쇄한 것이 처음이다. 이후 대소 7종의 활자를 만들고 이를 서양 활자와 결합하여 인쇄할 수 있게 된 곳이 미화서관美華書館이다. 이 미화서관은 마카오에서 상하이로 옮겨온 뒤 동치同治에서 광서光緒 년간

---

6   実藤恵秀(1896~1985), 중국연구자. 히로시마현 출신, 와세다대학 문학부 지나문학과 졸업, 1935년 다케우치 요시미(竹内好) 등의 중국문학연구회에 참가. 1960년 「中国留日学生史の研究」로 문학박사 취득, 와세다 교수를 역임했다. 저서에 『中国人日本留学史』(くろしお出版, 1960), 『近代日中交渉史話』(春秋社, 1973) 등이 있다.

상무인서관商務印書館이 설립되기까지 신식인쇄의 중심이었다.

한편 서구의 석판石版인쇄도 1876년에 상하이 서가회徐家滙의 토산만인쇄소土山灣印刷所, 천주교 관계에 들어왔다. 석판인쇄가 일반서적에 이용된 것은 신보관申報館의 부설사업이었던 점석재인서국點石齋印書局이 효시다. 여기서 인쇄한 『강희자전』은 과거 시험을 준비하는 이들에게 환영을 받았는데, 이를 보고 1881년에 동문서국同文書局, 배석산방拜石山房이란 석인전문 서점이 설립되었다. 석판인쇄는 염가로 고서를 제공하였고, 또 광서 중엽부터 신문화를 수입하는 무기이기도 했다. 석판인쇄의 고전이 상하이의 석판본으로서 일본에 수입되어 교과서 등에 사용되었다고 전한다. 뒤에 설명하겠지만, 이 석판본은 조선에도 많이 전래되었다. 청일전쟁이후 중국의 근대인쇄는 일본의 기술을 많이 수용하여 상하이에는 중일합작의 서점이 다수 생겼다. 이는 일본의 중국유학생이 번역물을 일본 인쇄소에 맡겨 출판하고, 또 일본 서점이 중국의 한문서를 출판하는 등의 상황이 발생하여 일본 서점이 상하이 진출을 도모했던 것이다. 이러한 일본출판의 영향으로 중국 출판물이 양장제본洋裝製本으로 바뀌게 되었다.

이처럼 중국에서 서양의 인쇄술 수용과 함께 출판사서점도 설립되었다. 이는 중국에서 서양 신문물의 수입과 함께 진행되었는데, 특히 개신교도의 공이 컸다. 난징조약이 체결되고 각국의 선교사가 중국으로 몰려들어 교회, 병원, 학교를 세우고, 또 문서전도와 계몽운동을 위해 출판사를 설립했다. 1877년에 윌리엄슨과 프라이어가 각 교회의 공동사업으로 익지회益智會를 만들었다. 1887년에는 윌리엄슨이 따로 광학회廣學會를 만들었으나, 청일전쟁 전까지 중국인의 관심도 적고 영업이익도 많지 않았다. 하지만 청일전쟁 이후 신학新學에 대해 주목하면서 광학회가 발간한 서적에 대한 지식계층의 관심도 늘었다. 한편 청정부도 신식 출판을 추진했는데, 동문관同文館과 강남제조국江南製造局을 세우고, 또 전국 각지에 관서국官書局을 설치했다. 여기서는 일본이나 서양의 서적을 편역하여 교과서로 쓰기도 했다. 그리고 청일전쟁 이후에는 일본 서적을 한역漢譯하려고 했다. 특히 일본의 중국 유학생들에 의해 일본책의 한역이 많이 이루어지는데, 이들이 만든 단체가 역서휘편사譯書彙編社, 교과서역집사敎科書譯輯社, 유학역편사游學譯編社, 호남편역사湖南編譯社 등이었다.

그런데 유학생들이 발행한 책은 아사쿠사淺草의 병목인쇄소並木印刷所와 우시고미牛込의 상란인쇄소翔鸞印刷所에서 많이 나왔다. 지금의 대일본인쇄大日本印刷가 된 일청인쇄日淸印刷도 이런 맥락에서 설립된 것이다. 이와 같은 유학생의 활동에 대응하여 일본의 서점도 중국을 겨냥한 책을 출판하게 되었는데, 대표적으로는 원래부터 있었던 부산방富山房, 삼성당三省堂 외에 새롭게 시작한 동아공사東亞公司, 태동동문국泰東同文局, 작신사作新社 그리고 보급사普及社, 선린역서관善隣譯書館, 규문당서국奎文堂書局, 개발사開發社 등이 있었다. 특히 상하이에 본사를 둔 작신사 외에 인쇄전문이었던 수문인쇄국修文印刷局이 청일전쟁 뒤 재빨리 상하이에 문을 열었고, 이를 전후하여 상무인서관이 설립되었다. 원래 인쇄전문이었던 상무인서관[7]은 1897년에 시작하여 1900년에는 수문인쇄국을 인수하고, 1906년에 발간한 교과서가 학제學制 제정制定 초기의 소등소학 교과서로 인정을 받아 대량의 교과서 출판을 시작했으며, 청말까지 매년 신간서를 내었다. 그리고 이 시기에는 신문물의 수용에 적극적이었던 서점이 많았는데, 캉유웨이와 량치차오를 중심으로 한 광지서국廣智書局 외에 문명서점文明書店, 개

---

7   상무인서관은 1897년 상하이의 인쇄공 네 명이 상업인쇄소로 시작했다. 그 후 변법자
     강운동(變法自强運動)에 참여했던 청나라 진사(進士) 출신 장위안지(張元濟)가 1901
     년 본격적으로 경영을 맡으면서 출판사로 탈바꿈했다.

명서점開明書店, 군익서점羣益書店, 신민역인서국新民譯印書局, 중국도서공사中國圖書公司, 신지사新智社, 회문학사會文學社, 통사通社, 소설림小說林 등이 번창했다.[8] 또 이들이 낸 책은 대체로 일본책이며, 인쇄기술이나 인쇄용품도 일본과 연관이 있었다. 하지만 상무인서관을 제외하고 다른 서점은 점차 세력을 잃었다.

민국 수립 이후 상무인서관에 대항하여 중국인의 자본으로 민국 원년에 창립된 것이 중화서국中華書局이었다. 상무인서관도 1914년에 중국 국내 자본의 회사가 되었다. 상무인서관과 중화서국은 상하이 허난로河南路에 함께 있었으며 당시 출판계의 쌍두마차였다. 1919년 오사운동 이후에는 '신흥서점'이 부상했는데, 대동서국大同書局, 세계서국世界書局 외에 북신서국北新書局, 창조사創造社, 현대서국現代書局, 광화서국光華書局, 개명서점開明書店, 대강서포大江書舖, 신월서점新月書店, 생활서점生活書店, 상해잡지공사上海雜紙公司, 문화생활출판사文化生活出版社, 화통서국華通書局 등[9]이 있었다. 하지만 전 중국출판물의 절반은 상무인서관이, 4분의 1은 중화서국이 나머지를 중소서점이 출판했다고 한다.[10]

2) 상업 출판에서 비롯된 일본의 근대 출판

앞에서 중국의 근대 출판이 서양인들에 의해 주도되었던 점을 강조해

---

8   이밖에도 낙군서국(樂羣書局), 군학회(羣學會), 보급서국(普及書局), 창명공사(昌明公司), 계문사(啓文社), 표호서실(彪豪書室), 시중서국(時中書局), 유정서국(有正書局), 홍문서국(鴻文書局), 신세계소설사(新世界小說社) 등이 있었는데, 이와 같은 근대 초기 중국 출판사의 흥망성쇠를 살펴보는 것도 하나의 큰 연구과제이다.
9   이외에도 근대 이후 번창한 서점으로 진선미서점(眞善美書店), 낙군서점(樂群書店), 신주국광사(新州國光社), 태평양서점(太平洋書店), 신생명서국(新生命書局), 민지서국(敏智書局), 수지서국(修智書局) 등을 들 수 있다.
10   實藤惠秀, 하동호 역, 「近代中國의 出版文化」, 『出版學研究』, 1971, 43~50쪽.

서 설명했다. 한편 일본의 경우는 일본의 사상사 연구자이자 교육학자인 쓰지모토 마사시辻本雅史가 "근대가 문자와 인쇄의 미디어를 기저로 한다는 점에서, 근세 일본은 근대 국민교육이 보급되기 위한 전제 조건이었고, 미디어사의 관점으로 보면 일본의 근세와 근대는 연속적"[11]이라는 평가를 내렸던 것처럼, 에도 시기에 활성화된 상업출판이 일본 근대 출판의 형성과 관련이 깊다.

에도江戸 중엽 이후 일본 사회는 시장경제의 성장으로 출판문화도 발전하였다. 시장경제의 성장과 서적의 보급 및 수용이 관계가 깊은 것은 무엇보다 정보때문일 것이다. 정보는 자연스럽게 지식으로 연결된다. 곧 중인 계급인 조닌町人층의 경제력이 향상되고, 사설 교육기관인 데라코야寺子屋가 설치되어 서민 교육이 실시됨에 따라 식자층이 증가하였다. 또 교통망이 갖추어지고 여행객이 증가하면서 문화가 지방으로 전파되고 유통망이 확대되었다. 그리고 고가였던 서적이 서적중개상을 통해 독자들이 저렴하게 구입하거나 빌려 볼 수 있게 되었다. 이처럼 상품시장경제하에서 서적의 유통과 소비가 확대됨에 따라 서적은 광고매체로서의 성격도 갖기 시작했다. 그래서 서적의 경제적 가치도 증가하였다. 여기서 재미있는 것은, 근대 이후 신문에 광고를 싣는 일이 이미 서적에서 이루어지고 있었다는 점이다.

이처럼 서적이 지닌 경제적 가치는, 막부시기부터 일본의 출판업을 대도시인 교토京都, 오사카大阪, 에도江戸에서 시작하여 지방으로까지 확대 발전시켰다. 게다가 처음 교토에서 발전한 서점이 에도에 진출하여 에혼絵本이라는 그림이미지 중심의 대중서와 우키요에를 출판하여 인기를 끌었다.

11　辻本雅史, 「'教育のメディア史'における'江戸'-'文字社會'と出版文化」, 『교육사학연구』 20(2), 2010.

이처럼 그림을 중심으로 한 에도시기 일본 출판업의 흥기는, 표해록漂海錄이나 심지어 지방 어촌의 어장도漁場圖에 이르기까지 그림 곧 이미지로 기록을 남기는 일에 능한 일본적 전통의 형성과도 관련이 있어 보인다. 물론 여기에 대해서는 많은 연구가 필요할 것이다. 또한 에도 시대 통속 소설 작가인 게사쿠샤戱作者들은 약이나 잡화 등을 제조 판매하며 부수적인 수입을 얻기 시작하였다. 수입을 늘리기 위해 서적에 출판물뿐만 아니라, 약, 화장품, 잡화 등에 대한 광고를 실어서 서적 중심의 시장경제가 한층 확대되었다.[12]

일본에서는 서적의 대중화 및 상업화의 흐름과 함께 이미 17세기에 문자 그리고 인쇄가 보급되었다. 이로 인해 처음으로 아동들이 배우는 문자 학습의 쟈쿠習塾과 직업적 교사가 보급되었고, 그 결과 문자 학습이 서민들에게까지 침투하였으며, 동시에 일본 전역에 지역차가 없는 동일한 문자문화가 확산되었다. 또 17세기 전반의 상업 출판은 지知의 상품화를 유발했다.

일본 출판계는 1890년 이후 기업화된 출판사가 탄생하여 상업 출판시대가 시작되었다. 특히 1887년은 출판의 기업화에 이정표가 되는 해였다. 박문관博文館, 민우사民友社와 같이 영향력 있는 출판사들이 창업했고, 도쿄서적상 조합이 설립되는 등, 서적의 출판 및 유통 방면에서 중요한 전환점이었다. 이 시기는 박문관이 기업형 출판사로 성장할 만큼 출판물에 대한 사회적 수요가 증가하였다. 박문관은 1895년에 새로운 종합잡지 『태양太陽』을 발간했다. 박문관은 이전에 발간하던 12종의 잡지들을 통폐합하고, 크게 『태양』, 『소년세계少年世界』, 『문예구락부文藝俱樂部』 3종류를

---

12   김학순, 「전근대 일본의 서적에 의한 광고 – 출판물과 상품 선전을 중심으로」, 『아시아 문화연구』 50, 2019, 66~67쪽.

새로 간행하였다. 이 중에서 특히 『태양』에 대해 박문관은 재정이나 필진 구성 등에 심혈을 기울였다. 이러한 『태양』의 등장은 민우사가 발간하던 『국민지우國民之友』[13]에 커다란 타격이었다. 그리고 『태양』은 일본에서 유학하던 중국 및 조선 학생들에게 큰 영향을 주었다. 특히 중국의 경우는 잡지의 형식과 내용, 문체 그리고 인쇄에 이르기까지 본보기가 되었다.[14]

이처럼 1890년대 이후 일본의 출판계는 출판물의 종류와 출판량이 크게 늘었고, 또 성격도 다변화하였다. 최신 서양 학문을 소개하는 전문 서적에서부터 아동 대상의 소설류까지 그 종류와 성격이 아주 다양했다. 각종 실생활 관련 정보를 담은 안내서 종류도 그중의 하나였다. 안내서 종류는 직업, 여행, 교통철도, 도시도쿄·교토, 입시, 학교나 진학, 그리고 이민과 이주 등의 다양한 주제에 걸쳐 출판되었다. 안내서의 특징은, 다른 출판물들의 주 수요층이 지식인들이었던 것에 반해, 실제 생활상의 필요를 지닌 일반인들이었다는 점이다. 예를 들어, 1890년부터 매년 출판된 대표적인 진학 안내서인 『동경유학안내東京遊学案内』는 도쿄의 중학교 이상의 학교에 진학하고자 하는 지방 학생층이 주된 수요층이었다. 그래서 실제 내용은 도쿄의 교통, 도쿄에서의 생활관련 정보를 비롯해 각급 학교들에 대한 소개 및 진학 정보를 망라하였다. 이와 같이 그 대상은 실생활과 관련된 분야 전반에 걸쳐 있었는데 그중에는 '이민'·'이주'를 위한 안내서도 출간되었다.[15] 이처럼 근대 초기 일본의 출판 형태는 이론적이기보다

---

13 1887년 도쿠토미 소호(德富蘇峰)가 발간한 일본 잡지. 평민주의를 제창하고, 민중의 입장에서 서양 문화의 섭취를 주장.

14 함동주, 「일본제국의 성립과 박문관의 출판활동 – 청일전쟁기를 중심으로」, 『동양사학연구』 113, 2010; 서광덕, 「근대 동북아해역 교통망과 지식네트워크 – 청말(淸末) 중국 유학생과 그 잡지를 중심으로」, 『인문사회과학연구』 21(1), 2020 참조.

15 함동주, 「러일전쟁기 일본의 조선이주론과 입신출세주의」, 『역사학보』 221, 2014, 184~187쪽.

는 실제적인 것에 관심을 갖고, 이를 정보의 차원에서 전달하고 공유하는 시스템을 구성하는데 일조했다고 볼 수 있다.

3) 일본의 영향으로 시작된 조선의 근대 출판

역사적으로 보면, 조선에서 서적을 상품으로 판매하기 시작한 것은 1561년명종 6년인데, 서사書肆라는 서점을 두어 지물, 곡류, 면포 등의 대납으로 교환할 수 있었다. 인조 말기인 1649년부터는 근대식 출판사의 형태를 취하여 각판刻版에 지역이나 판가版家 명칭이 표시되기 시작하여, 19세기 초 이후에는 상표도 등장했다. 종래의 양반 지식층에서 읽히던 서적들이 한글로 인쇄되고 영리적 수단으로 보편화하여 방각본들의 판매가 활기를 띠게 되었다.[16] 이런 가운데 조선에서 연활자鉛活字에 의한 근대적인 출판이 시작된 것은 1883년에 고종의 허가를 받아 활판 인쇄기기가 도입된 박문국博文局을 설립한 것이 시초다.[17] 그리고 그 해 10월 1일 국내 최초의 신문인 『한성순보』를 발행하였다. 후쿠자와 유키치福澤諭吉의 제자인 이노우에 가쿠고로우井上角五郎는 박문국 설치와 『한성순보』 창간 단계부터 관여하고 있었으며, 또 『한성순보』에 게재된 외국 기사의 대부분은 일본과 중국의 신문에서 가져왔다. 그러나 『한성순보』는 갑신정변으로 곧 중단되었고, 이를 대신해 1886년 1월 25일 『한성주보』가 창간되었으나 이 역시 운영난으로 1888년에 폐간되었다.

근대적 인쇄기술이 도입되자 다양한 민간출판기관들이 출현하였다.

---

16   류현국, 「경술국치 이후, 국내 출판 인쇄계의 동향(1890~1945)」, 『Journal of Korean Institute of Cultural Product Art & Design』 40, 2015, 136~137쪽.

17   이 과정에는 박영효를 비롯한 개화파들이 1882년 2차 수신사로 일본을 방문했을 당시 수동식 활판인쇄기와 활자, 그리고 후쿠자와 유키치가 추천한 신문 편집 및 인쇄 기술자를 대동하고 귀국했던 일이 포함된다.

그리고 출판에 대한 인식 역시 바꾸었다. 19세기 후반 서적을 제작한다-좀 더 구체적으로 말해 '서적을 인쇄하여 낸다'는 뜻으로 쓴 개판開板이, 인출印出, 인행印行, 인서印書 등의 구식 용어 대신 출판이란 말로 사용되기 시작한 것은 1884년 3월 18일자 『한성순보』의 '각국근사各國近事'라는 기사에 의해서였다.[18] 아울러 활판, 활판소, 활판술, 연활자와 같은 전문용어들도 등장하였다. 근대적 인쇄술로 인해 1896년에는 한국 최초의 민간신문인 『독립신문』이 창간되었고, 이어서 『매일신문』, 『황성신문』, 『제국신문』 등의 신문들이 간행되었다. 신문의 종수는 1900년을 전후로 늘어났을 뿐만 아니라, 발행 주체도 개화, 보수, 종교 등으로 다양하였다. 이처럼 신문이 늘어난 것은, 청일전쟁과 동학혁명, 갑오개혁, 을미사변 등의 정치적 사건이 발생하고, 또 이러한 사건으로 열강의 이권침탈이 본격화되면서 정보에 대한 요구가 내부적으로 급속히 상승했기 때문이었다.

그리고 박문국을 비롯한 관官에서의 본격적인 서적출판은 1895년 학부령이 반포된 이후 학부편집국에서 교과서를 출판하면서부터이다. 이는 민족 교육의 염원에 따른 것이지만, 1910년 이후부터는 주권적인 교육 수단을 가질 수 없게 되었다. 그래서 관을 대신해 민간에서의 서적 출판이 추동되었는데, 이는 계몽운동의 일환으로서 나타났다. 본격적인 출판운동이 1905년 이후의 계몽운동에서 비롯되었다. 국문운동, 교육운동과 함께 출판운동은 계몽운동의 핵심적 과제 가운데 하나로서, 신서적출판의 성공 여부가 계몽운동의 성패를 좌우한다고 인식할 정도로 서적

---

18   『한성순보』의 지면은 국내관보(國內官報), 국내사보(國內私報), 각국근사(各國近事), 논설(論說)로 나뉜다. 이 가운데 외국기사인 각국근사와 논설이 전체 73.2%의 비중을 차지한다. 이것은 순보가 외국기사에 중점을 두었다는 것을 나타낸다. 『한성순보』가 인용한 외국기사의 출처와 관련된 자료는 한보람, 「1880년대 조선정부의 개화정책을 위한 국제정보수립」, 『진단학보』 100, 2005. 참조.

출판은 학교설립보다 절박한 과제로 인식했다. 박영효는 "서적이 없으면 능히 배우지 못하니, 문명한 나라에서는 서적이 풍부하고 넉넉하다"[19]고 했고, 『만세보』에서는 활판술을 5대 부강 문명철도, 기선, 전신기, 체신의 하나라고 지적하기도 했다.[20] 1894~1910년 사이의 출판 경향은 대체로 다음과 같았다. 첫째, 교과용 도서 출판 둘째, 서구 서적의 번역·번안·편술 등에 의한 출판 셋째, 기독교 계통의 출판 넷째, 근대적 활판 설비를 갖춘 신문사들의 출판 다섯째, 동양고전의 복간이나 해설서 출판의 활성화[21] 등이었다.

한문학자 강명관은 개화기 이후 출판 상황을 출판사, 인쇄소, 서점과 서적종람소, 출판인과 저자 및 역자와 편찬자 등으로 나뉘어 정리하였는데, 민영인쇄소는 이미 광인사廣印社, 1883를 시작으로 신구서림新舊書林, 1887, 이문사以文社, 1896, 회동서관匯東書館, 1897 등이 있었다. 그런데 1893년부터 1905년까지 출판물을 낸 민간출판사는 탑인사搭印社부터이고, 이후 광문사廣文社, 1901, 박문사博文社, 1903, 광학사廣學社, 1905가 출판과 인쇄대행을 목적으로 설립되었다고 한다. 이후 1905년 이후부터 1910년까지 새로 설립된 출판사는 1908년에 19개소가 될 정도로 매년 급속히 늘다가 이를 정점으로 다시 감소하였다. 이 가운데는 경성을 제외하고 평양과 대구 등 지방의 대도시에 설립된 출판사도 있었다. 예를 들어, 대구의 광문사 1906, 석실서관1908, 평양의 협성서관, 광명서관, 대동서관, 태극서관 등이다. 1905년 이후 출현한 민간 출판사는 서점을 겸하기도 했고, 또 인쇄소

19   박영효 상소문 중 제6항 "……鑄活字 造紙 而多設印板所 以繁富書籍事……而無書籍 則 不能學 故文明之國 書籍殷富……", 1888. 1. 13.

20   「論富强文明之五大利器」, 『萬歲報』 제143호, 1906년 12월 15일 자.

21   이종국, 「개화기 출판 활동의 한 징험－회동서관의 출판문화사적 의의를 중심으로」, 『韓國出版學研究』 통권 제49호, 2005, 225~227쪽.

를 겸한 곳도 있었다.[22]

1900~1910년 주요 서점 겸 출판사를 정리해보면 다음과 같다. 첫째, 종로 일대의 주요 서점 겸 출판사 : 광학서포김상만, 회동서관고제홍, 박문서관노익형, 서관남궁준, 신구서림지송욱, 보문관홍순필, 중앙서관주한영, 보급서관김용준, 유일 현채가·현공렴가현채·현공렴 부자 둘째, 출판 자본의 성립 : 신문관최남선, 1908~1918, 동양서원민준호, 1910~1913, 신문사新文社, 다케우치 로쿠노스케(竹內錄之助), 1913~1920 셋째, 군소 서점 겸 출판사 : 옥호서림정인호, 오거서창이해조, 대창서원현공렴, 대한서림정운복, 박학서원구승회, 이문당고광규, 수문서관박희관, 문익서관, 동미서시, 대동서시, 왕래서시, 운림서원, 광한서림, 광동서국, 한성서관 넷째, 주요 인쇄소: 광문사, 광학사, 박문사, 신문관, 우문관, 보성사, 성문사, 창문사, 탑인사, 홍문사, 보문관, 보인사, 보진재인쇄소, 일신사, 창신사, 광제사, 문명사, 휘문관, 동문관, 문아당인쇄소, 법한회사 인쇄부, 보명사, 선명사, 조선인쇄소, 조선복음인쇄소, 인쇄공업조합회사1906[23] 등이다.

한편 서적 판매만을 전문적으로 하는 서점이 생긴 것은 1905년부터인데, 이런 서점의 대량출현은 서적의 수요가 증가하고, 서적이 시장성이 있는 새로운 상품으로 등장했다는 점을 말하는 것이지만, 동시에 이를 공급할 도로와 철도 등 교통수단과 우편 전신 등으로 인한 통신판매 등 근대적 유통 메카니즘이 등장한 것과도 연관된다.

---

22 강명관, 「근대계몽기 출판운동과 그 역사적 의의」, 『민족문학사연구』 14(1), 1999, 50~56쪽.
23 박진영, 「책의 발명과 출판문화의 탄생 – 근대문학의 물질성과 국립근대문학관의 상상력」, 『근대서지』 12, 2015, 147~148쪽.

3. 동아시아 역내 서점과 책의 이동

앞에서 동아시아 지역의 근대 출판의 시작과 전개에 대해 간략히 살펴보았다. 여기서 각국의 근대 출판이 주로 관정부 중심에서 민간 중심으로 이동해가는 점 그리고 출판 자체가 한 국가나 지역에 머물지 않는다는 점을 알 수 있었다. 관에서 민으로 중심이 이동한다는 사실은 출판서적의 상업화와 대중화를 나타내는 것이고, 특정 지역에 국한되지 않는다는 것은 출판서적의 국제적 유통을 반영하는 것이다. 여기서는 후자에 대해서 곧 동아시아 지식네트워크의 관점에서 그 이동과 유통의 양상을 살펴보자.

여기서 핵심은 서적인데, 동아시아 지역에서 책은 문자문화의 주된 대상로서 긴 역사를 통해 자리매김해왔다. 기술이 변화하고 또 상업화나 산업화가 진행되는 상황에서도 책은 여전히 자기 쇄신을 도모하며 문자문화의 주요한 물질 형식으로서 자신의 위치를 고수해왔다. 특히 20세기 이후 본격적으로 출현한 근대의 새로운 인쇄매체인 신문과 잡지가 책의 이러한 사회적 지위를 흔들었지만, 책은 이들과 협력하거나 경쟁하면서 자신의 고유한 영역을 구축해왔다. 그 결과 인간 정신의 산물을 독립적, 체계적, 전면적으로 물질화해내는 데에는 늘 책이라는 형식이 선택되었던 것이다.[24] 바로 이런 점 때문에 지식네트워크의 관점에서 책이 지닌 함의는 크다. 하지만 책의 이동과 관련해서는 다른 기회에 다루기로 하고, 그 책을 유통시키는 서점의 동아시아역내 이동에 대해서 살펴본다.

---

24 유석환, 「식민지시기 책 시장 분석을 위한 기초연구(1)—『매일신보』의 책 광고」, 『민족문학사연구』 0(64), 2017, 334~338쪽.

1) 일본인 서점의 중국 이동

19세기 후반 이후 동아시아에서는 다양한 사람들이 이동하기 시작했다. 청일전쟁 이후 동아시아 지역 내 사람들 간의 이동도 활발해졌는데, 특히 일본인의 경우는 국가적 시책과 맞물려 많은 사람들이 일본을 떠나 동아시아 지역 곳곳으로 나가기 시작했다.

① 일본인의 상하이 이주

일본인의 중국 이주와 관련해서는 이미 많은 연구에서 밝혀지고 있다. 특히 상하이 이주와 관련해서는 류젠후이의 저서 『마성의 도시, 상하이』에서 이미 메이지부터 쇼와기까지 지식인들의 상하이 방문과 그 인상에 대해서 잘 정리해놓았다. 그는 19세기 후반 상하이의 경이로운 '번성'과 그 '번성'이 초래한 '혼돈'에 다양한 '꿈'을 맡긴 일본인의 존재를 고찰하면서, 그들이 일본 국내에서의 신분이나 직업은 물론 상하이 도항의 목적도 각자 달랐지만, 이 '혼돈'에 편승해 내지內地에서는 완수할 수 없는 일종의 '자기실현'을 위하여 상하이에서 활발한 행동을 전개한 점이 공통된다고 지적했다.[25]

1920년대 이후 정비된 교통망을 배경으로 본격적으로 시작된 일본의 투어리즘은 내지에서 조선으로, 만주로, 중국으로 일본인들을 향하게 만들었다. 특히 상하이는 일본인들에게 여전히 매력적인 도시였다. 종전終戰까지 상하이에서 소녀시대를 보낸 하야시 교코林京子는 『상해』에서 다음과 같이 회고했다. "당시 상하이-나가사키 구간은 정기연락선인 상하이

---

25 류젠후이, 양민호·권기수·손동주 역, 『마성의 도시 상하이 – 일본 지식인의 근대 체험』, 소명출판, 2020, 프롤로그; 서광덕·이국봉, 「19세기중엽 '상하이 지식네트워크'에 대한 고찰」, 『중국학』 63호, 2018 참조.

마루上海丸와 나가사키마루長崎丸가 있었다. 속도 20.9노트로 24~25시간 걸렸다. '상하이가 그렇게 멀지 않다'는 감각은, 시를 쓴 소년이 내지를 출발해서 선내에서 하루 밤을 보내면 다음날 아침 상하이에 입항한다는 그런 감상이다."[26] 상하이가 그렇게 멀지 않다는 감각은 바로 상하이와 나가사키를 하루만에 연결시키는 정기항로의 개설과 깊은 관계가 있었다. 특히 나가사키현 사람일 경우, 상하이가 오사카보다 가깝고, 또 상하이 조계에 일본거류민이 많은 것도 이들에게는 내지의 연장이라는 감각을 갖게 했다. 그리고 나가사키 사람들에게 1928년의 물가로 보아도 상하이 행 뱃삯이 도쿄보다 더 싸다는 느낌이 있었다. 1923년에 이 정기항로는 개설되었다.

이후 상하이는 일본인 작가 등 지식인들에게 꾸준히 매력적인 도시였다. 예를 들어, 시인 가네코 미쓰하루金子光晴는 「해골 잔どくろ杯」이라는 시에서 상하이로 가는 배에서의 감상을 해방감으로 표시했고, 사이조 야소西條八十는 「상하이 항로上海航路」라는 시에서 보들레르가 말한 「항해자」를 대중의 감각에서 표현하고자 했으며, 소설가 요코미쓰 리이치橫光利一는 유명한 『상하이』개조사, 1932라는 소설을 써서 상하이의 자본가와 노동자 그리고 혁명 등을 묘사했다. 평시든 전시든 상하이 항로는, 일화연락선日華連絡船에 탔던 사람들에게 일본을 떠난 해방감과 시적 정취를 환기하는 공간, 리얼리즘의 산문보다 시와 노래가 창출되는 서정적 공간이었다.[27] 이밖에도 많은 일본 문인들이 상하이를 방문하고 또 상하이에 대해서 글을 썼다. 류젠후이는 이러한 일본인들의 상하이행을 일본인 자신의 시대, 국

---

26   林京子, 『上海・ミッシェルの口紅－林京子中国小説集』(講談社文芸文庫), 講談社, 2001.

27   河田和子, 「戦前の上海航路と昭和期の文學者」, 『九州大學學術情報リポジトリ』, 2001.

가, 체제, 존재방식을 돌아보게 하는 '거대한 타자'로서 기능했다고 지적했다.[28]

② 일본인 서점의 상하이 이주

앞에서도 언급했지만, 일본출판사로서 이미 상하이 본사를 둔 작신사도 있었고, 또 이보다 먼저 전문인쇄소였던 수문인쇄국이 청일전쟁 뒤에 바로 상하이에 생겼는데, 당시 상하이에서는 가장 완비된 인쇄소였다. 이 인쇄소가 뒤에 상무인서관에 인수되는 것은 이미 말했다. 이처럼 근대 초기 상하이 지역에서의 출판에서 일본과의 합작이나 협력이 적지 않았다. 청말부터 민국까지는 중국의 고전서적이 일본으로 수출되는 중요한 시기였다. 그것은 근대중일문화교류의 한 측면이라고 볼 수 있다. 청일전쟁이 끝나자, 서적을 통한 중일문화교류는 빈번해졌는데, 그 이유는 청일전쟁뒤, 일본인에게 중국의 정치, 경제, 문화 등을 고찰할 필요성이 생기고, 한편 중국에서는 일본으로의 유학붐이 폭발하는 등, 중일문화교류가 한층 전개되었기 때문이다. 사네토우 게이슈実藤恵秀의 『중국인 일본유학사 고찰中国人日本留学史稿』日華学会, 1939년는 이 방면 연구의 기념비적인 저작이다.

지금까지 서적을 매개로 한 중일문화교류에 관한 연구는 상하이에서 개업한 우치야마 서점内山書店의 주인 우치야마 간조内山完造에게 집중되었다.[29] 하지만 우치야마 외에도 문구당文求堂의 주인인 다나카 게이타로田中

---

28   배연희는 류젠후이의 이러한 지적에 대해 일본인들의 상하이행을 다소 미화시키고 개
      별화시킴으로 일본 군국주의 침략을 어떤 의미에서 정당화하는 구절로 오해시킬 소지
      가 있다고 비판했다. 배연희, 「魯迅, 内山完造와 上海」, 『中國學報』 제55집, 2007.
29   小沢正元의 『内山完造伝』(番町書房, 1972)이 중요한 문헌인데, 이외에도 『内山完造先
      生をしのぶ』(中日友好協会大阪府連合会, 1959), 山本遺太郎의 『岡山の文学アルバム』
      (日本文教出版, 1983), 小泉譲의 『魯迅と内山完造』(図書出版, 1989), 吉田曠二의 『魯迅
      の友・内山完造の肖像』(新教出版社, 1994), 『岡山県歴史人物事典』(山陽新聞社, 1994),

慶太郎가 서적을 매개로 해서 궈모뤄郭沫若, 루쉰魯迅, 위다푸郁達夫, 푸바오스
傅抱石 등의 중국인과 교제했다. 즉 문구당도 유명한 중국서적을 취급하는
서점이며, 중일문화교류를 위해 다양한 활동을 했던 것이다.[30] 이와 함께
거론하지 않으면 안 되는 인물이 바로 이와나미 시게오岩波茂雄, 곧 이와나
미 서점岩波書店의 창업자이다. 이와나미는 중국에 대해 호감을 갖고 있었
고, 중일전쟁에 대해서 반대했다. 그는 중국인을 계속 원조하면서 아베
요시시게安陪能成, 1883-1966, 일본의 철학자, 정치가를 비롯해 중국에 머물면서 중일
문화교류를 행한 일본인을 지지했다. 특히 오랫동안 상하이에서 중일우
호를 위해 분주한 우치야마 간조를 향해 "우치야마씨, 저의 마지막 수단
은 중국에 있기 때문에, 그대가 결심해서 하는 일은 무엇이든 말해주면
저는 전면적으로 지원할 것이니 우리 둘이서 한번 해봅시다"[31]라고 말했
고, 이를 계기로 1935년 이와나미는 구미로 여행갈 때 우치야마를 통해
루쉰과 만났다.[32] 그 뒤 1936년 이와나미 서점은 『루쉰선집魯迅選集』을 간
행했는데, 루쉰은 마쓰다 와타루增田涉에게 보낸 편지에서 이 일에 대해
"이와나미 서점에서 보낸 선집 2권이 그저께 도착했다"라고 기록하였다.

『内山完造の生涯』(内山完造顕彰会, 2002) 등이 있다.

30 1987년 11월 25일, 田中慶太郎의 三男 田中壯吉은『『文求堂』主人田中慶太郎―中日友
    好的先駆者』(極東物産出版, 1987)을 출판했다. 그 가운데는 魯迅, 郭沫若, 郁達夫, 傅抱
    石 등과 田中慶太郎간의 편지 30통이 수록되었다. 1908년부터 1911년까지 田中慶太
    郎은 중국의 베이징에서 주택을 구입하고, 중국어를 배우며, 중국선본(中国善本)을 탐
    방했다고 한다.

31 "内山君, 僕の最後の切札は中国にあるのだから, 君が決心してやる事なら, なんでも
    いうてくれ, 僕は全面的に支持する, 一つ二人でやらう", 中島岳志,『岩波茂雄―リベラ
    ル・ナショナリストの肖像』, 岩波書店, 2013, 167쪽.

32 『魯迅日記』에도 이 일이 기록되어 있다. "6일(1935년 5월 6일)밤에 우치야마 군이 자
    기 집 식사자리에 초대했다. 다카하시 미노루(高橋穰)와 이와나미 시게루(岩波茂雄)가
    동석했다."

이것은 1932년에 문구당이 『루쉰창작선집魯迅創作選集』을 출판하고, 개조사改造社도 이노우에 고바이井上紅梅가 번역한 『루쉰전집魯迅全集』을 출판했던 것에 뒤이은 루쉰작품 번역이다. 이후에도 이와나미 서점은 루쉰에 관한 서적을 몇 권 더 발간했는데, 1941년부터 1942년까지 마쓰다가 번역한 『지나소설사支那小説史』(상)과 『지나소설사』(하)를 '이와나미 문고'로서 간행했고, 또 1953년부터 『루쉰평론집魯迅評論集』, 『야초野草』, 『조화석습朝花夕拾』, 『아큐정전阿Q正伝』, 『고사신편故事新編』, 『루쉰선집개정판魯迅選集改訂版』 등을 연속해서 출판했다.[33]

일본어 서적의 출판과 유통에서 바다를 건넌 연동과 대응이 실은 전전戰前의 중일문화교류의 중추였다는 사실을 확인하기 위해 상하이에서 큰 족적을 남긴 우치야마 서점의 행보를 당시 일본의 대표적인 출판사인 개조사와의 연관 속에서 파악해보자. 1913년 중국을 건너가 각지를 돌며 안약을 팔기 시작한 우치야마 간조는 1917년에 상하이에서 부인 명의로 우치야마 서점을 창업한다. 1924년에 규모를 두 배로 늘리고, 판매 서적도 다양한 분야로 확대했으며, 이때 중일문화인들이 참가하는 '문예만담회'를 개최하여 중일문화교류의 살롱 역할을 하기 시작했다. 1927년에 루쉰이 이 서점을 방문한 것을 계기로 루쉰과 인연이 만들어졌고, 또 우치야마 서점은 루쉰으로 인해 일본에 이름을 알리게 되었는데, 여기서 큰 역할을 한 이들이 바로 상하이를 여행했던 일본 문인들이었다.[34]

1926년 초와 봄에 다니자키 준이치로谷崎潤一郎와 가네코 미쓰하루金子光

33 許丹青, 『岩波茂雄与中国─中日文化交流的一个側面』, 東北師範大學 碩士學位論文, 2016.

34 우치야마는 中日友好交流를 촉진하기 위해 일본 지식인들을 루쉰에게 소개했는데, 1931년에는 増田渉을 루쉰에게 소개하고, 또 長谷川如是閑, 金子光晴, 室伏高信, 鈴木大拙, 横光利一, 林芙美子, 武者小路実篤 등을 소개했다.

晴·모리 미치요森三千代부부가 우치야마의 중개로 중국 지식인들과 교류하며, 그것을 기록으로 남겼다. 우치야마 서점과 개조사와의 관계는 이 시기 다니자키 준이치로에 의해 연결되었을 것으로 추측된다. 그는 「상해교류기」에서 "만주를 제외하면 (우치야마 서점은) 지나에서 일본의 서점 가운데 가장 크다"라고 적었는데, 이 글이 발표된 5월에 『개조改造』라는 잡지가 우치야마의 협력하에 여름 증간호인 '현대지나호' 특집호를 편집하였다. 일본 종합지의 유일한 중국특집의 시도였는데,[35] 여기서 '지나' 대신 '중국'이란 명칭을 사용하고, 또 당시 남북으로 나뉘어있던 중국의 지식계 그룹을 이 특집에서 모아낸 것도 의미가 있었다. 우치야마 서점이 당시 상하이에서 비약적으로 성장할 수 있었던 것은 개조사가 중심이 되어 일본에서 일으킨 엔본円本붐 덕분이었다. 대량의 사상, 문예의 신지식사회주의을 중국으로 싸게 전달할 수 있었던 점에서 중국지식인들의 환영을 받았다. 일본어 서적의 중국독자층 확대의 주된 요인 가운데 하나가 개조사가 펴낸 사회주의적 사상경향이었던 것이다. 1928, 1929년에 점포를 확장하면서 우치야마 서점은 이사를 하였고, 1925년부터 1936년까지 12년간 최전성기를 누렸는데, 중국인 고객이 25%에서 70%까지 증가했으며, 루쉰과 연결된 시기이기도 했다.

좌익문화의 유행이 바다 건너 중일간에 공동의 관계를 형성케 했는데, 우치야마 서점은 일본어 서적만이 아니라, 중국에서 발금된 중국어 좌익출판물까지 공공연하게 판매했다. 그래서 상하이의 좌익문화 중심지역은 우치야마 서점과 가까운 북사천로北四川路 서측의 다륜로多倫路 부근이었다. 한편 루쉰을 비롯한 중국현대작가를 일본에 소개하는데도 큰 역할

---

35 1920년대 동아시아 미디어의 상황, 중일문화교섭을 살피기 위한 귀중한 자료로서 연구해볼 만한 가치가 있다.

을 했다.[36] 그리고 이미 언급했지만, 당시 상하이에는 앞에서 소개한 서점 가운데 상당수가 영업을 하고 있었다. 예를 들어, 상무인서관1897, 광지서국1898, 문명서국1902, 회문당서국會文堂書局, 1903, 유정서국1904, 광익서국廣益書局, 1904, 중화서국1912, 백신서점百新書店, 1912, 태동원서국泰東圖書局, 1914, 대동서국1916, 세계서국1917, 민지서국民智書局, 1918, 전신서국傳薪書局, 1923, 광화서국1926, 개명서점1926, 광명서국光明書局, 1927, 현대서국1927, 생활서점1932, 대중서국大衆書局, 1932, 계명서국啓明書局, 1936 등의 크고 작은 수십 개의 출판사가 한 지역에 나란히 붙어 있었는데,[37] 명칭에서 보듯이 서점이란 말은 많이 보이지 않는다. 중국에서 서점이란 말이 널리 보급된 것 역시 우치야마 서점의 역할이 컸다고 한다.[38]

개조사는 우치야마 서점과의 네트워크를 통해 중국관련 문화활동을 기획했는데, 대표적인 것으로는 첫째, 편집자와 작가의 상하이 파견에 의한 의도적인 상하이 언설의 생산, 예를 들어 작가 요코미쓰 리이치와 마에다코 히로이치로前田河廣一郞를 상하이에 파견한 것이라든지, 1933년 버드나드 쇼의 상하이 방문 때에는 야마모토 사네히코山本實彦 사장이 편집자 기무라 키木村毅를 파견한 것을 들 수 있다. 둘째, 루쉰을 비롯한 중국 현대작가를 일본에 소개하는 일인데, 예를 들어 마쓰다 와타루로 하여금 『루쉰전』을 연재케 하고, 루쉰 작품을 번역하여 루쉰 사후에 최초의 루쉰 전집인『대노신전집』전7권 발간하였던 것이다.[39]

---

36 秦剛,「戰前日本出版メディアの上海-內山書店と改造社の海を越えたネットワーク-」, 『日本近代文學』第89集, 2013.

37 류젠후이, 양민호·권기수·손동주 역, 앞의 책, 209쪽.

38 內山完造,『花甲錄-日中友好の架け橋』, 平凡社, 2011.

39 우치야마 서점의 상하이에서의 활동에 대해서는 다음 장에서 자세히 다룬다.

2) 일본인의 조선 이주와 서점의 이동

① 일본인의 조선 이주

일본인들은 메이지 이후 다른 지역이나 국가로 활발히 이주를 진행했고, 이를 통해 전 세계 곳곳에 일본인 사회를 형성하였다. 일반적으로 일본인의 이주를 크게 세 가지 범주로 분류한다. 대상 지역의 성격에 따라 첫째는 국내 이민이다. 홋카이도와 오키나와로의 본토민 이주다. 둘째는 해외 이주인데, 메이지 때는 하와이와 미국 본토가 주 대상지였다. 이는 1885년 메이지 정부가 하와이 관약이민을 실시하여 본격화하였다. 셋째는 타이완과 조선과 같은 식민지로의 이주이다.

조선으로 일본인들이 이주한 것은 메이지 초기 일본 거류지가 개항장에 설치되면서 비롯되었다. 1876년 부산이 강화도조약으로 개항되고, 그 다음해에 일본 거류지가 부산에 설치되면서 조선으로의 일본인 이주가 정식으로 시작되었다. 러일전쟁은 일본인들의 조선 이주에 분수령이 된 사건이었다. 1905년 러일전쟁으로 조선은 일본의 식민지로서 사실상 확정되었다. 이를 계기로 일본에서 조선 식민지화에 대한 논의가 대두되었고, 일본정부도 조선 이주를 적극 장려했다.

러일전쟁을 계기로 나타난 조선 이주민의 변화는 이주자의 계층적 성격에서도 드러났다. 초기 이주자들은 일시적 이주를 생각하고 조선으로 온 경우가 많았고, 그 출신 계층도 빈농, 소상인과 소자본가, 부랑자나 뜨내기들이었다. 이들의 직업은 소매 잡상인, 무역상, 행상, 전당포, 수공업, 건설노동자, 창기 / 잡부, 요식업 등 상업과 서비스업이 주였다. 그러나 러일전쟁 이후는 장기거주를 목적으로 한 일반인들과 식민관료, 기업인, 회사원 등 화이트칼라 계층이 늘어났다. 절대 다수가 대도시나 지방도시에 거주하고, 직업 구조상 관리, 피고용인, 상인의 비율이 상당히

높았다.[40]

② 일본인 서점의 조선 이동

인쇄와 관련해서 조선 내 최초의 일본인 인쇄소는 1895년 3월에 설립된 하다노 인쇄소波多野印刷所였다. 이후 1900년대와 1910년대에도 조선에 진출한 일본인 인쇄소가 나왔으며, 또 인쇄소는 경성만이 아니라 대구, 목포, 부산 등지에도 설립되었다. 일본이 경영하는 규모가 가장 큰 인쇄회사는 조선인쇄주식회사[1919]와 조선서적주식회사[1923]였다. 그 외에도 일본인 자본 인쇄소로는 에가와 활판소江川活版所, 모모야마 인쇄소桃山印刷所, 게이조 인쇄소京城印刷所 등이 있었다.

그리고 한 논문은 한말 일제하에 재조일본인의 조선고서간행사업이 진행되었고, 또 재조일본인의 지방사 편찬활동도 있었음을 밝혀내었다.[41] 제국 일본의 지리적 권역이 동아시아로 확대되는 과정에서 서적도 국경을 넘어 이동하였다. 그래서 조선에도 일본인이 경영하는 서점이 많이 개설되었다. 1906년 부산에 요시다하쿠분도吉田博文堂가 개점한 이래, 일한서방日韓書房, 1906, 오사카야고大阪屋號서점의 경성 지점1914 등 일본인 경영 서점은 조선에서 꾸준히 증가했다. 이 서점이 조선인과 조선 근대문화에 끼친 영향도 적지 않을 것이다. 당시의 '서점'은 서적 판매점뿐만 아니라, 출판업을 병행하는 출판사의 역할도 수행하고 있었다. 1876년 이후 조선에 온 일본인들이 상업적 이익을 얻기 위한 사람들 위주라면, 1905년 이후 넘어온 일본인들은 조선 식민 사업을 담당할 관료집단과 지식인 계층

---

40 이상은·권숙인, 「도한의 권유」, 『사회와 역사』 69, 2006, 190쪽.

41 최혜주, 「한말 일제하 재조일본인의 조선고서 간행사업」, 『대동문화연구』 제66집, 2009; 「일제강점기 재조일본인과 지방사 편찬활동과 조선인식」, 『사학연구』 103, 2011.

이 주류였다. 일한서방의 창립자인 모리야마 요시오森山美夫는 이런 재조在朝 일본인들을 위해 일본 서적과 잡지를 판매하는 서점을 세운 것이다. 이후 일한서방은 자체 편집부를 두고 발행소의 형태로 서적을 출판하는 출판사로서의 체재와 기능을 갖추었다. 발행한 책은 주로 조선의 지도와 역사, 풍속, 민속 그리고 한국어 회화교재 등 조선으로 오는 일본인들을 위한 것이었다.[42]

한편 일한서방과 마찬가지로 일본인 서점은 같은 해에 부산에도 설립되는데, 앞에서 말한 하쿠분도博文堂 서점이 그것이다. 그런데 부산의 하쿠분도 서점을 조선에 진출한 일본인 경영 서점의 시초라고 말하고 있지만, 1902년에 일본에서 출판된『한국안내韓国案内』에는 다음과 같은 조선의 도매상 서점들이 소개되어 있다고 한다. 곧 경성상품진열소京城商品陳列所, 京城, 히라타 서점平田書店, 京城, 야마오카 서점山岡書店, 仁川, 마치다이치요町田一葉, 仁川, 요시미 서점吉見書店, 釜山, 오가타 서점尾縣書店, 釜山, 마츠오카츠네요시松岡常吉, 木浦, 야마키타카메키치山北亀吉, 郡山, 마츠우라츠네타로松浦常太郎, 鎭南浦, 노세히데能勢秀, 平壤, 와타나베 상점渡邊商店, 元山, 스미다마사키치隅田政吉, 馬山浦[43]이다. 위의 자료에서 보면, 1906년에 개점한 하쿠분도 서점 이전에도 부산에는 요시미 서점吉見書店, 吉見勝次郎, 天町3丁目과 오가타 서점尾縣書店, 尾縣哲太郎, 天町2丁目 5番地이 일본 내지와의 유통시스템을 구축하면서 영업을 하고 있었다는 사실을 알 수 있다.[44] 그리고 1920~1930년대

---

42 신승모,「조선의 일본인 경영 서점에 관한 시론-일한서방의 사례를 중심으로」,『일어일문학연구』79(2), 2011, 324쪽.

43 香月源太郎,『韓国案内』, 青木嵩山堂, 1902, 62쪽; 임상민·이경규,「식민도시 부산의 서점 연구-1910년대『부산일보』의 서점 광고란을 중심으로」,『동북아문화연구』제46집, 2016 재인용.

44 임상민·이경규, 앞의 글, 2016, 49쪽.

경성의 혼마치本町, 충무로 일대에 있었던 일본인 서점으로는 일한서방日韓書房, 마루젠丸善, 오사카야고 서점大阪屋號書店 경성 지점, 무라사키 서점紫書店, 곤고도 서점金剛堂書店, 긴조도 서점金城堂書店, 세이분도 서점誠文堂書店 등이다. 그리고 일본인이 운영한 헌책방은 가네코 서점金子書店, 분쿄도 서점文教堂書店, 시세이도 서점至誠堂書店, 군쇼도 서점群書堂書店, 분메이도 서점文明堂書店, 벤쿄도 서점勉強堂書店 등이 있었다고 한다.[45]

3) 중국 출판물의 조선 이동

개화기 조선에 들어온 많은 서적은 대체로 일본에서 출판된 것으로 이해하는 경향이 강하다. 하지만 최근 연구를 보면, 한적漢籍의 경우는 말할 것도 없고, 신서적의 경우도 일본 못지않게 중국을 경유해서 들어온 책이 많다는 사실이 밝혀지고 있다. 앞으로 설명하겠지만, 일본처럼 중국 출판사나 서점이 조선에 지점을 내거나 운영을 한 사실이 밝혀지지 않아, 일본의 경우처럼 서점의 이동에 대해 언급하기는 곤란하다. 하지만 중국을 통한 서적의 유입은 근대 초기에도 빈번하게 이루어졌기 때문에 출판물의 이동을 중심으로 정리할 수 있다. 아울러 아래 소절에서는 중국 발행 서적의 조선내 번역 양상을 소략하게 하려고 하는데, 이와 관련해서는 많은 연구가 진행되어 있기 때문에 이 장의 문제의식을 드러내는 선에서 간단히 파악해보겠다.

① 중국 출판사와의 직접 교역

1906년 화동서관華東書館은 번역과 중국서적 수입판매를 목적으로 설

---

45   박진영, 앞의 글, 2015, 146쪽.

립되었다. 이 다음해에 설립된 광지서국廣智書局도 중국 상하이에서 책을 수입하여 판매할 목적으로 만들어졌고 또 출판도 겸했는데, 대동서관평양, 김상만책사서울, 대한매일신보 의주 지점에 지점을 두었다.[46] 그리고 개화기의 대표적인 출판사 겸 서점인 회동서관은 상하이에서 출판 제작상하이를 중심으로 한 唐版 수입 등 그리고 상무인서관과 같은 중국의 대표적인 인쇄 출판 기관동양고전의 직거래 등과 출판 무역을 전개했다.[47]

이와 함께 당시 조선에서의 중국 출판사와의 교역에서 주목해야할 것은 바로 상하이 석인본의 수입이다. 이것은 왕실뿐만 아니라 민간에서도 행해졌는데, 근대 초기 중국 서적을 가장 많이 수입한 서포書鋪로 평가되는 평양의 대동서관大同書館은 1906년 3월 개관한 뒤 1주일 만에 수천여 권의 서적을 판매했고, 다시 상하이에서 신간 서적 만여 권을 수입해왔다고 한다. 대동서관이 상하이에서 수입한 서적은 수적으로 많을 뿐만 아니라, 다양한 분야에 걸쳐 있었다. 당시 상하이에서 일반 독자들 대상으로 간행한 서적의 많은 수가 석인본이었기 때문에, 국내 서포에서 수입한 상하이 서적 역시 거의 석인본이었을 것으로 추정할 수 있다. 당시 상하이에서 유입된 석인본은 동아시아 지식네트워크를 형성하는 데 중요한 역할을 했다. 따라서 당시 국내에 유입된 석인본을 면밀히 분석한다면, 동아시아 지식 유통의 지형도를 파악할 수 있을 듯하다. 1870~1930년대 상하이 출판 석인본의 출판사별 국내 소장 현황을 보면, 대략 3천여 건이며, 상하이 석인본 출판사도 소엽산방掃葉山房, 교경산방校經山房, 금장도서국錦章圖書局, 점석재點石齋, 광익서국廣益書局, 동문서국同文書局, 상해서국上海書局, 천경당千頃堂, 홍문서국鴻文書局, 홍보서국鴻寶書

---

46 강명관, 앞의 글, 1999, 52쪽.
47 이종국, 앞의 글, 2005, 236쪽.

局 순으로 해당 출판사의 석인본이 많이 소장되어 있다. 이 가운데 소엽산방에서 출간한 석인본이 968건으로, 전체 석인본의 약 70%를 차지한다. 이를 볼 때 소엽산방 출판 서적을 당시 한중간의 지식 유통의 주요 매체라고 간주할 수 있겠다.[48]

중국의 서적을 수용한 예로는 동양서원이 상무인서관의 『설부총서』 수록 작품 가운데 6편을 수용한 것을 들 수 있는데, 재미있는 것은 동양서원이 『설부총서』 수록 작품을 번역·번안하는 데 그친 게 아니라, 출판 기획 자체를 똑같이 모방할 만큼 이 총서와 유사성을 보여준다는 점이다. 『설부총서』가 1집당 10편씩, 총 10집 100편인 것처럼, 동양서원의 『소설총서』 또한 1집당 10편씩, 총 4집 40편이 발행되었다.[49] 그리고 『황성신문』이 발행된 뒤 12년간의 서적 광고를 수집 정리하여 총 751종이라는 통계를 낸 한 연구는, 이 가운데 388종이 중국 상하이 등지에서 수입한 것이라고 밝혔다.[50] 이 수치 안에는 중국에서 발행된 고적도 있고, 또 일본서적을 중역한 경우도 있을 것으로 추측할 수 있다. 현재 국내에 소장되어 있는 중국에서 수입된 석인본 책의 종류와 일본에서 들여온 서적이나 중국을 경유해 들어온 서적 그리고 한국에서 출판된 서적의 종류를 모두 수집하여 체계적으로 문헌 목록을 작성하는 일이, 동아시아 지식네트워크 또는 출판네트워크를 파악하는 기초적인 작업으로서 긴요하다.

48 윤지양, 「1870년대~1930년대 上海 출판 석인본을 통한 근대적 시각 이미지의 국내 유입 양상 연구」, 『중어중문학』 77호, 2019, 333~340쪽.

49 강현조, 「한국 근대초기 번역·번안소설의 중국·일본문학 수용 양상 연구-1908년 및 1912~1913년의 단행본 출판 작품을 중심으로」, 『현대문학의 연구』 Vol.0 No.46, 2012, 25~26쪽.

50 黃永遠, 「근대전환기의 서적과 지식체계 변동-『황성신문』의 광고를 중심으로」, 『대동문화연구』 제81집, 2013, 330쪽.

② 번역을 통한 신지식의 수용

조선인 번역자의 입장에서 일본어 텍스트와 중국어 텍스트를 번역하는 것은 전혀 다른 감각의 일이었다. 전자는 서구발 지식을 대신 받는다는 느낌이 강했다면, 후자는 수용자의 주체성을 상당히 환기하고 있었다는 점에서 그렇게 말할 수 있다. 특히 당시는 지식의 유통이나 담론의 형성에 걸리는 시간을 되도록 단축하는 것이 번역의 지향이었는데, 이런 점에서도 중국어 텍스트는 매력적인 선택이었던 것이다. 예를 들어, 량치차오梁啓超의 수용 양상이 대표적이다. 그리고 량치차오의 글은 중국 상하이의 광지서국 출판사와 연관되어 있었다. 그런데 량치차오 개인의 저작만이 아니라 많은 광지서국의 서적이 한국에 유통되었다. 광학서포가『황성신문』1906년 10월 29일자 서적 광고에 낸 많은 책들이 광지서국에서 출판한 것이다. 광지서국은 1902년에 서적을 가장 많이 출간했는데, 절대적으로 일본을 경유한 번역 및 중역의 비중이 많았다. 따라서 광지서국의 사례를 통해 중국을 경유한 번역은 한국적 근대의 형성에 생각보다 깊이 관여하고 있었음을 알 수 있다.[51] 그리고 1908년부터 1913년까지 조선에 출판된 번역 번안소설의 유입 경로가 일본→한국, 일본→중국→한국, 서양→일본→한국, 서양→중국→한국, 서양→일본→중국→한국 등으로 다양하다는 최근의 연구들을 통해 지식 수용의 경로 또한 복잡할 것이라는 점을 인지하고, 이에 대한 체계적인 연구가 필요하다는 지적은 타당하다.[52]

---

51 손성준,「동아시아 번역장(飜譯場)과 서구영웅전 — 번역 경로와 번역 매체를 중심으로」, 국제어문학회 학술대회 자료집, 2018, 6~8쪽.

52 강현조, 앞의 글, 2012, 24쪽.

4. 나오며

이상 동아시아 지식네트워크의 형성이라는 주제에 대해 동아시아 근대 출판과 관련한 기존의 연구를 중심으로 살펴보았다. 동아시아 지식네트워크 그리고 근대 출판네트워크는 광범위한 연구주제이다. 짧은 논문으로 감당할 수 없는 주제다. 여기서는 지식네트워크가 다양한 형식을 통해 형성되고, 그 가운데 출판물의 유통이 중요한 매개가 된다는 문제의식 하에서 동아시아 지역의 근대 출판네트워크의 형성이라는 시각을 도입하여 근대 초기라는 시대에 맞춰 그 양상을 살펴보았다. '들어가며'에서 세계화를 언급한 것도 정치, 경제 그리고 과학적인 요소에 의해 세계화가 전개되지만, 이 흐름을 인정하고 또 수용하며 이를 바탕으로 인식을 바꾸어 가는 것은 결국 전 세계가 동일한 지식을 전유하고 이를 통해 사유하기 때문이다. 여기에 미디어의 존재가 중요하다. 동아시아 지역 역시 예외는 아니었고, 그래서 소위 근대 지식이라고 하는 것이 여러 가지 물질화된 형태로 유통되었다. 그 대표적인 것이 바로 서적이며, 그 서적은 서점또는 출판사를 중심으로 한 유통망을 통해 이동되었다. 그런데 근대 초기에는 동아시아 지역에서 그 유통의 중심인 서점이 서적의 이동과 마찬가지로 동아시아의 여러 해역도시에 지점을 설치하여 하나의 서점출판네트워크를 형성하기도 하였다. 그런 사례를 앞에서 살펴보았다.

동아시아 지식네트워크를 출판을 중심으로 살피고자 했을 때, 다음과 같은 작업이 필요하다는 점을 지적하는 것으로 맺음말에 대신하고자 한다. 앞에서도 언급했지만, 먼저 출판이라는 넓은 범주에 대해 연구하기 위해서는 분류를 해야 한다는 점이다. 인쇄(소), 출판(사), 서점, 독자층을 구분해서 살피고, 또 단행본책과 신문 / 잡지 / 인터넷 등의 매체와의 차이도 인정하고 파악해야 한다. 특히 앞의 출판과정에서 책이 이동하는 유통 기반이 어떻게 형성되는지 하는 것도 검토해야 한다. 그래서 서점의 형성을 살피는 것은 중요하다. 둘째, 지식의 수용과 형성에 있어서 수반되는 수용자저역자의 선택과 변용 그리고 독자의 오독이 만들어내는 오리지널과 복사물간의 차이로 인한 새로운 문화의 탄생 등에 대한 점검이 필요하다. 물론 이와 관련해서는 이異문화간 교류가 왕성했던 근대 시기 동아시아 지역에서는 절대적으로 많은 연구가 진행되었다. 셋째, 근대 이후 동아시아 지역에 대한 정보와 지식의 수용 경로에 대한 정리이다. 여기에 포함되는 것은 근대 이후 해양바다을 비롯한 동아시아 지역을 둘러싼 세계관이나 인문학적 인식 그리고 과학사회과학과 자연과학적 정보 등이다. 이 장은 동아시아에서 근대지식이 어떻게 형성되는지를 살피는 궁극적인 목표하에 이를 위한 토대에 해당하는 동아시아 근대 출판의 성립과 이동에 대해 검토해보기 위해 기존의 관련 연구 상황을 정리해본 것에 불과하다. 앞에서 제시한 과제를 중심으로 본격적인 연구가 진행되어야할 것이다.

동북아해역도시간 인적네트워크

1. 들어가며

근대 동아시아에서 전개된 지식교류의 양상을 다룬 연구는 이 지역 연구자들에 의해 많이 이루어졌다. 이는 서구의 근대 지식이 동아시아 지역으로 전파 수용되었던 것에 대한 연구에서 시작하여 동아시아 역내에서 유통된 지식 — 예를 들어, 위원魏源의 『해국도지海國圖志』라는 책의 유통과 같은 — 에 대한 연구에 이르기까지 다양하다. 곧 지식의 전파와 수용에서 중점을 어디에 두는지 그리고 그 지식은 어떤 형태로 전파되었는지게다가 어떻게 토착화되는지 등을 각각의 학문적 시각에서 검토해 왔다.

앞에서 근대 시기 동아시아 지역의 지식 생산과 유통의 측면에서 상하이와 도쿄라는 해역도시가 지닌 역할과 의미를 강조하여, 원래 하마시타 다케시와 스기하라 가오루 등 아시아교역권론에서 경제·무역의 용어로 시작된 '상하이 교역네트워크' 등을 이용해 '상하이 지식네트워크' 또는 '도쿄 지식네트워크' 등의 용어를 사용하였다. 이 도시들을 굳이 해역도시라고 명명한 것은 바로 지식을 비롯한 다양한 네트워크의 형성이 '(동북아)해역'이라는 공간에서 전개된 점을 강조하기 위함이다. 곧 해역도시간의 연결성을 염두에 두고, 이를 해역네트워크의 형성이라는 시각에서 검토한다면, 종래 동아시아 근대 지식의 전파와 수용을 다룬 연구를 보완하는, 곧 지식이 교류되는 실제적인 형태를 파악할 수 있을 것으로 기대하였다. 다시 말해, 주로 동아시아 해역간의 상호연관성을 염두에 두고 연구를 진행하려고 한 것이다.

이것은 이론적으로는 네트워크라는 개념이 본래 국민국가라는 일국적 시각을 넘어서는 것을 염두에 둔 것이고, 해역을 강조하는 것은, 육지 중심의 시야를 극복하고 바다 중심의 시야에서 세계를 다시 보고자 하는 입장이며, 그래서 해역네트워크는 바로 초국가적 또는 탈경계적이며 그리고 국가가 아닌 지역도시에 중점을 두는 용어라고 할 것이다. 상하이나 도쿄, 부산과 같은 해역도시들의 형성과 발전은 바로 한 도시만의 내부적인 동력에 의해서만 이루어진 것이 아니라, 도시 상호간에 전개된 교류 곧 외부적 요인에 의해 형성된 측면이 강하기 때문에, 그래서 해역네트워크라는 이러한 시각을 잘 보여주는 공간이 바로 이러한 해역도시인 것이다. 그래서 특히 해역도시연구 또는 도시간의 관계에 대한 연구는 바로 이러한 교류에 의해 형성된 네트워크가 도시의 공간과 그 도시민의 생활을 변화시켜온 것을 살피는 데 중점을 두고 있다.

다시 말해, 이처럼 네트워크가 지닌 초국가적 성격은 자연스레 종래의 국가중심의 지역연구를 극복해내고자 하며, 또 해역은 기존의 지역연구에서 특수한 '지역'에 해당한다. 해역이란 공간이 갖는 특수성과 네트워크라는 초국가적 연결성을 결합해서 동아시아의 리저널리즘을 규명하고, 또 세부적으로는 이 해역이 발산하는 글로컬한 성격을 글로벌적 시각에서 탐색하는 것이 하나의 연구과제로 떠오른다. 물론 앞에서 말한 (동북아)해역과 (인문)네트워크라는 두 용어를 사용하여, 동아시아 지역을 분석하는 이런 연구가, 예를 들어 지식교류사라는 기존의 연구 분야에서 어떤 기여를 할 것인지, 또 해역과 네트워크라는 용어를 사용하여 축적해 온 연구가 학적으로 어떤 성과를 갖고 나아가 인문학 분야에서 의미있는 자리매김을 할 것인지는 따져 봐야할 문제다. 그런 점에서 앞의 두 장은 이러한 해역도시간 상호 관계 형성의 중요한 매개로서 지식의 생산과 유통이라는 점을 보고자 한 것이라고 하겠다.

여기서는 '올드 상하이'라는 1920, 1930년대 특수한 초국가적 해역도시 공간에서 전개된 이주민들과 원주민들간의 경계에 의해 발생한 갈등과 대립 그리고 반대로 그 경계를 넘어서 대화와 화해의 장면을 살피고, 이러한 관계를 성립케 하는 하나의 매개이자 장소로서 우치야마 서점을 대상으로 하여 그 과정을 살펴보려고 한다. 지식을 사고파는 서점 특히 상하이에서 일본 서적을 전문적으로 판매하는 서점을 중심으로 책의 유통뿐만 아니라, 동아시아 지식인들의 교류가 전개되었던 양상은 1930년대 해역도시 상하이에서 전개된 지식의 유통과 생산을 다른 측면에서 보여줄 것이다.

2. '올드 상하이' 도시 공간의 배치와 경계

해역도시 또한 도시에 속하는 이상 기존의 도시연구의 대상이 되었고, 또 그 도시연구의 성과를 바탕으로 연구가 진행되었다. 사실 도시연구를 주로 진행하는 기관이나 연구자들은 글로벌화의 환경아래서 도시간의 초국적 연계성이 도시연구에서 주목해야 할 과제라고 지적한다. 따라서 도시는 이제 단일도시로서뿐만 아니라, 네트워크와 권역圈域과의 연관 속에서도 분석해야 할 필요가 커지고 있다고 지적되며, 또한 도시연구에서 네트워크로 연결된 도시, 지역과 함께 형성하는 공간 범주에 대한 관심도 커지고 있다. 이와 관련해서 상하이의 경우 동아시아 지역네트워크 또는 동아시아지역시스템 등의 일부로서 "상하이 네트워크"를 주목하는 논의가 이미 제기되었다. 이를 '동아시아'와 같은 광역의 공간 범주로 확장하는 논의의 당부當否를 차지하고라도, 동아시아 각국의 근대도시들이 형성한 네트워크와 공간 범주들에 대해 세밀히 검토해 보는 작업이 한층 필요하다.[1]

근대 상하이는 개항도시로서 무역, 금융 등에서 네트워크의 결절점으로서 담당했던 역할을 주요 토대로 부상하였다. 개항 이후 상하이에서는 국내외 무역의 흐름이 집중되면서 무역업, 금융업 등의 성장이 급속히 진행되었다. 또한 열강의 자본 진출이 가능해진 청일전쟁 이후에는 공업 부문의 성장도 이어졌다. 이에 따라 상하이는 중요한 경제도시로서 지위를 확고히 점하게 되었다. 그리고 경제도시로서의 그 중심적 역할은 정치적, 문화적 차원으로도 확대되었다. 상하이는 오사운동五四運動, 5·30운동五卅運動 등 정치적 격변에서 주요 무대의 하나였으며, 또한 최신의 문화적 실험이 전개되었던 '모던' 도시의 전형이었다. 그 전반적인 성장사로 볼 때, 근대 도시 상하이를 형성해낸 가장 결정적인 기반은 무엇보다 외부와의 연결성의 강화에 있었음을 부정할 수 없다. 전통 도시에 비해 근대 도시는 여타 도시 또는 지역과의 연계성이 강화되었다고 지적된다.

상하이와 같이 해역도시의 경우는 도시연구에 있어 이와 같은 초국적 연계성이 한층 주목을 끈다. 네트워크와 공간 범주에 대한 검토를 바탕으로 아시아 해역도시의 공통성과 차별성을 밝히는 작업이 요구되는 것

---

1   김승욱, 「20세기 초반 韓人의 上海 인식－공간 인식을 중심으로」, 『中國近現代史硏究』 第54輯, 2012, 122쪽.

이다. 상하이가 가장 대표적인 동아시아 해역도시가 된 것은 잘 알다시피 아편전쟁 이후부터다. 범박하게 말해 사람과 물자가 몰려들었기 때문인데, 그것은 그러한 조건이 충족되어서 가능했던 것이다. 근대 동아시아지역 또한 경제적 측면에서 물류의 이동을 유연하게 할 수 있고, 또 배후지를 갖고 있어서 해양과 바로 연결시킬 수 있는 곳이 바로 해역도시로 성장하는 가장 큰 조건이다. 그런 점에서 상하이는 최적의 공간이었고, 이것이 바로 상하이의 지리-지경학적 조건인 셈이다. 상인과 외교관 그리고 선교사 등이 이곳으로 몰려들었고, 이들에 의해 상하이는 이전과 다른 새로운 공간으로 변모하였다. 그 결과 1930년대 상하이는 동아시아에서 가장 현대화된 도시가 되었다.

'올드 상하이'는 사실 다른 2개의 공간으로 분리되어 있는데, 하나는 구舊상하이 현성懸城을 중심으로 700년의 역사를 가진 전통적인 공간이고, 다른 하나는 이른바 '조계租界'를 중심으로 하는 불과 150년의 역사밖에 가지지 못한 근대적인 공간이다. 이 두 공간은 적어도 1912년 구현성의 성벽이 철거될 때까지 매우 명확한 경계선을 가지고 있었다. 상하이는 바로 이 상반되는 이 두 개의 이질적인 공간의 상호침범 내지는 상호침투에 의해서 빚어진 것이다.

그런데 조계라고 해도 실제로 그 내용을 검토해 보면, 거기에는 적어도 3개의 다른 공간이 존재한다. 그것은 독자적인 행정기관을 가진 프랑스 조계는 물론이고, 행정적으로 합병한 영국 조계와 미국 조계 사이에도 역시 그 주민의 성격 차이에 따라서 상당히 다른 경관이 연출되었다. 그리고 이 세 가지 다른 공간에 기존의 현성과 그 배후에 가려진 전통적인 수변 마을이 더해지면서 상하이는 정말로 '모자이크 도시'라고도 할 수 있는, 세계적으로도 드문 매우 변칙적인 도시 공간을 형성했다. 네 개의 공간 중에서 가장 북쪽에 위치하는 것은 공동조계의 북구와 동구 즉 구 미국 조계이다. 미국 조계라고 해도 결코 미국 주민이 많은 것은 아니었으며, 오히려 그 대부분 지역이 일본인에 의해 점령되어 있었다. 그중에서도 홍커우虹口 부근은 흔히 말하는 일본 조계라고 할 정도로 일본의 여러 시설이나 일본인을 대상으로 하는 상점 등이 집중되어, 가장 많을 때는 10만 명 이상의 일본인이 이곳에 살고 있었다고 전해진다.[2]

이와 같이 격동의 시기에 조계도시 상하이는 제국주의 열강이 중국 경제에 진출하는 국제적인 무역 거점이자 다국적의 외국인 거류민사회가 자리한 곳으로, 중국과 열강 간의 협상과 마찰, 충돌이 집중된 곳이었다. 이러한 공간의 구분은 경계를 설정하게 되고, 이에 따른 갈등과 대립이 존재했지만, 다른 한편으로는 교류와 융합 역시 이루어져서, 소위 '마도魔都 상하이'를 만들었던 것이다. 그 가운데 일본인 거류민사회는 외국인 중 가장 큰 규모를 지녔고 자본가, 상공업자 등이 대다수를 이루었다.

3. 일본인의 상하이 이주와 우치야마 간조

일본인의 중국 이주는 개인적인 동기나 인적 연결고리도 있었겠지만, 남미, 북미로의 노동 이민과 달리 중소상인이 중심이 된, "불평등 조약이나 전쟁에 의한 특권, 특수이익을 기대한 진출"[3] 이민이었다. 즉 그것은

---

2   류젠후이, 양민호·권기수·손동주 역, 『마성의 도시 상하이—일본 지식인의 '근대 체험'』, 소명출판, 2020, 프롤로그 참조.

3   大江志乃夫·田喬二·三穀太一郎 編, 岩波講座 『近代日本と植民地—膨張する帝國の人流』 (5), 岩波書店, 2005, 51쪽.

1895년 일본이 중국과 시모노세키 조약을 맺으며 최혜국대우를 보장받는 조약열강의 일원이 되면서 발생한 '세력권' 이민이었다. 상하이는 근대 일본의 '세력권' 가운데 비교적 이른 시기부터 이주가 시작된 지역으로, 1930년의 시점에서는 만주를 제외한 반 이상의 대중對中 무역이 집중되어 있을 정도로 일본경제에서 중요한 지역이었다.[4]

1871년 일청수호조규日淸修好條規 체결, 1872년 일본영사관 설치 후 1875년 미쓰비시회사三菱會社 우편기선郵便汽船의 상하이 항로 개설을 계기로 거류민사회가 형성되었다. 이것은 러일전쟁을 계기로 본격적으로 성장하였는데, 1903년 2,216명, 1906년 5,825명을 거쳐 1908년 7,263명에 달하며 상하이 체류외국인 전체 인구19,073명 가운데 최대의 세력이 되었다.[5] 러일전쟁 직후에는 인구의 대다수가 자영업에 종사하는 빈곤한 자들로, 기업인 등의 안정적인 중간층이 부족하였는데, 제1차 세계대전을 계기로 인구구성이 질적으로도 성장하게 된다. 전쟁으로 상하이의 영국인, 프랑스인이 귀국하면서 그 틈을 타 일본자본이 방직업을 중심으로 진출하였고, 줄어든 중국-구미 무역을 대신하면서 일본의 상사, 은행이 설립되었기 때문이다. 이러한 성장세는 1920년대 후반부터 뚜렷해진 중국의 배일排日 사조에 의해 주춤되기 시작하였고, 1932년 1월 상하이사변을 계기로 큰 타격을 받았다. 그리고 제2차 상하이사변이 발발해 1937년 11월 일본군이 상하이 조계를 무력 점령할 때까지 정체기가 지속되었다.[6]

---

4   高綱博文, 陳祖恩 譯, 『近代上海日僑社會史』, 上海人民出版社, 2014, 74쪽.

5   上海通志編纂委員會 編, 『上海通志』 第10冊, 上海人民出版社, 2005, 7072쪽.

6   山村睦夫, 『上海日本人居留民社會の形成と展開: 日本資本の進出と經濟団體』, 大月書店, 2019, 3~5쪽, 이상 주석 5~8은 손가배, 「제1차 상하이사변 시기 일본인거류민사회 토착과 연구」, 『中國學報』 第一百七輯, 2024, 276쪽 재인용.

구체적으로 이민 내지 파견 형태를 보면, 영사관과 군부 등 국가의 진출, 무역상, 잡화를 중심으로 하는 중소규모 상인의 진출과 해운, 철도 회사, 상사, 은행 혹은 재화방在華紡 공장 등 대형자본의 진출이었다. 상하이의 경우도 기본적으로 이러한 이민 또는 이주가 발생한 가운데, 이주 초기 이민지와 방문자 구성이 보다 다양한 특성을 보였다. 초기에는 "내지에서 밥줄이 끊어진 천민食詰める賤民"이라는 다소 편견 섞인 시각처럼 빈민이 다수였던 때도 있었다. 그런데 상하이의 경우 국제도시라는 특수성 때문에 근대 문명에 적극 참여하고 그것을 흡수하고자 하는 문화인이나 예술가도 포함되어 있었다.[7]

상하이 거류민[8] 사회의 가장 두드러지는 특징은 러일전쟁 이래 '회사파'와 '토착파'라는 두 집단의 중층구조를 형성하였다는 점이다. 회사파는 주로 대기업, 중견 상점 등의 파견직이며, 토착파는 잡다한 직종의 중소상공업자로 과반수가 가족과 함께 정착하였다. 1930년 전후의 인구구성을 상세히 보면, 회사파는 상사와 은행의 분점 점장, 고위 관료, 회사 경영자 등의 엘리트 계층전체 인구 3%과 방직회사, 은행, 상사의 직원의 중간층전체 인구 40%으로 구성되어 있었다. 나머지는 토착파 민중으로 중소상인, 중소규모 산업의 직원, 요식업, 서비스업, 무직자 등의 하층민으로 구성되어 있었다.

양자의 거주지도 분리되어 있었다. 회사파의 상층은 공공조계, 프랑스

7   초기 이민자와 관련해서는 Joshua Fogel, "Prostitutes and Painters : Early Japanese Migrants to Shanghai", *Between China and Japan The Writings of Joshua Fogel*, Brill, 2015, 179~209쪽, 손가배, 앞의 글, 2024, 277쪽.

8   현지(現地) 일본인, 혹은 재류방인(在留邦人)으로 일컬어지는 일본인 거류민은, 상하이에 단기 파견이나 영구 이민으로 거주하였던 일본인이다. 통계에 포함되는 인구는 "상하이에서 일정한 직업을 갖고 있고, 또한 일본영사관에 등록"된 자들이다(上海通志編纂委員會編,『上海通志』第10冊, 上海人民出版社, 2005, 7069쪽.

조계의 중국인 거주지와 분리된 사택이나 아파트에 거주하였고, 나머지 인구 7할 이상의 토착파 민중과 회사파 중간층은 공공조계 북부의 월계로越界路 지구의 이른바 '일본 조계'라 칭해졌던 홍커우 지역과 그에 인접한 화계華界의 자베이閘北에 거주하였다. 다른 외국인에 비해 늦게 상하이에 진출한 일본인은 공공조계에서 토지를 획득할 여지가 거의 없었기 때문이다. 홍커우 지역의 '일본인 거리'도 소득과 계층에 따라 분리되어 있었는데, 우숭로吳淞路는 영세상공업자 등의 토착파가 다수 거주하였고, 베이쓰촨로北四川路는 중간층 회사파의 고급 주택이 많았다. 공공조계에 가장 많은 일본인이 살았지만, 화계에 거주하는 일본인도 적지 않아 그 수가 1930년 시점에서는 약 5,500명에 달했다.[9]

　여기서 다룰 당시 상하이의 최대 일본서점이 되는 우치야마 서점의 주인 우치야마 간조 역시 이와 같은 일본인들의 상하이 이주 형태로 바다를 건너왔다. 우치야마 간조內山完造, 1885~1959는 오카야마岡山현 출신으로 고등소학교를 4학년때 중퇴하고, 교토와 오사카의 상가商家에서 십수 년 점원으로 근무하다, 1913년 대학목약大學目藥·삼천당參天堂[10]의 출장판매원으로 중국에 건너와 각지를 다니며 영업을 했다. 삼천당의 상하이 대리점이었던 일신약방日信藥房을 거점으로 '대학목약'을 판매하면서 중국 국내를 돌아다니면서 영업활동을 했는데, 일신약방은 일본면화日本綿花[11]가 1903년 7월말에 상하이지점으로 설립한 상사 일신양행日信洋行의 약품부로, 주로 고교성대당양국高橋盛大堂藥局, 현재 盛大堂製藥의 '청쾌환清快丸'을 팔았

9 　손가배, 앞의 글, 2024, 277쪽.
10 　1890년에 설립된 오사카 삼천당약방이 1899년에 판매하기 시작한 상품으로, 현재도 이 회사의 주력상품이다.
11 　훗날 日綿實業으로 니치멘, 지금의 双日.

3장 · 동북아해역도시간 인적네트워크　　173

다. 우치야마가 상하이에 온 1913년 일본인의 수는 만명이 채 안되었다. 1915년에는 일본인 수가 "상하이 체류 외국인 가운데 첫 번째로 1927년 말에는 약 2만 6천명으로 상하이 외국인 총수의 절반 가까이 되었다". 일본인 수가 급증하는 가운데 1947년 12월에 귀환하기까지 많은 시간을 우치야마는 상하이에서 보냈다. 이렇게 보면 우치야마 간조 역시 앞에서 말한 일본 거류민의 분류에 따르면 토착파에 해당한다고 하겠다. 물론 그가 이러한 거류민 단체나 조직에 가담해서 활동했는지는 조사가 필요하겠다.

서점이 올드 상하이에서 중요한 역할을 한 것은, 지식인들을 포함한 일반인들이 지식을 비롯해 세계에 대한 정보를 얻고자 하는 욕망이 컸기 때문이다. 특히 당시 상하이는 뉴욕에 비길 정도로 동아시아 지역에서 가장 핫한 근대 도시로 변모하고 있었고, 또 그만큼 다양한 사람들이 출입하는 곳이어서, 이들의 세계에 대한 관심은 폭증하고 있었다고 할 수 있다. 서점은 바로 중국인을 비롯한 상하이 거주 외국인들에게 이러한 지식과 정보에 대한 욕망을 채워주는 창구였다. 예를 들어, 당시 상하이의 중국작가들에게 영화관람 다음가는 주된 휴식은 서점을 둘러보는 것이었다고 한다. 중국 서점의 80%가 복주로福州路, 곧 四馬路의 남북을 가로질러 위치한 소위 '문화의 거리'라고 불리는 두세 개의 블록에 모여 있었다. 1932년 1월 28일 일본군이 상하이를 폭격하기 전, 여기에는 300여 곳의 서점과 헌책방이 있었다. 그중 가장 규모가 큰 두 곳은 상무인서관商務印書館, 자사내에 외국문헌 도서관을 보유과 중화서국中華書局이었다. 또 난징로에는 켈리 앤 월시Kelly & Walsh 서점[12]과 중미도서공사中美圖書公司 등과 같은 서양책 서

---

12   아시아에 5개의 지점을 갖고 있었는데, 상하이, 홍콩, 한커우, 싱가포르, 요코하마다.

점이 있어 외국책을 구매하거나 주문할 수 있었다.[13] 상하이는 이처럼 출판사업이 번성하고 외국 서적과 잡지도 쉽게 얻을 수 있었던 도시문화의 배경을 갖고 있었다.

당시 중국인들 특히 작가들은 상하이 조계의 번화가에 위치한 서점을 둘러보면서 새로운 책을 보거나 구입하고, 또 주변에 있는 찻집, 문구점, 식당, 호텔 등을 방문하면서 상하이 도시문화를 만끽했다. 중국 근대 문인 스저춘施蟄存은 그들의 교육 배경을 기준으로 상하이의 작가들을 3개의 주요 단체로 분류했는데, 영문학, 프랑스 / 독일, 일본 문학 단체가 그것이다.[14] 대부분 유학했거나 교육받은 기관과의 관련성을 기준으로 나눈 것인데, 이 글에서 다룰 우치야마 서점은 바로 일본 문학 단체와 연결된다. 곧 뒤에서 설명하겠지만, 우치야마 서점은 원래 상하이 일본인들을 구매 대상으로 한 곳이었는데, 일본어가 가능한 중국인 특히 일본유학의 경험이 있는 지식인들이 방문하여 책을 사가게 되면서 중일 지식인 교류 특히 문학인 교류가 전개되는 장소로서의 역할도 하게 되었다.

4. 우치야마 서점의 설립과 도서 판매

요즘 표현으로 제약회사 영업사원으로 중국으로 건너온 우치야마가 아무런 관련도 없던 업종인 서점업을 하게 된 데는 다른 이유가 있었다. 그것은 우치야마 부인과 관련이 있다. 그는 1916년 교토에서 마키노 도

---

13   리어우판, 장동천 외역, 『상하이 모던―새로운 중국 도시 문화의 만개, 1930~1945』, 고려대 출판부, 2007, 216, 218쪽.

14   리어우판, 앞의 책, 228쪽.

라지牧野虎次 목사의 소개로 이노우에井上 미키와 결혼하여 상하이에서 신방을 차렸다. 1917년 우치야마는 목약의 영업판매를 위해 중국 각지로 출장을 다니는 사이 혼자 집에 있는 부인은 아주 작은 서점을 열었다. 이것은 원래 우치야마가 부인의 부업용으로 상하이 북사천로北四川路의 집 옆에 작은 판매대를 설치하여 그리스도교 관계 서적을 판매하기 시작한 것이었다. 곧 기독교인 두 부부는 매주 교회를 다니며 그곳 친구들의 요구에 응해서 성서와 찬송가 등을 일본에서 들여와 판매하는 일이 장사의 시작이었다. 당시 상하이에는 세 곳의 일본인 서점이 있었지만, 그리스도교 서적을 취급하는 서점은 없었고, 그래서 신자들의 추천을 받고 집에 있는 부인의 소일거리도 생각해서 삼천당 주인의 승낙을 얻어 마키노 목사의 소개로 경성사警醒社와의 거래를 시작했다.[15] 우치야마 스스로 "상하이에는 찬송가도 성서도 판매하는 점포가 없으니성서회사가 팔고 있는 것을 알지 못했던 중개업을 해보자고 하여 처음에는 그리스도교 서적 일체를 취급하자고 해서 마키노 목사의 소개로 경성사와의 거래가 시작되었다. 이것이 상하이 우치야마 서점의 탄생이었다"[16]라고 적었다.

현재는 건물도 땅도 사라지고 없지만, 앞에서 말한 대로 위성로魏盛里라고 하는 북사천로 중간의 안쪽 부부가 살던 집에서 건너편의 2호戶를 빌려서, 우치야마 서점은 "석고문石庫門, 중국식셋집 2軒을 하나로 만든" 형태로 규모를 확장했다. 우치야마는 "누가 와서 보더라도 확고부동한 일본에서도 일류의 서점이라고 얘기했다"1924고 한다.[17] 그리고 12년 뒤인 1929년에는 북사천로 맨끝 대로에 면한 점포로 발전했다. 1930년대 중반 상하

---

15   小澤正元, 『內山完造傳』, 番町書店, 1972, 72쪽.
16   內山完造, 『花甲錄』, 岩波書店, 1960, 96쪽.
17   위의 책, 138~139쪽.

이에 거주하던 일본인은 약 2만 6천 명으로, 대다수가 홍커우구에 모여 살고 있었고, 그 중심부를 남북으로 달리는 북사천로의 공동조계와 경계에서 약 2km정도 북쪽의 끝지점에 우치야마 서점을 연 것이다.

앞에서도 언급했듯이, 제1차 세계대전 이후 일본에서는 중소기업이 곤란을 겪고 실업자가 증대하여 사람들은 신천지를 대륙에서 구하려고 흘러들어왔다. 특히 상하이로 건너오는데 여권이 필요없었기 때문에, 일본인 상사의 수가 순식간에 3배로 늘었다. 게다가 1919년 21개조 요구로 오사운동이 발발하고 일본에 유학했던 중국인들이 속속 귀국했다. 우치야마 서점이 내외의 지식인과 문화인들 사이에 유명한 서점이 된 것은, 내외 정세의 급격한 변화에 의한 일본 서적의 수요 증가와 부인의 성실과 친절함 덕분이다. 곧 상하이 제일의 일본 서점으로 발전한 것은 상하이 일본인의 증가와 중국 지식인과 청년들의 일본 서적에 대한 요구 확대라는 시대의 파도에 우치야마 부부의 성실한 노력이 결합한 결과라는 것이다.[18] 중국 지식청년들의 일본 서적에 대한 요구는 "일본문화는 번역문화이고, 그런데 그 번역문화야말로 중국이 필요한 것인데, 근대문화에 뒤처졌다고 깨달은 중국의 혁명가들은 일본의 번역문화를 징검다리로 삼아 도약하지 않으면 안된다는 입장이었다. 그것이 일찍이 일본이 영어를 배워서 근대문화를 쫓았던 것과 똑같이 일본어를 징검다리로 삼은 것이다".[19]

그리고 일본 본국에서의 '엔본붐'이라고 불리는 출판호황 역시 우치야마 서점의 급성장 배경이 되었다. 상하이 우치야마 서점을 방문하여 루쉰과 만나기도 했던 일본 출판사 개조사改造社의 사장 야마모토 사네히코山本實彦가 1926년 기획에 의해 '현대일본문학전집' 50여 책, 1책 1엔 매월

---

18   小澤正元, 앞의 책, 76쪽.
19   小澤正元, 앞의 책, 76쪽 재인용.

배본의 예약출판을 발표해 출판계를 놀라게 했다. 이른바 엔본시대의 선구였는데, 이를 수입한 우치야마 서점 역시 호황을 맞았다. 매달 입하되는 화물이 산더미처럼 길가에 쌓였고, 점원은 10여 명에 노동자는 3인이 되었다. 우치야마 서점은 "『현대일본문학전집』 1,000부, 『세계문학전집』 400부, 『경제학전집』 500부, 『마르크스·엥겔스전집』 350부, 『법학전집』 200부, 『장편소설전집』 300부, 『대중문학전집』 200부 등을 거래해서 매월 화물의 입하때는 도로 가운데에 산처럼 물건을 쌓아 두었다"[20] 1926고 한 것으로 보아, 우치야마 서점의 규모가 대단했음을 엿볼 수 있다.

1937년 3월 우에자키 고노스케上崎孝之助, 훗날 상하이일본근대과학도서관 관장가 쓴 「상하이지방시찰보고서」에 우치야마 서점이 최근 1년간 취급한 단행본의 권수, 금액은 10만 책, 20만 달러, 잡지는 만 8천 책, 9천 달러를 상회한다. 또 다른 일본서적 판매점에 비해서 구매층을 점하는 중국인의 비율이 높았다라고 적었다.[21] 당시 일본인 가운데 우치야마 서점을 애용한 이들은 첫째, 교회의 신자들 둘째, 은행, 회사 등의 상하이 독서계 사람들 셋째, 상하이의 유일한 일본대학 동아동문서원東亞同文書院의 학생들이었다. 그리고 누구든 서점에 온 손님들은 진열된 책을 자유롭게 손에 들고 볼 수 있었고, 또 일본인 중국인 조선인의 구별없이 외상판매도 하는 곧 애서가에 대한 철저한 봉사라는, 그때까지 중국 서점에서는 없었던 영업방식을 채택한 것도 성장의 요소였다.

이러한 분위기에서 우치야마 서점은 뜻하지 않게 중일문화교류의 다리로서 역할을 하게 되었다. 중국, 일본 지식인들과의 교류가 늘어났기

---

20 內山完造, 앞의 책, 145쪽.

21 川崎眞美, 「內山完造ゆかりの地」, 孫安石·柳澤和也 編, 『內山完造硏究の新展開』, 東方書店, 2024, 326쪽, 藤井省三, 『魯迅事典』, 三省堂, 2002, 217쪽.

때문인데, 이후 우치야마의 활동 중심은 우치야마 서점을 기지로 하는 문화활동으로 바뀌고 있었다. 하기夏期문화강좌, 상하이동화협회 설립만주사변이후 일본인이 증가함에 따라 그 자녀들의 수도 따라 증가하여 등의 활동을 펼쳤고, 특히 문예만담회는 양심적인 중일양국 지식인들간의 개인적 유대를 강화하고 고난의 10년 동안 눈에 보이지 않는 역할을 했다. 이 때 우치야마 간조가 만난 중국의 신진 문사의 대표적 인물은 쉐류이謝六逸, 텐한田漢, 귀모뤄郭沫若, 어우양위첸歐陽予倩 등이었다. 중국 여행을 왔던 다니자키 준이치로谷崎潤一郎, 『상해견문록』의 저자의 중국작가들과의 교류도 우치야마 덕분이다. 그리고 우치야마가 기획한 '모임'의 장소가 우치야마 서점의 2층이었는데, 여기에는 위의 4명외에 위다푸郁達夫, 탕린唐林, 왕두칭王獨淸, 푸옌장傅彦長, 왕푸취안王複泉 등과 지나극연구회의 쓰카모토塚本, 스가와라菅原 등이 모였다.[22] 그 뒤 다니자키의 소개로 사토 하루오佐藤春夫도 상하이에 와서 우치야마의 도움으로 중국작가들과 깊은 교류를 했다. 이처럼 십수년간 많은 지식인, 문화인들이 우치야마 서점을 방문했는데, 이러한 사람들과의 교류와 추억은 그의 저작 『화갑록花甲錄』과는 별도로 『교우록交友錄』이란 형식으로 쓸 예정이었는데, 아쉽게도 이것은 이루어지지 못했다.[23]

더욱이 우치야마 부부의 성품도 좋아서 일본인 손님뿐만 아니라, 루쉰魯迅, 귀모뤄郭沫若, 위다푸郁達夫, 텐한田漢 등을 비롯한 일본유학 경험이 있는 중국인 손님도 늘어났다. 이로 인해 앞에서 얘기했듯이, 우치야마 서점은 일본인과 중국인 지식인들이 교류하는 살롱과 같은 공간이 되었다. 우치야마도 일찍이 목약판매원을 그만두고 서점업에 전념하여 패전후

---

22 小澤正元, 앞의 책, 86쪽.
23 小澤正元, 앞의 책, 90쪽.

국민당군에 의해 접수당하기 전까지[24] 3, 4개의 지점을 가진 상하이 제일의 일본서 서점으로 키웠다.[25] 규모가 확대됨에 따라 상하이 곳곳에 지점을 개설했던 것인데, 현재 기록으로 확인되는 것은 두 곳이다. 1930년경조계 중심부의 고객을 대상으로 스즈키양행鈴木洋行 2층의 한 방에 개업한지점으로, 1932년에 상하이사변 때 루쉰이 가족과 함께 피난했던 곳이다.[26] 참고로 루쉰은 이곳만이 아니라, 우치야마 서점 본점과 우치야마의집에도 피난한 적이 있었다. 다른 하나는 중미도서공사이다. 1942년 우치야마 서점도 적산관리의 명령을 받아 남경로南京路 160호 중미도서공사Chinese American Publishing로 진출했다. 이미 말했듯이, 중미도서공사는 미국계의 양서점으로, 루쉰이 종종 양서를 구입했던 곳이다. 우치야마가 관리를 맡아서 우치야마 서점의 지점이 되었다. 1945년에 다시 미국인이접수했다. 현재도 당시의 건물이 남아 있다.[27]

5. 지식인 교류의 장, 우치야마 서점

곤도 하루오近藤春雄의 『현대중국의 작가와 작품現代中国の作家と作品』新泉書房, 1949이란 책에 따르면, 당시 현대일본문학의 중국어번역은 약 830종이라고 한다. 그 대부분이 시간적으로는 우치야마 서점이 개점한 이후에 속

---

24   우치야마 간조는 1947년 12월 6일에 다른 32명과 함께 체포되어, 다음날 강제 송환되는 형태로 귀국했다.

25   內山 籬, 「上海内山書店の最後」, 『內山完造研究の新展開』(孫安石・柳澤和也 編), 東方書店, 2024, 296쪽.

26   현재 이 건물은 남아 있지 않고, 다른 건물이 들어섰다. 옆에는 三井洋行(三井物産 上海支店, 上海市優秀歷史建築) 건물이 있다.

27   川崎眞美, 앞의 글, 330쪽.

한다. 우치야마 자신도 "이 책들은 대부분 우리 서점에서 공급한 것이다. 특히 좌익의 번역 330종은 전부 우리 서점에서 공급한 것이라고 해도 과언이 아니다. 이것은 우리 서점과의 관계를 생각해 보면, 우리 서점을 통한 일본문화의 중국인에 대한 영향은 상당한 것이라고 할 수 있다"[28]라고 했다. 이것은 그 당시 유행한 대혁명을 일으킨 원동력으로서 혁명사상을 배양한 마르크스·레닌주의를 포함한 혁명적 제 조류의 철학, 정치, 사회문학, 예술 등의 진보적 서적은 상하이에서 거의 우치야마 서점을 통해서 중국에 전해졌기 때문에 일리가 있다. 그리고 이런 서적을 중국어로 번역한 역자는 대부분 우치야마의 친구이거나 지인이라는 사실이 이를 증명한다.

이러한 책을 번역한 역자는 대부분 일본에 유학하거나 체류한 적이 있는 지식인으로서, 사상적으로 진보적 내지 좌파라고 불리는 작가, 평론가들이었다. 이들은 바로 우치야마가 서점을 무대로 우호교류의 일을 통해서 친분을 쌓은, 앞에서도 말한 바 있는 궈모뤄, 톈한, 위다푸를 비롯한 다수의 중국 진보적인 지식인들이었다. 이들과 교류를 해왔는데, 안타깝게도 이 중국친구들과의 교우에 관해서는 루쉰과의 교류를 제외하고 전할만한 자료가 부족하다. 패전후 귀국할 때까지 2년간 중국 30년의 기억을 매일 썼는데, 애석하게도 이것을 갖고 가는 것이 허락되지 않아 산실되고 말았던 것이다.

1927년은 우치야마가 루쉰과 알게 되는 기념할만한 해였다. 이로서 우치야마는 루쉰이라는 '가정교사'를 갖게 되었다. 북사천로 끝 우치야마 서점 안의 우치야마가 살았던 집[1931~1942년 거주]은 현재도 주택으로 사용되고 있다. 여기서 루쉰이 마지막에 살았던 집이 멀지 않아서, 지근한 거리

---

28   小澤正元, 앞의 책, 101쪽.

에 왕래하기도 쉬워 두 사람의 관계가 한층 더 긴밀했을 것임을 알 수 있다. 실제로『루쉰전집』에 우치야마 간조는 많이 등장하지는 않지만, 루쉰이 1927년 10월 상하이로 온 이후 1936년 사망할 때까지 남긴 일기를 보면, 일주일에 최소 2~3번 이상 우치야마 서점을 방문한 사실을 알 수 있다.「루쉰일기」에는 매해 마지막날이 되면 1년간 구입한 도서 목록을 적어두는데, 이 가운데 상당수는 우치야마 서점에 구입한 것이었다. 또 이 기간의 일기에 우치야마 간조의 이름은 약 170회여 정도 등장한다. 서로 초대하고 초대받고 선물도 주고받는 등 아주 긴밀한 사이였음을 엿볼 수 있다. 그리고「루쉰일기」를 통해 당시 루쉰이 우치야마 간조를 통해 어떤 이들과 만났고, 또 어떤 일을 했는지 소상히 알 수 있다.[29]

루쉰과 우치야마 간조의 첫 만남은 1927년 몰래 기선으로 광저우를 탈출한 루쉰이 상하이로 건너가 10월 5일 위성리魏盛里의 우치야마 서점에 들렀던 것이 시작이었다. 루쉰이 상하이에 도착한 이틀 뒤의 일이다. 그때는 우치야마가 부재해서 만나지 못했다. 실제로 만난 것은 며칠 후이다. 그때의 일을 우치야마는 이렇게 쓰고 있다. "그로부터 얼마 지나지 않았을 무렵 언제나 두세 명의 친구를 동반한 남색의 장삼普通의 지나복을 입은 작은 체구이지만 아주 특징이 있는 걸음걸이를 하는 코밑에 검고 짙은 수염을 기르고 수정처럼 맑은 눈을 가진 침착하면서 체구에 구애받지 않고 큰 느낌이 드는 사람이 우리의 눈에 비치게 되었다. 언제인가 어느 날, 이 선생님이 혼자 오셔서 여러 가지 책을 꺼낸 뒤에, 긴 의자에 앉아 집사람이 권한 차를 마시면서 담배에 불을 붙이고는 선명한 일본어로 골라놓은 몇 권의 책을 가리키며, '주인장, 이 책을 덜리치Dulwich로路 경운리景雲里

29   루쉰전집번역위원회,『루쉰전집』18권, 그린비, 2018.

○○호에 전해 주세요'라고 말했다."[30]

앞에서도 말했듯이, 루쉰은 '거의 하루도 빠짐없이' 우치야마 서점에 나와서 차를 마시면서 '매번 반드시 좌담을 했다'. 뒤에는 북사천로의 이 서점을 '친구들과의 면담 장소로 사용'했기 때문에, 예기치 않게 이곳에서 열리는 중일의 저명한 지식인들이 참석하는 좌담회에 자주 참가하게 되었다.[31] 상하이의 우치야마 서점 명성은 중국연구자뿐만 아니라, 일본의 지식인, 문화인들 사이에서 점차 높아갔다. 그리고 또 우치야마가 루쉰의 친구이며 루쉰 선생을 만나려면 우치야마 간조에게 소개해달라고 하는 것이 좋다는 말도 입으로 전해졌다. 「루쉰일기」에는 그 당시 루쉰이 면회한 일본인의 이름이 기록되어 있는데, 그 대다수가 우치야마의 소개로 만났고, 장소는 우치야마 서점이거나 우치야마가 만든 식당호텔의 술자리였다.

루쉰이 우치야마의 소개로 상하이에서 만난 일본인들은 가네코 미쓰하루,[32] 무샤노코지 사네아쓰,[33] 사토 하루오,[34] 하야시 후미코,[35] 노구치

---

30 尾崎秀樹, 『上海 1930年』(岩波新書), 岩波書店, 1989.

31 小澤正元, 앞의 책, 107쪽.

32 金子光晴(1895~1975), 일본 아이치현(愛知縣) 출신의 시인이자 화가. 일기에는 가네코(金子)로도 기록되어 있다. 1928년 봄에 구니키다 도라오(國木田虎雄), 우루가와(宇留川) 등과 함께 중국에 왔을 때 우치야마 간조(內山完造)의 소개로 루쉰을 알게 되었다. 이듬해 3월에 루쉰은 그가 창작한 우키요에(浮世繪, 에도江戶시대 일본화의 하나)를 관람했다. 루쉰전집번역위원회, 『루쉰전집』 18권, 그린비, 2018, 1928년 4월 2일, 109쪽 외 2회.

33 武者小路實篤(1885~1976), 일본의 작가. 루쉰은 1919년에 그의 극본 『한 청년의 꿈(一個靑年的夢)』을 번역했다. 1936년에 구미 여행을 떠나는 길에 상하이에 들렀을 때 우치야마 간조(內山完造)를 통해 루쉰과 만났다. 『루쉰전집』 18권, 1936년 5월 5일, 708쪽 외 1회.

34 佐藤春夫(1892~1964), 일본의 시인이자 소설가. 1934년부터 1935년에 마스다 와타루(增田涉)와 함께 『루쉰선집(魯迅選集)』을 공역했다. 『루쉰전집』 18권, 1934년 3월 27일, 516쪽 외 2회.

35 林芙美子(1903~1951), 일본의 여작가. 우치야마 간조(內山完造)의 소개로 루쉰과 알

요네지로[36] 등의 작가·시인, 하세가와 뇨제칸,[37] 무로부세 고신,[38] 야마모토 사네히코[39] 등의 저널리스트, 시오노야 온[40]과 마스다 와타루[41] 등의 중국 문학자와 선禪의 대가인 스즈키 다이세쓰鈴木大拙[42] 등이었다. 위의 사람들은 모두 「루쉰일기」에 등장하는 인물들로서, 직접 대면해서 얘기

게 되었다. 『루쉰전집』 18권, 1930년 9월 19일, 263쪽 외 1회.

36   野口米次郎(1875~1947), 일본의 시인이자 영문학자. 일본 게이오(慶應)대학의 교수를 지냈다. 1929년에 루쉰은 그의 『아일랜드문학의 회고(愛爾蘭文學之回顧)』를 번역했다. 1935년 10월에 인도 캘커타대학에 가서 강연하고 돌아오는 길에 상하이에 들러 루쉰과 만났다. 이때 그가 국가의 신탁통치 문제를 제기하여 일본 군국주의의 중국 침략을 변호하자 루쉰은 이를 반박했다. 『루쉰전집』 18권, 1935.10.21, 656쪽.

37   長谷川如是閑(1875~1969), 일본의 저널리스트, 문명비평가, 평론가, 작가이다. 1928년 10월에 중국에 왔다가 우치야마 간조의 소개로 루쉰과 알게 되었다. 루쉰은 여러 종의 작품을 증정했으며, 그의 잡문 「성야저(聖野猪)」, 「세수(歲首)」를 번역하기도 했다. 『루쉰전집』 18권, 1928년 11월 15일, 139쪽.

38   室伏高信(1892~1970), 일본의 평론가이자 언론인. 『요미우리(讀賣)신문』의 기자를 지냈으며, 중국에 취재하러 왔을 때 우치야마 간조의 소개로 루쉰을 알게 되었다. 『루쉰전집』 18권, 1930년 6월 15일, 249쪽.

39   山本實彦(1885~1952), 일본인. 출판사 가이조샤(改造社)를 창립했으며, 종합잡지인 『가이조(改造)』를 위해 루쉰에게 여러 차례 원고를 청탁했다. 『루쉰전집』 18권, 1936년 2월 11일, 691쪽 외 2회.

40   鹽谷溫(1878~1962), 일본의 한학자이자 문학박사이며, 자는 세쓰잔(節山)이다. 가라시마 다케시(辛島驍)의 장인이다. 1926년부터 루쉰과 편지를 주고받기 시작했으며, 1928년에 상하이에서 만났다. 『루쉰전집』 18권, 1931년 9월 17일, 324쪽 외 다수.

41   增田涉(1903~1977), 일본의 한학가. 1931년 3월부터 7월에 걸쳐 루쉰은 그를 위해 『중국소설사략(中國小說史略)』과 자신의 기타 작품을 설명해 주었다. 귀국 후 그는 이 책을 일본어로 번역했으며, 루쉰에게 서문을 써 줄 것을 청했다. 후에 사토 하루오(佐藤春夫)와 『루쉰선집(魯迅選集)』을 공역했다. 『루쉰전집』 18권, 1931년 4월 11일, 300쪽 외 다수.

42   鈴木大拙(1870~1966), 본명은 스즈키 데이타로(鈴木貞太郎)로, 일본의 선(禪)문화를 세계에 널리 알린 불학가이자 문학박사이다. 1934년 당시 도쿄 오타니(大谷)대학 교수의 신분으로 불교문화를 참관하러 중국에 왔다. 같은 해 10월 28일에 이 고찰에 근거하여 작성한 『지나불교인상기』를 루쉰에게 증정했다. 『루쉰전집』 18권, 1934년 5월 10일, 527쪽 외 1회.

를 나눈 이들이다. 이밖에도 우치야마서점을 통해 루쉰은 일본 및 서구의
지식인들과 교류를 했다. 그런 점에서 우치야마는 루쉰과 밖을 연결하고
동시에 루쉰을 외부에 소개하는 역할을 한 메신저였다. 그리고 우치야마
서점은 이런 사람들이 교류할 수 있는 장을 제공하는 살롱이기도 했다.
「루쉰일기」와 편지를 보면, 우치야마 간조는 루쉰에게 서적 구입을 도와
주는 것은 말할 것도 없고, 글을 쓰거나 책中국 고전을 새로 제본하는 일까
지 많은 도움을 주었다는 사실을 알 수 있다. 게다가 루쉰의 집안 인도 도
와주는 등 아주 가까운 사이였는데, 상하이사변으로 중일간의 민족적 감
정이 악화되었을 때 루쉰은 우치야마에 대한 중국인의 비토를 반대하고
그를 옹호해주기도 하였다.

또 우치야마 간조는 1930년경 구매조합購買組合의 2층을 무상으로 빌려
서 일본어를 가르치는 교실인 일어학회日語學會를 열었다. 상하이에 다수
의 일본어전문학교가 있었지만, "아무래도 만족하지 못하던 때에 정보치
鄭伯奇 선생과의 대화로 마침내 일어학회를 만들게 되었다". 그러나 만주
사변으로 학생이 줄고, 경영도 곤란해져 휴교를 했지만 다시 시작하지는
못했다.1931[43] 그런데 이 구매조합 건물에서는 루쉰의 협력 아래 1930년
10월 4~5일에 '세계판화전람회'가 열렸다. 또 다음 해 여름 우치야마의
동생 우치야마 가키쓰內山嘉吉가 상하이를 방문했을 때, 목각에 관해서 "일
팔예사一八藝社의 사람들에게 루쉰 선생의 통역으로 일주일간의 강습회를
열었다"[44]고 우치야마는 적었다. 장춘로長春路의 일어학회의 건물은 아직
도 남아 있는데, 현재 '목각강습회구지木刻講習會舊地'라는 팻말이 붙어있고,
1931년 8월 17~22일에 루쉰이 '목각강습회'를 열었다고 기록되어 있다.

---

43   內山完造, 앞의 책, 172쪽.
44   內山完造, 앞의 책, 175쪽.

아울러 기독교인 우치야마 간조는 상하이일본인기독교청년회^{상하이일본}
YMCA에 깊이 관여했다. 이것은 1907년 4월에 창설되어 사포로^{乍浦路} 40호
의 건물을 잠깐 빌렸다. 우치야마 간조는 1926년 9월에 정식으로 상하이
일본YMCA회원이 되었다.

한편 우치야마는 1932년 상해사변 때 일본으로 돌아가 상경했을 때
일본출판협회의 임원모임에 참석해 상하이의 상황에 대해 얘기를 했었
다. 이 얘기에 화답한 사람인 이와나미 서점의 주인 이와나미 시게오^{岩波}
^{茂雄}는 우치야마의 얘기를 동업자 전체가 들었으면 좋겠다고 해서 다시
자리를 마련하여 우치야마가 강연한 적이 있었다. 이 인연으로 두 사람은
친한 친구가 되었다. "사실 우리 출판업은 현재 일본 내지에서는 정체상
태에 머물러 있는데, 앞으로 어떻게 하면 좋을지 모두 고심하고 있는 때,
그대가 일본 서적의 판로가 중국에 있다고 해서 나는 뭔가 되살아나겠다
는 생각이 들었습니다. 그래서 이 말은 반드시 출판업자 전체가 들어야
한다고 생각했습니다."[45] 이로 인해 장사를 떠나서 우정이 싹텄고, 우치
야마가 상경할 때마다 둘은 만나서 얘기를 나누었다. 이와나미는 "중국은
내 사업 최후의 비장의 카드입니다. 그대가 마음먹은 일이 있다면 반드시
함께 할 생각입니다"라고 말했다. 이와나미는 노구교사건 이듬해 1938
년 8월에 상하이의 우치야마 간조를 통해 '루쉰문학장학금'으로 1천엔을
기부했다. 아울러 우치야마의 사후 자전을 위주로 편집한 『화갑록』이 이
와나미 서점에서 출판된 것도 우연은 아니다.

그리고 이와나미와 우치야마의 인연은 루쉰 작품의 일본어 번역으로
연결되었다. 1927년 무샤노코지 사네아쓰^{武者小路實篤}가 주관하는 월간지

---

45 小澤正元, 앞의 책, 91쪽.

『대조화大調和』10월호에 루쉰의 단편 「고향」이 번역되어 실렸다. 일본 국내에 소개된 최초의 루쉰 작품인데, 1928년 이후 루쉰의 작품 번역이 늘어나기 시작해 1932년에 사토 하루오가 『중앙공론』에 루쉰의 「고향」과 「고독자」 등의 작품을 번역해 실었다. 같은 해에 이노우에 고바이井上紅梅가 『루쉰전집』『납함』과 『방황』만 모은 전1권을 번역 출판하였다. 1935년에 사토 하루오와 마쓰다 쇼가 공역한 『루쉰선집』이 이와나미 문고로 발간되었다. 루쉰이 서거한 다음 해인 1937년에는 개조사에서 『대루쉰전집』전7권이 간행되었다.[46] 이처럼 이른 시기 일본어로 『루쉰전집』이 번역되어 일본독서계에 소개된 것은 바로 우치야마를 통한 이와나미 시게오와 야마모토 사네히코 등의 루쉰과의 교류에 의해 가능했다고 할 수 있다. 이와 같은 인적 교류는 이후 동아시아 지식계에서 루쉰을 중심으로 한 지식인 네트워크를 형성하는 바탕이 되었다.

이렇게 상하이에서 다양한 활동을 펼친 우치야마 간조는 단순한 서적상이 아니었다. 중일문화교류에 많은 노력을 경주한 민간활동가였다. 사실 패전이후 강제로 귀환당했지만, 우치야마는 상하이에서의 활동을 지속하고자 열망했고, 일본인과 중국인의 상호이해와 문화교류를 추진하는 역할을 자신의 사명으로 삼았다. 1947년 12월 6일에 상하이 잔류의 희망을 실현하지 못하고 강제로 송환당했다. 그러나 중국과 일본의 가교 역할을 한다는 생각은, 귀국한 뒤 바로 시작한 만담의 전국 공연, 일중우호협회의 설립, 중국 잔류 일본인의 귀국 촉진 등의 활동을 전개한 것으로 드러났다. 그런 노력과 바람 때문이었는지 우치야마 부부는 현재 상하이 만국공묘萬國公墓에 묻혀 있다.

---

46   藤井省三, 앞의 책, 288쪽.

6. 나가며

'올드 상하이'에서 우치야마 서점과 이를 중심으로 형성된 동아시아 지식인 네트워크에 대해서 살펴보았는데, 특히 루쉰과 우치야마서점의 교류 흔적은 현재도 당시 공간을 배경으로 해서 보존되고 있다. 상하이 근대문화유산의 하나로 인정받고 있으며, 이를 통해 상하이인들의 역사기억을 보완하고 또 외국인들 특히 일본인 관광객들에게 그 추억을 상기시키고 있다. 이 장에서 충분히 다루지는 못했지만, 우치야마 서점을 중심으로 이러한 네트워크가 형성될 수 있었던 배경, 다시 말해 당시 상하이라는 해역도시의 성격 그리고 다양한 사람들의 출입과 교류가 가능했던 조계를 비롯한 상하이시의 거버넌스 또 모빌리티를 담당했던 정기항로의 상황 등이 보충될 필요가 있다. 이렇게 해야만 우치야마 서점의 활약을 '올드 상하이'의 조건에서 깊이 파악할 수 있을 것이기 때문이다.

또 루쉰과 우치야마의 국경을 넘는 우정에서도 짐작할 수 있듯이, 당시 상하이사변 등의 전황에도 불구하고, 이런 교류가 가능했던 것은 국경이란 경계를 넘어서는 민간인간에서의 이해와 신뢰 나아가 동아시아라는 지역공동체에 대한 인식이 있었기 때문이라고 생각할 수 있다. 우치야마의 문화사업 그리고 루쉰의 목판화 전시회 기획과 참여 등은 민간교류의 전형적인 형태이다. 루쉰이 상하이에서 체류했던 10년은 작가로서 보다는 문화기획자로의 활동이 왕성했다고 보는 시각은 우치야마와의 교류를 빼고 설명하기 어렵다. 「루쉰일기」 도처에 등장하는 우치야마와 우치야마 서점은 당시 문화기획자 루쉰의 사무실이기도 했음을 웅변하는 장면이다. 물론 올드 상하이 전체가 우치야마 서점의 활동에 의해 좌우된 것은 아니다. 그렇지만 올드 상하이의 코스모폴리타니즘을 논할 때 홍커우 일대에서 우치야마 서점을 중심으로 한 이러한 문화활동을 빠트릴 수는 없다. 우치야마에 의해 연결된 루쉰과 일본출판계 및 지식인과의 교류는 이후 근대 동아시아 사상사를 거론할 때 중요한 사상적 지반을 마련한 것이기 때문이다.

동북아해역의 산업화와 원조

1. 시작하며

근대 이후 동아시아 지역에서 근대화에 빨리 성공하여 제국주의 국가로 발전한 일본외에도, 전후戰後에는 한국과 타이완 등이 산업화를 추진하여 경제성장을 이룩했다. 1970년대 '동아시아의 기적'으로 불리는 산업화의 추진과 성공에 대해서는 종래 여러 학술적 방면에서 다양한 해석이 있었다. 일본의 산업화를 노동집약적인 근면혁명에서 그 성공의 이유를 설명해온 방식을 한국과 타이완 등의 경제성장에도 그대로 적용하고, 여기에 유교라는 문화전통을 이 국가들이 공통적으로 갖고 있음에 착목하여 소위 '유교자본주의'라는 이론이 제기되기도 했다. 21세기 들어와서 동아시아 지역에 불어닥친 금융위기로 인해 산업화에 대해서도 새로운 해석이 필요하다는 주장이 제기되기도 하고, 또 탈산업화로 인해 근면혁명에 대해서도 물음표가 붙여졌다.

이 장은 동아시아 지역의 산업화를 해역의 시각에서 새롭게 조망하고자 한다. 해역의 시각이란 바다와 관련된 지역 그리고 그 지역민들의 다양한 활동을 대상으로 하여 종래의 육지 중심의 시각이 지닌 한계를 극복하고자 하는 것이다. 다시 말해, 대항해시대 이후 항구도시가 발전하여 현재에도 전세계 인구의 상당수가 해역에 살고 있음에도 불구하고, 바다와 인접한 지역 그리고 그 지역간의 교류에 대해서는 상대적으로 관심과 연구가 부족했다. 산업화도 마찬가지다. 산업화가 진행된 곳특구와 같은 역시 해역에 위치한 지역이 많고, 지정학적 또는 교통지리학적으로 이러한 공간위치에 대한 접근은 많이 이루어지고 있으나, 이 지역간의 인적 물적 네트워크에 대한 역사를 포함한 인문학적 연구는 아직 많지 않다.

이런 시각에서 먼저 근대 이후 일본의 산업화 성공을 근세 이후 아시아 해역에서 전개된 교역에서 그 원인을 찾는 일본의 아시아교역권론자들의 '해양아시아론'을 살핀다. 그리고 전후戰後 아시아태평양에서 미국의 동아시아 전략에 의해 일본 및 한국과 타이완의 산업화가 추동되었는데, 그것이 군사원조를 비롯한 경제원조에 의해 전개되었다는 점을 검토한다. 이를 통해 미국 원조에 의한 일본, 한국 그리고 타이완 등 해역의 군사기지네트워크 건설과, 이 국가들의 산업화와 경제성장이 밀접하게 연관되어 있음을 확인하고자 한다. 마지막으로 전후 동아시아 지역의 산업화는 결국 미국의 동아시아 질서 구축에 의해 전개되었고, 그 과정에서 해역에 설치된 산업 및 군사기지가 그 해역민들에게 끼친 영향이 어떠했는지에 대해서도 알아보고자 한다.

2. 동북아해역과 산업화

산업화란 일반적으로 생산 활동이 기계화되고 분업화되면서 전체 산업에서 공업이 차지하는 비율이 높아지는 현상을 말한다. 18세기 말 영국에서 시작된 산업혁명을 거치면서 농업 중심의 산업 구조가 공업 중심으로 빠르게 변화했고, 이것이 세계적으로 확대되어 동아시아 지역에도 산업화가 추진되었다. 이렇게 본다면, 동아시아의 산업화는 국가나 지역에 따라 약간의 차이가 있겠지만, 대체로 근대와 함께 시작되었다고 할 수 있다.

산업화의 시작과 그 성공에 따라서 근대의 시작 및 근대화의 성공 여부가 판정되는 것이 현재까지 근대성 연구의 주된 시각이다. '제국과 식민지'로 대변되는 1950년대 이전의 세계체제에 대해서도 이 산업화를 기준으로 '식민지근대화론'이나 '식민지수탈론' 등의 논의가 대두되었던 데서 알 수 있듯이, 근대화에서 산업화의 전개는 경제발전에 기반한 근대 국민국가의 성공여부를 판단하는 중요한 요인이다. 그리고 이 산업화는 전후곧 제2차세계대전 이후의 세계체제에서도 여전히 근대화를 판단하는 척도다. 소위 '동아시아의 기적'이라는 불리는 1970년대 동아시아 국가들의 경제적 성장 역시 바로 산업화의 성공을 표현하는 말이기 때문이다.

그렇다면 1980년대에 동아시아 지역의 산업화특히 일본의 공업화와 관련된 논의를 집중적으로 전개했을 뿐만 아니라, 이를 '해양아시아'와 연결해서 이론화했던 일본 학자들의 주장을 먼저 살펴보고, 산업화가 해양아시아와 만나는 접점을 정리해보도록 하자.

1) 일본의 산업화와 해양아시아론

현재까지 근대 동아시아에서 산업화는 주로 일국一國 곧 국가 차원에서 다루어져 왔다. 예를 들어, 일본의 메이지 정부가 서양 제국에 맞서 산업과 자본주의를 육성하여 국가의 근대화를 추진한 여러 정책을 가리키는 소위 '식산흥업殖産興業'이라는 말이 바로 산업화 추진의 일국성을 잘 보여준다. 곧 메이지 정부에 의한 신산업 육성 정책을 뜻하는 이 말은 대한제국에서도 사용했고, 이를 통해 실제로 러일전쟁 이전 대한제국 정부와 황실 역시 자력에 의한 주체적 입장의 경제적 근대화 의지를 능동적으로 보여주었다.[1] 중국 역시 양무운동洋務運動을 전개하여 중국의 산업을 육성시키고자 했다. 이것은 물론 군사 중심의 근대화운동이었지만, 군사력을 증강하기 위해서는 광공업에 기반을 둔 군수 공업을 육성해야 했기 때문에, 양무운동은 식산흥업의 중국식 전개였다고 할 수 있다.

참고로 양무운동이 전개되었던 양상을 보면, 동아시아 지역의 산업화 과정 역시 짐작할 수 있다. 크게 세 시기로 나눠볼 수 있는데, 제1기는 군사 중심의 시기로서, 서양 총포와 군함의 수입 및 서양식 군대 편성, 근대 군수공장의 설립과 군함 건조 등이 주요 목표로 설정되었다. 청 조정은 영국·프랑스·독일·미국 등으로 관리를 파견해 병기 등을 구입하는 한편, 해군을 설립하고 군사 학교와 외국어 학교 등을 세웠다. 전국 각지에 약 30개 근대 학교를 통해 군사, 과학, 번역 관련 인재가 육성되었다. 양무운동의 제2기는 중국의 자강을 위해 부유해야 한다고 인식하고 기간산업의 발전에 중점을 둔 시기였다. 해운 경영, 광산 개발, 방직회사 설립, 전신과 철도 건설 등이 이루어졌다. 양무운동의 제3기는 서구로부터 도입한 기술이 민간 기업으로 확산되는 시기로, 1880년대 후반 이래 민영 공장이 각지에 설립되었다. 군사 공업의 발전에 민간산업의 보완이 필요했고, 불평등 조약으로 인해 외국으로 국부가 유출되는 것을 막기 위해서도 민간산업의 발전이 요구되었던 것이다. 특히 1890년대 상해기기직 포국上海機器織布局, 대야철산大冶鐵山, 한양제철소漢陽製鐵所를 중심으로 방직·광산·제철 등 근대 산업의 육성이 이루어졌다. 사실 민영 공장에서 생산된 제품이 당시 중국 전체 경제에서 차지하는 정도는 크지 않았지만, 외

---

1   자세한 내용은 조재곤,「대한제국의 식산흥업정책과 상공업기구」,『한국학논총』제34권, 2010, 942쪽 참조.

국 상품의 비중을 어느 정도 줄이는 데 기여하였다. 또 시장의 수요에 상응하는 상품 생산은 중국내 자본주의 발전의 계기가 되었다.[2]

이상과 같이 중국의 근대적 산업화는 먼저 강병을 위해 군수 공장과 군함의 건조, 또 이와 연동된 해운, 철도, 광업 등과 같은 국가 기간산업의 발전 그리고 방직과 같은 시장을 대상으로 한 상품 생산이란 형태로 전개되었음을 알 수 있다. 이러한 경향은 일본도 예외는 아니었다. 당시 중국과 일본은 모두 해군 건설에 집중하고 있었고, 해군 건설은 서양 열강의 공격에 대한 방어라는 군사적 측면에서도 중요했지만, 산업화와도 밀접한 관련이 있었다. 군함의 건조와 대포 등의 무기 제작 그리고 이를 위한 철광과 석탄 등의 개발 및 해운 등의 해상교통망의 확보 등이 기반이 되지 않으면 강한 해군을 건설할 수 없기 때문이다. 실제로 이 시대의 군함은 최신 과학기술을 집적해 건조했기 때문에, 한 나라가 가진 해군력은 곧 그 나라의 공업화 수준을 반영한다고 할 수 있다.[3]

윌리엄 맥닐은 『전쟁의 세계사』라는 책에서 '전쟁의 상(産)업화'라는 개념을 제기했고, 이것은 역사적으로 16~18세기 유럽의 군사혁명과 연결된다고 지적한 바 있다. 특히 19세기 이후 산업혁명은 '군사의 산업화'를 촉진했고, 이로 인해 유럽의 군사적 우위는 절대적으로 되었다. 이러한 와중에 중국이 영국과 전쟁을 펼치게 되었고, 소위 아편전쟁에서의 승리로 영국은 동아시아 해상에 이르기까지 자유무역제국을 건설했다. 이는 이후 아시아를 '육지의 아시아'와 '바다의 아시아'를 구분하는 동기를 제공했고, 더 나아가 동아시아 바다를 '제국의 바다' 또는 '식민의 바다'로 만들었다.

---

2   http://contents.history.go.kr/mobile/kc/view.do?levelId=kc_i402505&code=kc_age_40
3   조세현, 「청말 출사대신의 일기에 나타난 일본해군―타이완출병부터 나가사키 사건까지」, 『해양도시문화교섭학』 25, 2021, 292쪽.

요약하자면 동아시아 지역에 아편전쟁이 초래한 결과는 다양했는데, 그 가운데서 전쟁과 이를 수행할 군사력해군의 증강은 동아시아 각국이 달려갈 목표가 되었다. 이것은 자연스럽게 산업화를 추동하게 했고, 그 성공이 다시 강국으로서의 위상을 표방할 수 있게 했던 것이다. 아편전쟁 이후에 발간된 위원의 『해국도지』 머리말에 해당하는 「주해편籌海篇」에서 제시한 의수議守, 의전議戰, 의관議款 곧 방어, 전투, 교역화친에 관한 논의는 바로 당시의 세계정세를 정확히 읽고, 여기에 대한 대응을 제시한 것으로서 군사력과 교역을 강조하고 있음을 알 수 있다.[4] 근대 초기 동아시아 국가들 사이에서 제기된 부국강병 주장은 바로 군사력해군과 경제력산업화에 바탕을 둔 근대 국민국가 건설에 다름아니다. 동시에 서구 열강들의 강점을 배워서 그들과 대등해지겠다는 목표를 표현한 것인 바, 위원이 말한 '이이제이以夷制夷' 곧 서구의 재능으로 그들을 제압하겠다는 것이다.

　그런데 군사 방면에 치중한 이러한 동아시아의 산업화 방식은 서구의 그것과는 다른 형태라고 할 수 있다. 곧 19세기 중반이후 동아시아 국가들은 외세의 침략을 막고 또 봉건체제의 강화를 도모하는 방편으로 서양기술의 수입에 의한 매뉴팩처의 발전이란 산업화의 방식을 채택하여 조선소, 제철소, 대포제작소 등의 건설을 정책적으로 추진했는데, 이것은 일반적인 산업화공업화의 방식, 다른 말로 한다면 서구의 산업화와는 다른 코스다.

　콜린 클라크Colin Clark는 『경제진보의 제조건』에서 산업부문을 제1차 산업농림·어업, 제2차 산업광공업, 제3차 산업상업·교통·서비스업으로 구분하고, 경제가 진보함에 따라 노동인구나 국민소득의 비중이 1차 산업에서 2·3차

4　졸고, 「근대 동아시아의 전쟁과 바다―『海國圖志』의 서술 시각을 중심으로」, 『중국어문학지』 78권, 2022, 133쪽.

산업으로 옮겨간다고 했다. 그에 따르면, 산업부문 사이에 부가가치 생산성의 차이가 존재하는데, 경제발전은 일반적으로 부가가치 생산성이 낮은 농업 부문에서 상대적으로 높은 공업 부문으로 대체되는 산업화를 필수적으로 거치게 된다[5]는 것이다. 곧 산업화가 진전될수록 산업구조는 1차 산업에서 2차 산업, 2차 산업에서 3차 산업의 형태를 띠게 되며, 역사적으로도 19세기 초에는 섬유산업, 1860년을 전후해서는 철강산업, 20세기 초에는 자동차, 화학, 전기 산업, 1940년을 전후하여 항공, 전자, 합성 산업을 중심으로 한 과학산업이 일어난 것을 볼 수 있다.[6]

  이러한 설명은 서구의 산업화 과정을 토대로 정리한 것인데, 앞서 말한 동아시아 국가들의 산업화는 '부국강병'으로 표현된 것처럼 국가에 의해 주도되었고, 그렇기 때문에 처음부터 2차 산업 그 가운데 기간산업인 중공업에 역점을 둔 산업화 정책을 실시할 수밖에 없었다. 이것은 비서구지역 산업화의 일반적인 특징이라고 할 수 있다. 서구의 경우 생산의 발전이 이루어지고 다음에 그것에 대한 대응으로서 경제적 여러 제도가 정비되어갔던 것에 반해서, 동아시아의 경우는 경제적인 여러 제도가 만들어지고 그 지원과 자극하에서 생산의 발전이 실현되었다는 특징을 갖는다. 이것은 후진 자본주의 국가의 공업화의 전형이라고 할 수 있다.[7]

  그렇다면 일본의 공업화도 부국강병이란 관官 주도의 산업화 정책에서 벗어나 관영광산과 관영공장의 불하를 시작으로 민간산업의 육성에 정책의 중점이 옮겨갔던 1880년대 무렵부터 본격적으로 전개되었다고 할 수 있다. 이것은 외교국방나 정치적 견지에서 전개된 산업화가 아니라, 경

5   https://100.daum.net/encyclopedia/view/14XXE0026295
6   https://terms.naver.com/entry.naver?docId=1172782&cid=40942&categoryId=31611
7   이해주, 「일본 공업화의 역사적 전개와 그 특질」, 『경제학논집』 제6권 1호, 1997, 8·9쪽.

제적 민간적 차원에서 전개된 산업화를 의미하기 때문이다. 다시 말해 서구의 산업화와 같이 상품의 개발 및 판매와 유통이란 경제적 행위가 수반되고, 이를 뒷받침하는 경제적 여러 제도가 형성되어가는 시점이 일본의 경우 19세기 후반이라는 것이다. 영국의 산업혁명이 정부에 의해 의도적, 정책적으로 수행된 것이 아니라, 민간인들이 당면한 사회경제적 제 조건에 시행착오를 거치면서 경험적으로 대응해 나가는 과정에서 자생적으로 수행되었다[8]는 평가에 따른다면, 혁명이라는 단기적인 격변을 의미하는 표현보다는 산업화라고 부르는 것이 맞다는 지적은 타당하다. 영국의 산업혁명이 세계적으로 확산되고 심화되면서 19세기에 들어서는 프랑스, 독일, 미국 등 구미제국에서, 뒤이어 19세기 말에서 20세기 초에는 러시아, 일본 등지에서 전개되고, 20세기 후반에는 아시아와 중남미 각국으로 확산되었으며, 한국, 타이완, 중국의 산업화도 여기에 포함된다.

그렇다면 여기서 따져볼 것은 바로 교역무역이다. 사전적으로 산업화는 '재화를 생산하는 제조업의 비중이 확대되는 생산양식과 생산관계의 변화 현상을 가리키는 사회학 용어이며, 공업화라고도 부른다.'라고 정의하는데, 이 재화의 생산이 결국 소비로 연결되고, 그 과정에 유통이 결합한다. 산업화를 통해 생산된 재화를 멀리 동아시아 지역까지 싣고 와서 자신들이 필요한 물건을 구입하고자 했던 서양인들과 만난 동아시아인들 사이에 이루어진 교역을 통해 서구의 상품이 동아시아에 유입된다. 서양인들이 가져온 물품은 다양했지만, 대표적인 것은 면직물이었다. 면직물은 영국의 산업혁명을 통해 생산된 대표적인 상품이다. 일본의 산업화가 여타 동아시아 국가들에 비해서 빠르게 진행될 수 있었던 것은 바로 이

---

8   김종현, 『영국 산업혁명의 재조명』, 서울대 출판부, 2006, 9쪽.

와 같은 서구 상품의 유입에 의해 상품경제의 발전이 촉진되었기 때문이다. 곧 면사나 면직물의 수입이 일본내 매뉴팩처의 발전을 도모했던 것이다. 게다가 관官 주도의 공장들이 불하되어 민간산업이 활성화되기 시작한 1880년대는 아직 서구 국가들 역시 상품과 상품시장의 확보교역, 시장개방에 의한 무역의 확대에 집중했고, 이후의 제국주의적 영토확장식민지 확보 ── 자본수출의 대상으로 삼아 원료공급 및 상품판매시장으로서 강제한 것 ──을 도모할 때가 아니었기 때문에, 상대적으로 일본의 공업화 역시 순조로울 수 있었다. 이밖에도 당시 일본이 동아시아의 다른 국가들에 비해서 산업화에 유리한 조건은 대내외적으로 존재했다.[9]

그런데 일본의 공업화에 대한 지금까지의 연구는 서구 근대문명을 빨리 수용하는 소위 '서구따라잡기' 또 제국주의적 침략을 통해 근대화에 성공했다고 하는 이해방식에 따라 기존의 구미의 공업화의 흐름 연장선상에서 위치짓고 분석해왔다. 다시 말해, 영국의 산업혁명을 모델로 하여 일본의 공업화를 설명하는 것이 대표적이었다. 그런데 이에 반대하며 1980년대에 일본의 공업화를 아시아 지역과의 공통성에 착목하고, 근세 이후의 아시아 지역의 다이나미즘 흐름 속에서 다시 파악하는 시도가 필요하다[10]고 제안한 이들이 일본에서 나왔는데, 바로 '아시아교역권론자들'이다. 이들은 19세기 중엽 이후 아시아의 물산복합物産複合, 인간의 사회생활을

---

9   이와 관련하여 이해주는 대외적으로 ① 서구 열강이 아시아에 대한 관심이 분산되고 있었던 점 ② 구미 열강 사이에 일본시장을 두고 상호간에 세력균형이 취해지고 있었다는 점을 들었다. 대내적으로는 ① 막부말기부터 상품경제화가 진행되었고 ② 정규의 학교교육제도가 존재했고, 대중들의 읽고 쓰기 능력이 제고되었으며 ③ 개항이후 서구 상품의 유입은 상품경제를 급속히 발전시켜 봉건제도 붕괴와 새로운 사회의 태동을 촉진했다는 점을 제시했다. 이해주, 앞의 글, 4~5쪽.

10   川勝平太,「日本の工業化をめぐる外圧とアジア間競争」, 浜下武志・川勝平太 編,『アジア交易圏と日本工業化〈新版〉-1500~1900』, 藤原書店, 2001, 160쪽.

지탱하는 물산의 집합체의 대전환이 일본 공업화의 기초라고 하였다. 따라서 일본의 공업화는 유럽과 같은 보호관세를 바탕으로 자국산업의 보호육성을 도모한 보호정책에 의해 성공한 것이 아니라, 그보다는 관민일체에 의한 해외시장조사, 통상경제정보조직의 형성을 통해, 민중의 필요에 의한 상품의 생산과 공급에 의해 시장을 개척하고 공업화에 성공해간 것이라고 주장하였다.[11]

동아시아 지역에서 가장 빨리 일본이 산업화에 성공할 수 있었던 것은 아시아 지역 내에서의 교역이 그 원인이었고, 그 교역을 위한 재화商品의 개발에 매진하게 됨으로써 산업화를 추동할 수밖에 없었다는 논리다. 이러한 주장은 19세기 중반 이후 20세기 초반까지 동아시아 지역의 교역에서 큰 역할을 한 중국 민간의 상업자본 특히 화상華商들, 그리고 이에 대응하는 일본 상인들을 일본 정부가 산업화 추진을 통해 뒷받침하는 형태로 당시의 교역을 이해하는 해석과 연결된다.[12] 곧 일본의 공업화는 개항 이후 일본이 맞닥뜨린 전통적 화상에 의한 상업 관계의 독점적 장악에 맞서 강력한 이들과의 경쟁 속에서 형성되었다는 해석인 셈이다.

영국이 산업혁명을 통해 산업화에 성공하고, 이로 인해 생산된 재화를 교역 물품으로 삼아 동아시아 지역에 진출했던 것과 마찬가지로, 일본 역시 신속한 산업화를 바탕으로 동아시아 지역의 전통적인 교역 관계를 활용해 상품을 공급하고, 이를 통해 다시 자본을 축적하여 자본주의 선진국

---

11 角山榮, 앞의 책, 221쪽.
12 중국계 미국학자 하오옌핑은 당시 중일의 경제 및 교역체제와 관련해 '영국 산업자본과 화상 유통자본의 협력 체제' 대(對) '일본 산업자본과 상사(商社)자본 일관 직배체제' 사이의 길항 관계에서 화상 유통자본이 매판과 관계가 있다고 지적하였다. 하오옌핑, 이화승 역, 『동양과 서양, 전통과 근대를 잇는 상인, 매판—중국 최초의 근대식 상인을 찾아서』, 씨앗을뿌리는사람, 2002.

가로 진행했다고 해석하는 점에서 일본과 영국의 산업화는 동질적이다. 물론 이에 대해서도 가와카츠 헤이타^{川勝平太}는 차이가 있다고 강조하는데, 하나는 앞에서 말한 영국의 보호무역과 다른 공업화 방식 곧 산업혁명의 차이이고, 다른 하나는 근세 동아시아 교역과 일본 공업화의 내재적 연관성이다. 전자와 관련해서는 영국은 인구가 적은 데다 광대한 신대륙을 획득했기 때문에 자본집약형 생산혁명의 길을 걸었던 반면, 일본은 제한된 국토 안에서도 인구를 노동력으로 삼아 토지 생산성을 향상시키는 노력, 다시 말해 노동집약적인 '근면혁명'이라고 하는 생산혁명을 이룩했다고 설명한다.[13] 후자에 대해서는 16세기 아시아교역권으로 거슬러 올라가 설명한다. 바로 여기서 '해양아시아' 개념이 도출된다.

여기서 가와카츠가 말하는 해양아시아는 역사적으로 유럽의 근대세계시스템에 대응하는 근세 시기 '해양아시아교역권'을 가리킨다. "유럽으로부터도 일본으로부터도 금, 은, 동을 빨아들이는 거대한 해양아시아교역권의 존재가 영국과 일본에서 제조업을 기초로 한 근대공업사회가 출현하는 불가결의 전제"[14]라고 말한다. 이렇게 본다면, 환중국해로부터의 이탈이 일본의 근대화였다면, 환인도양으로부터의 이탈은 영국의 근대화인 셈이다. 결론적으로 가와카츠는 근대일본의 공업화는 16세기 이후부터 지속된 장기적 경제발전의 귀결이었다고 정리한다. 이처럼 가와카츠를 비롯한 아시아교역권론자들의 주장에 대해서는 찬반이 갈리고 있지만,[15] 이 글에서 말하고자 하는 해역의 관점에서 동아시아의 산업화를 설명할 경우, 해상교역을 중심으로 일본의 공업화를 분석한다는 점에서 의

---

13   이수열, 「아시아 경제사와 근대일본 – 제국과 공업화」, 『역사학보』 제232집, 2016, 121쪽 재인용.

14   위의 글, 123쪽 재인용.

미가 있다고 볼 수 있다. 1980년대에 새롭게 등장한 아시아경제사의 입장에서 아시아 해역을 무대로 한 환해環海 도시 간의 횡적 네트워크와 유통물류와 인류의 중요성을 강조하고, 이것이 바로 해양아시아를 제창하게 되는 논거인 셈이다.

최근까지 산업화의 정도를 근대화의 척도로 삼고, 19세기 중반이후 동아시아 각국의 산업화 정책을 중심으로 근대화 여부를 판단해왔다. 근대 초기 각국 정부의 중공업 중심의 산업화는 실패했고, 이에 민간자본에 의한 산업화를 시도하여, 여기서 생산된 재화를 교역을 통해 판매하고 자본을 획득하여 다시 중화학공업에 투자한 일본의 공업화 전략은 이후 제국주의 국가 건설로 이어지게 되었다. 아시아교역권론자들은 일본이 유럽 국가들과의 경쟁, 그리고 아시아 국가간의 경쟁에서 성공하기 위해 공업화를 서둘렀다고 본다. 이들은 자본이나 자원이 부족한 일본이 공업화 곧 산업화를 동아시아 어떤 국가보다 먼저 시작하여 제국주의 국가로 성장했으며, 패전에도 불구하고 전후에 경제대국으로 성장한 배경을 이러한 공업화에서 찾았다.

2) 전후 동아시아 지역의 산업화

그렇다면 근대 시기 일본의 식민지를 당했던 한국과 타이완의 전후 산업화와 경제발전은 일본과는 어떻게 다른가. '동아시아의 기적'으로 불렸

---

15 이수열은 일본공업화에 대한 평가의 문제에서 아시아 교역권 논의는 근현대 아시아의 역사 속에서 일본의 역할을 긍정적으로 평가하기 위한 이데올로기적 동기를 내포하고 있는데, 결론적으로 이야기해서 아시아교역권 논의는 교역권 그 자체에 대한 실증적 연구라기보다 일본자본주의에 대한 적극적 평가와 1980년대 이후 아시아의 경제적 번영에 대한 인식론상의 전환을 지향하는 이데올로기적 이론의 성격을 강하게 지니고 있다고 비판했다. 이수열, 「가와카츠 헤이타(川勝平太)의 해양아시아사」, 『해항도시문화교섭학』 10, 2014, 138쪽.

던 이 두 국가의 경제발전 역시 내외적인 요인이 있겠지만, 이를 해역의 시각에서 본다면 기존의 관점과 어떤 점이 부각될 수 있는가.

아시아교역권론자 가운데 한 사람인 스기하라 가오루杉原薰는 그의 근면혁명론을 바탕으로 노동집약적 산업화론을 제기하면서, 이를 '동아시아의 기적'이라고 불리는 국가들의 산업화를 설명하였다. 스기하라에 의하면 1945년 이후 아시아가 걸었던 길은 먼저 냉전체제에서 서구의 자원 자본집약적 기술과 아시아의 노동집약적 기술을 융합시킨 일본의 실험이 있었다. 곧이어 동아시아와 동남아시아 국가들이 이를 따랐고 결국 중국에 이르게 되었다고 한다. 이런 주장에 대해 포메란츠는 동아시아의 기적을 낳은 '근면혁명의 경로'를 아시아 고유의 현상이 아니라 우발적이며 상황에 따라서는 유럽도 그러한 길을 걸어갔을 거라고 지적한 바 있다.[16]

그리고 일본의 공업화에 대한 이러한 아시아교역권론자들의 주장에 대해 이들이 제국과 공업화의 관계에 대해서는 입을 다물고 있다고 비판하는 일본의 논자들도 있다. 곧 일본의 공업화에 의한 제국주의화가 초래한 근린 아시아 국가들에 대한 식민지화에 대해서는 말하지 않는다는 것이다. 일본의 산업혁명 한가운데서 치러진 두 번의 전쟁, 청일전쟁과 러일전쟁에 착목하여 산업혁명과 전쟁의 관계를 생각하려 한 이시이 간지石井寬治는 "일본 산업혁명의 전제 그 자체가 대외전쟁에 관한 긴장에 찬 정치적 선택 속에서 이루어진" 것이라고 주장한다. 가와키타 미노루川北稔 역시 제국과 산업혁명의 관계에 대해 "영국은 산업혁명이 성공했기 때문에 제국이 된 것이 아니라 제국이 되었기 때문에, 즉 세계체제의 중심이 되었기 때문에 산업혁명에 성공한 것이다"라고 말한다.[17] 이를 일본의 산

---

16 위의 글, 137·139~140쪽.
17 위의 글, 126·127쪽.

업화와 연결시키면, 일본의 제국주의적 진출이 산업혁명에 결정적으로 중요한 전제였다는 것이 된다.

'동아시아의 기적'에 대해 일본에 적용한 근면혁명론으로 그 성공을 해석하는 스기하라의 분석에도 불구하고, 전후 한국과 타이완의 산업화를 얘기할 때 잊지 말아야할 것은 바로 '냉전'이라는 대외적군사적 상황과 '원조'라고 하는 경제적 지원이다. 물론 이밖에도 대내적으로는 경제내셔널리즘의 발흥에 따른 개발주의 또는 발전국가론을 얘기할 수 있다. 해역의 관점에서 본다면, 특히 대외적인 측면에 초점을 맞추어 산업화의 양상을 분석해보는 것이 적절할 듯하다.

① 냉전과 군사기지화

이시하라 슌은 『군도의 역사사회학』에서 근대 일본에서 유행한 내지內地라는 말에 담긴 '의사疑似대륙의식'을 비판한다. 여기서 의사대륙의식이란 유럽의 자기의식이자 그 근대 사회과학의 준거로서, 세계의 바다의 섬들을 침략/진출의 대상으로 바라보는 것이다. 이 말은 영국과 같이 자신이 섬이라는 사실을 잊고 대륙으로 간주하는 것이다. 이는 근대 일본에서 유행한 '내지'라는 말에서도 드러나는데, 이 말 자체가 섬일본이라는 사실을 망각하게끔 하기 때문이다. 이것은 일본의 의사대륙의식이다.[18] 이시하라 슌의 논리에 따르면, 제국주의 일본이 (동)아시아 해역의 많은 섬들을 비롯하여 조선과 중국을 침략하고, 동시에 식민지 개발이란 명목하에 일본 내지의 과잉 인구를 그곳으로 이동시켰던 일 역시 영국유럽의 의사대륙의식이 발동한 것이 된다.

---

18 이시하라 슌, 김미정 역, 『군도의 역사사회학―바다 노마드의 섬에서 본 근대의 형상』, 글항아리, 2017, 20·24쪽.

제국주의 일본이 2차 대전에서 패망한 이후 (동)아시아 해역은 미국의 영향력에 놓이고, 미국은 태평양을 주무대로 삼게 된다. 근대 초기부터 보면, 사실 미국은 동아시아 해역에서 영국과는 다른 접근을 시도했다. 일본의 개항이 미국의 페리함대에 의해 비롯되었다는 것은 잘 알려진 사실이다. 미국의 페리함대 파견은 태평양 횡단 교역로를 개발함으로써 대서양-희망봉-인도양-믈라카해협-중국 대륙이라는 교역로를 개척하고 있던 영국의 의표를 찌르기 위함이었다.[19] 그래서 애초에 미국이 일본에 접근한 것은 중국과의 교역로 확보를 위한 중계지로서 삼기 위함이었고, 이렇게 해서 근대 이후 미국과 일본의 관계가 시작되었다. 일본이 패전함으로써 제국주의 일본의 세력권이었던 남양을 비롯한 (동)아시아의 여러 지역은 미국에 귀속된다. 미국은 압도적 생산력을 바탕으로 제국-식민지 관계를 대체할 새로운 국제질서를 모색했다. 그것은 군사원조를 비롯한 다양한 원조를 제공하는 형태로 미국의 세력권을 유지하는 방식이었다.

미국은 특히 군사기지를 태평양과 동아시아 해역 곳곳에 설치함으로써 한국전쟁이후 본격화된 냉전체제의 한 축을 건설하였다. 그런데 이 군사기지는 주로 해양 곧 섬에 설치되고, 심지어 일본 또한 자신은 거부하고 싶지만 본토에 군사기지가 설치됨으로써 어쩔 수 없이 의사대륙의식에서 벗어날 수밖에 없게 된다(물론 이러한 의식을 완전히 버린 것은 아니다). 한국전쟁 기간동안 일본은 후방기지 역할을 하게 되었는데, 이것이 일본으로 하여금 '기지국가'라고 명명하게 되는 이유가 되었다. 기지국가란

---

19 이에 대해 이시하라 슌은 영국이 주도한 청나라 개항이나 자유무역의 요구가 자본주의적 생산의 발달에 따른 상품 시장의 확대를 목표로 한 것이라면, 미국이 일본에 개항을 요구한 것은 상품 시장을 개척하기 위해서라기보다 중국 대륙과의 교역 중계지 확보를 주된 목적으로 했다고 지적한다. 위의 책, 83쪽.

'일본이 외국의 군대에 기지를 제공하고 주둔군의 존재로 안전을 보장하는 수단으로 삼는' 형태를 취하는 국가다. 그런데 일본의 경우는 미군의 주둔이 자국안보에서 대단히 중요한 비중을 차지하는 독일이나 한국과는 다른 점이 있다. 그것은 이 두 나라의 1차적인 안전보장을 자국군대가 책임진다고 하는 반면, 일본은 군대를 갖지 않고 동맹국의 안전보장상의 요충에서 기지의 역할을 다하는 것이다. 기지 제공 방식 또한 '전토기지 방식全土基地方式' 곧 일본이라는 주권 국가의 전 국토를 군사작전을 위한 잠재 구역으로 설정한다는 방식을 취하는 데서 미국이 그 당시까지 일본 이외의 나라들과 체결해 왔던 군사행정협정과는 크게 다르다.[20]

특히 일본은 한국전쟁 전 기간을 통해 미국의 전쟁수행을 위한 후방기지가 되었고, 일본의 각 항만은 전쟁수행을 위한 물자 및 병사의 수송 중계기지가 되었다. 예를 들어, 일본의 오랜 군항이었던 사세보항이 1950년 5월 '평화산업 항만도시'로의 전환을 모색했으나, 결국 한국전쟁으로 인해 주요 항만시설이 미군에 의해 재접수되었던 적이 있다.[21] 또 일본은 수리조달은 위한 보급기지였다. 이처럼 한국전쟁에서 미국의 전투기지, 생산기지로서의 역할을 충실히 해낸 일본은 그 반사이익으로서 '조선 특수'를 누린다. 조선 특수는 한국의 전선에서 필요한 물자 및 서비스에 대한 특별수요로서, 이것은 패전이후 빈사상태에 있던 일본경제를 회생시키는데 결정적인 역할을 했다. 특히 이 과정에서 무기생산의 부활과 이에 따른 미일경제협력 관계의 강화가 가장 주목할 만한 귀결이다.[22]

20   남기정, 「한국전쟁과 일본 - '기지국가'의 전쟁과 평화」, 『평화연구』 제9호, 2000, 168쪽.
21   이상원, 「군항도시 사세보(佐世保)와 시민 저항 - 1968년 미국의 '엔터라이즈 호' 입항 문제를 중심으로」, 『동북아문화연구』 제72집, 2022, 260쪽.
22   남기정, 앞의 글, 176쪽.

전후 일본의 경제성장 이면에 이처럼 한국전쟁과 군수물자 생산이 자리하고 있듯이, 아시아태평양 해역에는 많은 미군의 군사기지가 설치되었다. 그런데 전후 냉전체제의 수립과 함께 아시아태평양에 전개된 군사기지화에 따라 기지가 된 곳이 사실 근대 시기 미국상인에 의해 이미 발견되고 활용되었던 군도群島라는 특징을 갖고 있다. 예를 들어, 18세기 말 미국 동해안의 상인들이 중국과의 교역을 위해 거점으로 삼은 하와이를 비롯한 사이판, 괌 등지의 소위 '미국의 호수' 외에 일본의 오가사와라 제도, 이오 열도 그리고 오키나와 등이 그렇다. 그런데 주목할 것은 일본 내지가 냉전 질서 속에 횡재에 가까운 성장을 해가는 사이 이러한 섬들은 계속되는 식민지주의, 군사주의, 회유식 개발 정책 혹은 피폭이나 방사능 오염 등과 일상적으로 싸우고 있다는 점이다.[23]

이것은 의사대륙의식에 사로잡힌 일본이라는 섬을 위해 희생된 작은 섬들의 얘기이고, 동시에 동아시아 지역에서의 냉전체제를 태평양 건너 미국이 유지할 수 있는 군사력의 배치와 실험의 장으로 사용된 군도의 얘기이다. 또 일본에서 섬외에도 가난한 어촌이나 어항에 위험한 원전 시설을 설치하는 것 역시 미국의 군도 정책과 유사하다. 곧 1970년대 이후 일본의 고도 경제성장 와중에도 의사疑似 재분배시스템을 구축하고 과잉 인구문제를 해결하기 위해 공공사업을 통해 농어촌과 낙도에서의 고용을 촉진했는데, 개발주의에 바탕을 둔 의사 재분배 노선의 궁극적 형태가 바로 1970년 다나카 가쿠에이田中角栄 내각이 도입한 전원3법체제에 기반하여 원전을 증설하는 것이었고, 특히 가난한 항구도시나 어촌에 원전 의존형 경제를 창출했던 것이다.[24]

---

23   이시하라 슌, 앞의 책, 216쪽.
24   이시하라 슌, 앞의 책, 207쪽.

1장 · 동북아해역의 산업화와 원조   209

이처럼 군도에 군사기지를 건설함으로써 아시아태평양에서 해상패권을 구축하는 미국의 정책은 동북아해역에도 그대로 적용되었다. 이른바 분단으로 인해 섬이 돼버린 남한과 타이완1979년 철수에 전략적으로 미군을 배치한 것이 그것이다. 전후 미국은 군사적으로 한반도와 일본 그리고 타이완을 잇는 방어선을 구축하여 냉전체제를 수립하고, 이 지역에 미군 기지를 설치하여 남한과 타이완의 자국 군대와 연합해 대응하는 방식을 취했다. 이후 중일전쟁부터 베트남전쟁까지 이어진 동아시아 지역의 전쟁은 제국-식민지 체제를 해체했으며, 동아시아 전역에 걸쳐 분단체제를 형성했다. 소위 '동아시아 분단체제'는 미소간의 냉전적 대립에 의해 일차적으로 규정되었지만, 남한과 북한, 중국과 타이완, 인도차이나반도에서의 분단 및 일본으로부터 오키나와의 분리, 지역 내 국가들 사이의 역사적인 갈등 등 다층적인 분단체제로 형성되었다.

역사적으로 동아시아 국가들은 19세기 후반부터 일본 제국주의 시기를 거치는 동안 근대적 제도를 이식했고, 특히 1931년 중일전쟁부터 1975년 베트남전쟁까지 지속된 지역 수준regional의 전쟁과 내전, 혁명 속에서 국가를 형성했다. 동아시아 지역의 이러한 전장과 후방의 분리는 이 지역 국가들간에 자본과 군사력의 축적과 집중 정도에서 큰 격차를 초래했다. 이러한 격차는 미국의 강력한 지원과 분단국 사이의 체제경쟁과 결합되었고, 그 결과 제3세계의 여느 지역과 달리 일본을 선두로 하여 한국과 타이완으로 이어지는 '자본주의 군도' 국가들의 발전을 초래했으며 Cummings, 1993, 최근에는 중국까지 이어지는 이른바 '동아시아의 기적'을 불러왔다.[25]

---

25 Cumings · Bruce, "The Political Economy of the Pacific Rim", in R. A. Palat, ed., *Pacific Asia and the Future of the World-System*, Westport, CT : Greenwood Press, 1993; 정영신, 「동아시

동아시아 분단체제가 형성된 초기부터 오늘날까지 가장 강력하게 유지되고 있는 지역적 연결망은 미국을 정점으로 한 양자적 동맹관계와 미군기지네트워크라고 할 수 있다. 즉 미국과 자본주의 진영의 동맹국들은 일정한 군사적 네트워크를 형성하고 있는데, 이를 '동아시아 안보분업구조security share network'라고 부른다면, 이것은 두 가지 요소로 구성된다. 첫 번째는 미군의 동아시아 기지네트워크이며, 두 번째 요소는 동아시아 분단체제 내에서 미군의 배치와 군사전략에 조응하는 국가들의 배치상태다.[26] 그런데 미군의 분업적인 배치 결정이 한국과 일본에 대한 미국의 경제 군사적 지원 방침과 연결되어 있었고, 미국의 지원정책이 한국과 일본에서 전후 초기의 국가형성과 결부되어 있었다는 점은 주목해야 한다. 곧 한국에서 '중무장'한 기지국가가 탄생하는 과정군사 우선 전략과 일본에서 '경무장'한 기지국가가 탄생하는 과정경제 우선 전략이 미국의 극동전략을 통해 서로 연결·조정되고 있었던 것이다.[27]

② 전후 원조와 산업화

미군은 한국전쟁이 끝난 1950년대 후반에 후방기지로서 일본과 필리핀에 해군과 공군을 배치하고, 전방기지로서 한국에 육군과 공군 병력을, 타이완에는 육해공 통합사령부를, 그리고 오키나와에는 해병대와 해군을 배치하여 동아시아 전역에 대한 방위 임무를 부여했다. 이것은 영국이 제국주의적인 영토 확장의 군사적 토대로서 해외기지네트워크를 구축했

아 분단체제와 안보분업구조의 형성―동아시아의 전후 국가형성 연구를 위한 하나의 접근」,『사회와 역사』 94(0), 구 한국사회사학회논문집, 2021, 7쪽 참조.

26   위의 글, 14쪽.

27   위의 글, 26쪽.

던 것처럼, 미국 역시 19세기 중반부터 미국의 해외기지네트워크를 태평양을 가로질러 동아시아 지역으로 확장했다.[28]

그런데 앞에서 말했듯이, 전후 미국의 동아시아 지역에 대한 군사적 지원은 경제적 지원과 병행했다. 이것은 동아시아 지역의 산업화를 촉진시켰는데, 원조가 그 동력의 하나였다. 물론 이것이 단지 미국의 대외원조에 의해서만 가능했던 것은 아니다. 일본연구자 아키다 시게루秋田茂는 전후 동아시아의 산업화와 경제성공을 분석하면서, 글로벌히스토리의 문맥에서 냉전의 전개냉전체제의 형성, 탈식민지화에 따른 아시아 여러 나라의 경제내셔널리즘의 고양, 국제적인 경제원조계획을 활용한 경제개발, 개발주의 이 세 가지의 관련성에 주목했다. 그는 현재까지 국내적 개발, 공업화와 대외적 요인인 냉전과 탈식민지화의 전개는 충분히 연결해서 의론되지 않았다. 또 종래의 국제관계론, 국제관계사의 여러 연구에서는 이국간의 외교, 군사의 측면에 연구가 집중되고, 경제적 측면에서의 검토가 충분히 수행되지 않았다. 즉 전후의 새로운 경제외교의 전개, 그 일환으로서의 경제원조계획의 생성과 전개 과정이 지닌 역사적 의의는 등한시되었다고 진단했다.[29]

사실 전후에는 세계적인 원조붐이 일었다. 전후 정치적 탈식민지화가 동아시아와 남아시아를 중심으로 아주 빨리 달성되면서 구식민지종주국의 구식민지신흥독립제국에 대한 영향력의 온존과 지속을 위한 수단으로서 이 국가들에 대한 경제원조를 제공했다. 이를 아주 교묘하게 수행했던 나라가 바로 영국이다. 대표적인 것이 바로 콜롬보 플랜이다. 영국의

---

28   위의 글, 15쪽.
29   秋田茂, 『帝国から開発援助へ─戦後アジア国際秩序と工業化』, 名古屋大学出版会, 2017年, 1쪽.

영향력콜롬보 플랜은 1960년대 말까지 유지되었고, 일본도 1954년에 콜롬보 플랜에 가맹한 이후 버마 등에 전시배상을 겸한 경제협력을 제공하고, 또 1960년대중반부터 한국, 타이완에 엔차관공여를 통해 일정한 영향력을 행사한 바 있다. 영국을 비롯해 미국 등의 대외원조 붐이 전후에 형성되어, 1950~1960년대의 아시아는 경제개발을 지원하기 위한 경제원조의 제공을 둘러싼 국제적 원조경쟁이 펼쳐졌으며, 경제적 내셔널리즘의 발흥을 배경으로 다른 비유럽 어떤 지역보다도 선행해서 1950년대부터 '아시아 개발의 시대'가 전개되었다.

제2차 세계대전 이후 미국의 대외원조는 1941년 3월 무기대여법Lend-Lease Act에 의한 원조에서 기원했다. 이때 미국의 대외원조는 기본적으로 2차대전 참전연합국이 전쟁 수행상 필요로 하는 군사물자의 원조였다. 미국의 대외원조는 전시戰時의 무기대여법에 의한 원조가 마련한 토대 위에서 전후戰後 국제정세의 변동과 냉전시대 미국 대외정책의 변화에 따라 발전, 확대된 것이다. 미국의 본격적인 대외 원조는 1947년 트루먼 독트린과 마셜 플랜에 의해 경제원조의 형식으로 시작되었다. 미국의 군사원조는 유럽보다 아시아에서 먼저 시작되었다. '군사원조의 아버지'라고 불리는 램니처는 미국의 군사원조가 동맹국들의 대내외 안보를 강화시킬 뿐만 아니라, 그들의 경제 발전에도 도움을 줄 것이고, 나아가 미국의 경제에도 도움을 줄 것임을 역설했다.[30]

한국전쟁을 통해 비대해진 한국군은 미국에게 재정적 압박이 되었고, 군사원조 위주의 재건 프로그램은 인플레이션을 유발하여 한국경제에 갈수록 부담이 되었다. 미국은 한국전쟁 직후인 1953년 7월 17일에 작성

---

30 이동원, 「미국 대외원조와 대한(對韓)원조의 군사화(軍事化)-제2차 세계대전 이후부터 한국전쟁 시기를 중심으로」, 『사이間SAI』 제28호, 2020, 25쪽.

된 NSC156 / 1에서 한국경제 강화 방침을 밝히면서, 한국의 경제적 안정은 주한유엔군의 군사적 노력을 최대한으로 지원하기 위한 것이어야 한다고 명시했다. 즉, 경제적 안정과 성장을 군사력 발전에 종속시킨 것이었다. 예컨대, 1953년부터 1960년까지 한국에 투입된 원조 가운데 약 80% 이상이 소비재였고, 미국은 이를 판매한 대충자금으로 국방비를 보전하려 했다. 반면, 이승만 정부는 군사원조와 경제원조를 분리하고 경제원조 자금으로 전후복구를 실시할 것을 주장했다. 또 원조품이 일본에서 조달됨으로써 일본의 경제부흥을 위해 한국의 자립적인 공업기반이 훼손되고 있다는 불만이 제기되었다. 그러나 미국은 일본경제를 빠르게 부활시킴으로써 일본을 중심으로 아시아 지역경제를 통합시켜 동아시아에서 미국의 부담을 축소시키려는 전략을 가지고 있었다. 즉, 한국의 경제부흥은 군사우선 정책과 일본 중심의 지역경제 통합 전략에 이중적으로 종속된 것이었다. 이 과정에서 한국정부는 대규모 군대의 유지와 경제발전을 동시에 요구했다.[31]

　　냉전의 접경接境이자 전초前哨던 한국은 미국의 대외원조가 한국전쟁을 계기로 질적으로 변화하면서 '대외원조의 군사화'에 있어 저개발국 원조의 모델이 되었다. 대한국 원조는 전후 재건만으로도 버거운 한국 경제가 63만이 넘는 대군을 지탱할 수 있는 방향으로 구조화되었고, 한국에서는 1950년대 대부분 시기를 주한 미대사를 대신해 미 극동군 혹은 주한미군 사령관이었던 유엔군사령관이 원조의 모든 책임과 권한을 행사하게 되었다. 이처럼 냉전 초기 미국의 대외원조와 대한원조의 군사화는 1950년대의 특징일 뿐만 아니라, 이후 변화를 이해하는데 있어 하나의 원형原

31　정영신, 앞의 글, 30쪽.

型을 제공한다. 냉전 시대의 국지적 열전熱戰은 한반도에서 인도차이나 반도로, 다시 중동과 중남미로 이어졌다. 이로 인해 미국의 대외원조도 그 외형은 개발과 인도주의, 보편적 인권을 강조하는 방식 등으로 다양하게 변화했지만, 실제 내용은 냉전의 진영논리에서 완전히 자유로울 수 없었다. 한국에서도 원조를 기반으로 경제력을 뛰어넘는 군사력이 유지되면서 군부가 미국의 군수지원, 국가재정의 우선 투입, 도미 군사유학 등 광범위한 혜택을 받았고, 이는 1960년대 군부독재와 개발독재의 배경이 되었다.[32]

한국에도 앞서 아키다 시게루秋田茂가 전후 동아시아의 산업화와 경제 성공을 분석하면서 제시한 아시아 각국의 경제내셔널리즘, 국제적인 경제원조계획을 활용한 개발주의가 그대로 적용된다. '개발주의'또는 발전국가는 정부의 경제에 대한 적극적 개입을 용인하고, 국가가 강력한 위기관리체제를 구축하는 것이다. 이것은 정부도 국민도 경제성장을 최종목표로 삼은 성장이데올로기이다. 종전에는 '개발독재'체제로서 부정적으로 평가받았지만, 중국의 경제성장으로 인해 적극적으로 재평가를 요구받는다. 경제내셔널리즘과 발전주의라는 동아시아 국가정부의 노력과 시도 역시 중요한 요소라고 간주되는 것이다. 그리고 이것이 일본과 한국, 타이완 등 각각 같으면서도 다른 경제성공의 원인 곧 특수성을 반영한다고 할 수 있다. 그리고 이러한 개발주의는 대외원조를 배경으로 한국에서는 특정 지역을 중심으로 한 수출주도형 경제전략으로 나타났다.

1961년 박정희 정권에 의한 개발독재는 정부주도의 중화학공업 등 기간산업의 건설을 우선시하고, 자립적인 국민경제를 구축하는 '내포적 공

32　이동원, 앞의 글, 16쪽.

업화전략'을 추구했다. 하지만 이것은 자국원조가 낭비될 것을 염려한 미국 정부의 반대로 좌절되고, 대신 노동집약적 소비재산업을 중심으로 수출지향형공업화전략을 채택했다. 물론 이것과 동시에 수입대체공업화도 동시에 추진했다. 그리고 일본과 마찬가지로 해역에 원전 등을 건설하는 방식으로 어촌을 내륙과 차별화해 나갔다. 한편 박정희 정권은 1965년 주도적으로 한일국교정상화를 추진하고 또 한국군의 베트남 파병을 결정한다. 이를 통해 미국의 원조외에 일본의 대한경제원조를 끌어내었다. 그리고 미국은 베트남전쟁의 본격화로 인해 가중된 대외경제원조의 부담을 덜기 위한 방편으로 일본에 의한 자국의 경제원조비용의 경감과 냉전체제하에서의 미일의 역할분담을 실현했다. 1970년대 한국정부가 추진한 중화학공업 중심의 경제개발정책은 대표적으로 포항종합제철소의 건설로 나타났는데, 여기에 일본의 철강업계가 전면적으로 기술협력을 실행했고, 또 대일청구권자금이 건설자금으로 투입되었다.[33]

이러한 공업화 전략은 곧 해역어촌 지역을 중심으로 전개되었는데, 포항, 울산, 마산 등이 그러하다. 포항과 울산이 주로 중화학공업 위주로 개발되었다면, 마산은 경공업을 중심으로 한 수출입공단이 건설되었다. 이러한 산업화 형태는 타이완도 다르지 않았다. 이처럼 해역에서 전개된 산업화는 인구의 집중을 초래했고, 이로 인해 도시화가 촉진되었다. 아울러 한국의 동해안 어촌에는 원전이 건설되었는데, 이 역시 산업화의 연장선에 있다고 볼 수 있다.

---

33 秋田茂, 앞의 책, 164~166쪽.

3. 나가며

근대 이후 동아시아의 산업화는 주로 해역을 중심으로 전개되었다. 메이지 일본의 공업화 전략이 근대 이전 동아시아 해역에 존재했던 교역체제 곧 조공무역체제에 유럽 제국의 상인들이 결합하여 전개된 동아시아 교역권에 대한 대응이었다는 일본 아시아교역권론자들의 해석은, 일본 산업화의 진도가 빠를 수밖에 없음을 말하는 듯하다. 이들이 주장하는 해양아시아론은 결국 중국 중심의 중화질서^{대륙아시아}에 대한 대응이겠지만, 여전히 그 중심은 중국이었음을 부정하지 못한다. 일본의 입장에서 본다면, 전근대시기에 이미 해양을 중심으로 교역이 전개되었고 여기에 일본이 적극적으로 개입하고 있었다는 점을 부각시켜내었고, 여기에 편승해 산업화를 추동하여 이를 기반으로 제국주의로 달려가 한때 동아시아의 패권을 잡았다는 점을 말하고 싶었을 듯하다. 다만 우리가 이 교역권에 기초한 해양아시아론을 어떻게 해석해야할 지는 남겨진 숙제이다. 해양과 대륙에 모두 접하고 있는 한반도의 위치가 지닌 특수성 그리고 일본 식민지를 겪었고, 전후에도 일본의 원조를 받아서 경제개발로 나아갔다는 점 등을 살펴야 한다.

전후 한국과 타이완 등의 산업화 역시 해역을 중심으로 전개되었다는 점은 이 지역이 지닌 지정학적 교통지리학적 측면에서 본다면 당연한 현상이다. 미국이나 일본의 원조에 의한 공업화 추진은 결국 수출주도형으로 전개되었고, 이러한 방식은 해안가에 특구 건설로 나타났다. 그런데 이러한 특구가 건설되기 전에 미국 중심의 아시아태평양권의 해안이나 섬에 미군이라는 군사기지가 건설되었고, 이 군사원조가 점차 경제원조로 이전했던 방식을 염두에 둔다면, '동아시아의 기적'으로 불리는 경제성장이 가진 이면에 대한 관심 역시 해역에서 찾아야한다. 그래서 아시아태평양에 기지화된 섬과 해역에 설치된 산업공단의 실태에 대한 분석과 검토가 필요하다. 다시 말해 동아시아의 해역에는 경제가 성공한 대항만도시도 탄생했지만, 한편으로는 핵이라는 위험을 안고 사는 어촌도 존재하며, 또 산업공단의 쇠퇴로 인해 도시가 슬럼화하는 경우도 나타났다. 이러한 점은 해역의 시각에서 앞으로 검토해야할 과제일 것이다.

제2장

세계화와 동북아해역

1. 들어가며

한국에서 '세계화'란 말이 유행하기 시작한 것은 1990년대 이후다. 이 말이 화제가 된 것은 전후 냉전체제가 균열을 일으키며, 신자유주의라는 이름하에 자본이 국경을 초월하여 이동하면서 지구가 하나의 경제공동체로 구성되기 시작했고, 이에 각 국가 및 지역은 이와 같은 세계화의 흐름에 나름대로 대응하기 시작하면서이다.

자본의 이동과 교통통신의 발달로 인한 이동의 가속화가 초래한 시공간의 압축이 세계화의 특징이라고 할 때, 이는 자연스럽게 이동성과 탈경계성이 강조되는 현상을 여실히 드러내고, 이에 고착성과 경계성을 특징으로 하는 종래 국가와 지역의 성격을 변화시킨다. 다시 말해 고유성이나 정체성을 강조하는 국가와 지역은 점차 유동성과 탈경계성을 수용하면서 종래의 경계의 벽을 허물고 새로운 변화를 모색하게 된 것이다.

그 변화는 먼저 글로벌리즘의 현지화 전략인 글로컬라이제이션Glocaliza-tion으로 나타나거나, 아니면 지역의 대응세계화인 '로컬의 국제화'로 드러났다. 세계화에 따른 이 두 가지의 반응은 국가 또는 지역로컬이란 공간에서 발생하기 때문에 오히려 글로벌화는 자연스럽게 로컬에 대한 관심과 연구를 촉발시켰다. 곧 글로벌-국가-로컬 또는 글로벌-로컬이라는 연결망을 형성하고, 여기에 글로벌이나 국가에 비해 주목을 덜 받았던 로컬이 부상하면서 로컬리티를 재사유하고, 로컬이란 공간 그리고 이곳에 사는 사람과 문화에 대해 주목하게 되었다.

이 장은 세계화가 동북아 지역 특히 해역海域에서 어떻게 현상했으며, 동북아해역을 과연 로컬로서 정의할 수 있는지를 탐문해보려는 문제의식에서 출발한다. 이미 세계화와 관련한 연구는 많은 학문분야에서 다양하게 이루어져 왔는데, 이러한 연구성과를 해역(의 시각)에 맞추어 재해석하고, 또 세계화를 동북아해역 곧 리저널리즘과 연계된 해역 그래서 '동아지중해' 등과 같은 환해양권역 개념과 연결해서 살펴보며, 이와 더불어 최근 동북아 각 해역에서 해역도시들간의 네트워크 형성으로 드러난 메가지역 구상과 추진 등이 지닌 의미를 분석해보고자 한다. 그리고 동북아해역도 로컬로서 규정할 수 있다면, 동북아해역에서 글로컬라이제이션 또는 로컬의 국제화는 어떻게 드러났는지, 아니면 어떻게 드러날 수 있는지도 따져보고자 한다.

2. 지구-국가-로컬과 동북아해역

1) 세계화 그리고 해역의 특징

세계화Globalization를 어원적으로 풀면, '어떤 것이 세계 또는 지구 전체로 퍼지는' 현상이라고 할 수 있다. 이런 정의에 따르면, 세계화는 시대에 따라 퍼지는 범위의 차이만 있을 뿐 역사적으로 늘 있었던 현상이라고 할 수 있다. 여기서 '퍼지는 범위'는 바로 마을에서 국가, 지역 더 나아가 세계로 확대되어 왔으며, '전파되는 어떤 것' 역시 자연물에서 도구, 기술, 풍습, 사상 등 다양하다. 현대에는 자동차, 인터넷 등의 물질적인 것외에 자본과 종교 등의 비물질적인 것도 세계적으로 유통되고 있다.[1]

고대 로마제국이나 몽골제국처럼 특정 국가가 침략 전쟁을 통해 거대한 영토를 통치했던 제국도 세계화를 촉진했던 측면이 있다. 오스만제국의 커피가 유럽으로 전해지고, 유럽인들은 아라비아 커피콩 종자를 신대륙이나 아프리카에 심어서 수입하여 그들의 수요를 충당했으며, 이로 인해 커피가 전세계적인 기호품이 된 것도 그런 예이다.[2] 이처럼 어떤 것이 전파되어, 이것이 세계적으로 확산되는 세계화는 사용자에 따라 여러 가지 뜻으로 풀이된다. 첫째, 사회주의 몰락 이후 거대자본을 가진 미국이 국제통화기금International Monetary Fund / IMF, 관세 및 무역에 관한 일반협정 General Agreement on Tariffs and Trade / GATT 등의 국제기구를 통해 '세계를 하나로'라는 이름으로 지구를 지배하기 위해 동원한 이념이라고 해석하는 의견으로, 이는 세계화를 비판적으로 보고 신자유주의를 반대하는 시각이다. 두번째는 한 지역에서 일어나는 일이 아주 먼 곳까지 영향을 미치는 지구적인 규모의 상호의존성이 강화되는 현상이라고 진단하는 중립적인 의견이다. 그리고 세번째는 세계경제가 실시간에 하나의 단위로 작동하는 단일체제로 통합되는 과정이라는, 자본중심적인 시각이다. 21세기 들어 정보통신이 비약적으로 발전하면서 인터넷에서 개인과 세계가 직접 마주할 수 있는 공간이 마련되었다. 이는 지금까지 개인과 집단이 영향을 주고받는 최대 단위였던 '국가'의 경계가 허물어질 수 있음을 시사한다.

---

1   김기수, 『일본의 내셔널리즘과 글로벌리즘』, 제이엔씨, 2005, 29쪽.
2   하인리히 에두아르트 야콥, 남덕현 역, 『커피의 역사─세계 경제를 뒤흔드는 물질의 일대기』, 자연과생태, 2013.

정보통신의 발달이 전지구적인 세계화를 촉진하고 있는 상황이다.[3] 확대되는 현상은 커피에만 국한되지 않으며, 사실 역사적으로 지구상에서 일어난 영토 확장을 둘러싼 전쟁 또한 시대 또는 지역에 따라서 차이는 있겠지만, 궁극적으로는 인간이 살아가기 위해 요구되는 물품(자)의 확보에서 비롯되었다고 볼 수 있다. 영토를 확보한다는 것은 그 물자의 생산지와 인력을 수중에 넣는 것이기 때문이다. 이와 같은 고대 시기 전쟁에 의한 세계화는 제국의 성립과 몰락으로 현현되었다. 비록 제국은 성쇠를 거듭했지만, 인간의 물질적 욕망과 그에 따른 수요는 변하지 않았고, 그 물품 역시 다양해짐으로써 그것의 유통은 지구적인 차원으로 확대되지 않을 수 없었고, 이것은 자연스럽게 상업에 기반한 세계적 교역망의 건설로 이어질 수밖에 없었다.

또 이 특정한 무엇물품이 세계화되는 과정에는 그것이 이동하기 좋은 지점spot이 있게 마련인데, 지리적으로는 교통의 중심지가 그곳이다. 곧 물자의 유통과 인간의 이동에 유리한 곳이기 때문이다. 이 교통 중심지는 해상교통에도 그대로 적용되었다. 다시 말해 항구가 그것인데, 새로운 물자(품)이 상인들에 의해 배에 실려 이곳으로 들어오고, 또 그 지역 생산물이 배를 타고 다른 항구로 이동하는 소위 해상교역이 빈번하게 이루어지는데, 이것의 대규모적인 형태가 유럽 대항해시대의 시작과 맞물린다. 잘 알다시피 대항해시대는 이전의 고대 제국이 형성한 세계의 범위를 현재와 같은 전지구적 범위로 확장하기 시작한 역사적 사건이었고, 그래서 이를 주도한 유럽국가은 소위 세계화를 주도하는 세력이 되었으며 그것은

---

3   사전적으로는 대체로 이렇게 풀이된다. 이외에도 노벨 경제학상을 받은 Joseph Stiglitz 또 경제학자 Peter Temin의 정의도 있고, 사회학자 Görn Terborn의 정의도 있지만, 여기서는 반영하지 않았다.

지금도 유지되고 있다. 현재 우리가 말하는 세계화는 바로 이 대항해시대 이후라고 말할 수 있는데, 그것은 유럽인들이 대항해를 한 이유가 그들이 필요로 하는 물자(品)을 멀리 대양을 건너 다른 지역에서 구해야하는 곧 교역무역에 있었기 때문인 바, 이는 바로 유럽의 상업 자본주의 발전과 연결되었다.[4]

대항해시대 초기 유럽은 베네치아와 같은 항구도시를 중심으로 교역이 전개되었고, 그래서 세계화 역시 각 도시항구라는 점들을 잇는 형태로 펼쳐졌다. 그런데 대항해시대 이후 신대륙이 발견되면서 유럽의 군소국가들간에 해외로부터 부를 수탈하는 경쟁이 추동되었고, 이 국가들은 황금을 구하기 위해 일본 등 동아시아 지역까지 눈을 돌리게 되었다. 유럽의 각 도시항구를 중심으로 했던 대서양 경제는 이제 이를 기반으로 한 세계무역시스템을 구축하게 되었고, 이는 자본주의의 탄생으로 나타났다. 서유럽의 해운업과 해군에 의해 지탱된 대서양 경제가 역사상 처음으로 세계시장을 전제로 한 경제를 형성했고, 이 시장은 단순한 상품 교환이 아니라 상품 생산에 의해 성립되었다. 산업혁명은 바로 17세기 이후 영국이 세계무역에서 축적한 부로 가능했다. 곧 산업혁명 자체가 세계무역의 산물인 셈이다. 그리고 자본주의 경제의 3요소인 자본, 노동, 시장 가운데 무엇보다도 소비시장의 존재가 가장 중요했고, 그래서 자유무역을 제창하게 된 것이다. 글로벌한 규모의 개방된 시장은 자본주의에 있어서 늘 필수적인 존재이다.[5] 근대 문명은 '수송문명'이라고도 말하는 것처럼,

---

4   프랑수아 지푸루, 노영순 역, 『아시아 지중해―16, 21세기 아시아 해항도시와 네트워크』, 도서출판선인, 2014. 이 책의 1장 제목이 '지중해와 글로벌화'인데, 그는 글로벌화를 1, 2차로 구분해서 1차는 이미 16세기에 시작되었다고 하고, 2차 글로벌화는 1985년을 기점으로 잡고 있다.

5   세키 히로노·후지사와 유이치로, 최연희 역, 『글로벌리즘의 終焉―경제학적 문명에서

영국이 해상제국으로서 모국과 식민지간의 무역을 전개하면서 각 지역의 항구를 연결한 세계 해상교통망을 건설했던 것 역시 글로벌한 자본주의 시장 네트워크를 만들기 위한 것이다.

따라서 근대 이후 시대마다 양상은 달랐지만, 세계화는 반드시 자본주의 발전과 전 세계로의 확장과정에서 계속 나타난 현상이라는 공통점을 갖고 있다. 정리하면, '어떤 것상품, 서비스, 기술, 투자, 정보 등이 지구 전체로 퍼지며' 세계 경제, 문화간 상호 의존성이 높아지는 현상인 세계화는 아주 오래전부터 있었고, 다만 시대에 따라서 그 함의는 변화했는데, 특히 대항해시대 이후의 현재까지의 세계화는 해상을 토대로 전개되고, 또 자본주의의 확장이라는 점에서 그 특징이 있다고 하겠다. 한국에서 1990년대 이후에 주목을 끌었던 세계화는 이처럼 오랜 역사를 갖고 있고, 그 근본적인 동력은 자본주의 세계체제의 수립과 확장에 있다고 하는데, 이런 관점에서 토머스 프리드먼은 세계화의 역사를 세계화 1.0$^{1491~1800}$, 세계화 2.0$^{1800~2000}$, 세계화 3.0$^{2000~현재}$의 세 시기로 나누었다. 그는 세계화 1.0은 대항해시대에 기반한 국가의 세계화를, 세계화 2.0은 해외 진출이 활발해진 기업의 세계화를, 세계화 3.0은 인터넷으로 연결된 개인의 세계화를 수반한다고 이야기한다.[6]

앞에서 말했듯이, 고대에는 특정 국가가 침략 전쟁을 통해 영토를 확장하여 제국을 건설했다. 제국의 성립은 특정한 무엇이 제국의 경계내에서

지리학적 문명으로』, 유유, 2021.

6   Thomas L Friedman, "It's a Flat World, After All", *New York Times Magazine*, Apr 3, 2005; Thomas L Friedman, *The World Is Flat: A Brief History Of The Twenty-first Century*, Thorndike, 2005(한글판 『세계는 평평하다』, 21세기북스, 2013)에서 주장했다. 한편 https://www.mk.co.kr/economy/view.php?sc=50000001&year=2022&no=578951에서는 프리드먼의 견해를 바탕으로 다음의 표로 구분했다.

확산되고 그래서 제국 전체의 공통된 무엇이 되게끔 하기 때문에 이것은 제국내의 세계화라고 부를 수 있다. 이후 초기 근대Early Modern라는 시대에는 바로 지역 또는 왕조국가라는 공간에 대한 인식의 범위를 확장하여 바다를 통해 세계 또는 지구라는 개념이 자리잡기 시작했다.세계화 1.0 그리고 근대 이후는 구미 지역과 일본 등의 나라가 식민지 확보를 통한 국민국가의 확대를 모색하면서 제국주의를 추구했던 시대였다. 이 나라들간의 세력 다툼이 바로 두 차례의 세계대전으로 나타났고, 그 전장은 바다와 해역에 집중되었다. 다시 말해 자본주의 세계화는 해상을 배경으로 서로 경제적 이익을 다투는 전쟁으로 표출되었고, 이것은 프리드먼이 1차[7] 세계화의 특징으로 삼는 국민국가의 수립과 산업화에 의해 추동된 것이다. 물론 이 과정에서 지식과 정보 및 노동이민이 이동하는 현상도 나타났다.

이러한 1차 세계화가 2차세계대전을 기점으로 냉전체제라는 반쪽 세계화에 의해 끝난 뒤, 1980년대 탈냉전을 계기로 사회주의체제의 붕괴와 자본주의적 시장경제로의 수렴, 그리고 신자유주의적 물결과 정보혁명

갈수록 진화하는 세계화

구분	세계화 1.0	세계화 2.0	세계화 3.0	세계화 4.0
시기	제1차 세계대전 전후	제2차 세계대전 이후	1990년대	2000년대 후반
주체	제국주의	국가	기업	개인
내용	제국주의 열강이 식민지 진출하는 형태로 세계화 진전	- 상품 무역 중심 세계화 - 시장은 효율성, 정부는 공공 담당	선진국 첨단 기술, 자본이 신흥국 저임금 노동력 활용	물리적 이동 없이 자유롭게 글로벌 서비스 시장 활동
영향	- 세계대전, 대공황, 파시즘 대두 - 제국주의와 자유방임 자본주의 등장	UN, IMF 등 국제기구 출범해 글로벌 거버넌스 등장	기업, 공장이 국경 넘는 '초세계화' '글로벌 가치사슬' 모델 등장	원격이민, 글로벌 일자리 플랫폼 활성화

자료 : 소프트웨어정책연구소

7   프리드먼은 1999년에 출간한 『렉서스와 올리브나무(The Lexus and the Olive Tree)』에서는 세계화를 1차와 2차로 구분했는데, 1차는 1800년대 중반부터 1920년대 후반, 이후 냉전시대를 거쳐 1989년 이후를 2차 세계화라고 불렀다.

으로 나타난 세계경제의 상호 의존의 증가는 바로 2차 세계화를 추동했다. 1차도 그러했지만, 2차는 이러한 세계화의 성격이 경제적 측면에서뿐만 아니라, 정치적, 사회문화적 측면 등 모든 분야에서 매우 복합적이고 중층적으로 나타났는데, 특히 '시장강화-국가약화'라는 현상을 띠게 하였다. 시장을 자체적인 조정기능을 가진 자기완결적 존재로서 특정 사회에서 총체적으로 통용되고 있는 윤리, 관습, 제도, 가치기준 등과 관계없이 독자적으로 존재하는 것으로 이해하는 신자유주의자들에 의하면, 특정 국가나 지역의 문화 또한 국가의 위력이 상실되면서 글로벌문화를 만들어낼 것으로 파악된다.[8] 이를 더욱 강화시키는 것이 정보화이다. 하지만 세계화는 강력한 어떤 특정한 무엇이 일방적으로 전파되고 수용되는 것은 아니며, 이에 대한 국가나 지역의 대응 역시 등장한다.

정리해보면, 세계화는 해상을 통해 지구적인 차원에서 전개된 교역에 의해 비롯되었다고 할 수 있다. 또 해역의 관점에서 본다면, 상품의 유통과 이에 종사하는 상인디아스포라 그리고 이들이 교역을 할 수 있는 시장거주지이 형성된 해안이 세계화의 기본적인 구성이다. 물론 이것은 세계화 1.0이나 2.0의 버전일 터이다. 이후 해안을 중심으로 산업화가 진행됨에 따라 상인만이 아니라 사람노동자들의 이동이 빈번해지고, 이러한 이동이 주로 해역도시에서 이루어지면서 그 도시는 에스니시티의 형성과 함께 국제적인 도시로 성장 변화한다. 이 해역도시는 트랜스내셔널 공간으로서, 혼종성이 세계화에 의한 세계현지화세계지역화를 추동하는 요소가 될 수 있으며, 또 배후지와 해양 공간과의 결절점으로서 하나의 네트워크를 구성하는 점에서 지역세계화 또는 (반)세계화의 첨병으로서의 역할을 한다.

---

8   김진기, 「세계화와 지역국가」, 『글로벌지역학연구』, 한국학술정보, 2022, 21쪽.

브로델이 '지중해 세계'에서 말한 해양 공간, 교류의 교차로, 상호 문명 간의 가교로서 해역도시가 작동하는 것이다.

2) 동북아해역과 세계화 - 리저널리즘

물자와 사람 그리고 문화의 전파라는 세계화는, 상(산)업에 기반한 자본주의 경제가 기반이 된 근대 이후에는 약탈과 폭력 그리고 전쟁으로 인한 갈등과 차별이 상존하는 원인이 되었고, 이러한 세계화에 대응하는 반세계화 운동이 세계적으로 일어나게 되었다. 19세기 이후 세계화가 주로 국가와 산업화에 의해 전개되었던 것에 반해, 20세기 후반이후의 세계화는 금융자본주의의 전지구적 확산에 의해 것으로 바뀌면서 이에 반발하는 국가적 또는 지역적 움직임이 대두되었다. 시장강화가 국가약화를 초래했지만, 이에 대해 오히려 보호주의와 내셔널리즘이 강화되면서 이 세계화에 대한 국가적 대응이 나타났고, 아울러 유럽연합이나 동아시아 지역공동체 등과 같은 리저널리즘 역시 제기되었다.

1990년대 이후 미국 중심의 세계화에 대한 대응은 세 가지로 나타났다. 먼저 국가 차원의 적응 내지는 개혁의 시도이다. 탈냉전이후 진행되던 자본과 시장의 자유로운 이동에 국가적 제동이 나타나기 시작한 것은 2010년대 들어서이다. 대표적인 예가 20세기 후반이후 중국의 부상이다. 곧 미국 주도의 시장과 자본의 세계화에 의한 단일 글로벌 체제로의 진전과 반대의 경향이 중국의 부상과 함께 나타난 것이다. 게다가 미국 대중문화를 중심으로 한 글로벌문화의 침투와 개입에 대한 저항이라는 측면에서 주권국가의 중요성도 여전히 존재한다. 다시 말해 '시장강화-국가약화'라는 세계화의 특징이 그대로 적용되지 않으면서 이에 대한 개별 국가적 대응이 이루어지고 있고, 이것은 다시 그 국가들 중심의 지역

연합체 형성이라는 주제로 옮겨갔다. 1992년 유럽연합이 결성된 이후 동아시아 지역에서도 지역화 구상이 제기되었다. 일본과 중국 그리고 한국이 모두 자국 중심의 동아시아 지역통합 또는 블록화를 추진했다.

이러한 일국 중심의 지역연합체 구상과 달리 리저널리즘이라는 어떤 특수한 감각을 배경으로 한 지역론이 그 동아시아 지역의 비판적 지식인들 사이에서 제기되었다. 주로 근대정치학에서 국가 내부의 지역분권제를 거론할 때 사용되고, '지역주의'로 번역되어 흔히 경상도와 전라도의 지역갈등을 가리키는 말로도 쓰이지만, 이것과 달리 '리저널리즘Regionalism'은 또다른 의미를 담고 있다. 이것은 국민국가라는 틀을 넘어 '지역적 유동성'을 전제로 삼는 공간에 대한 감각을 말한다. 동시에 오늘날의 국제관계나 국제정치학에서 무시되곤 하는 역사적 구조, 즉 지역 내 국가나 세력 간에 역사적으로 누적된 구조적 연관성을 찾아내는 '역사감각'이라고 규정할 수 있다. 지금까지의 역사서술이 일국一國의 국사나 국가간 외교사를 중심으로 이뤄져 왔다면, 바로 이 틀을 통해서 근대부터 탈냉전 시대까지의 '동아시아'를 새롭게 사유하려는 시도이다.[9]

이러한 리저널리즘 개념에 입각해서 본다면, 세계화를 특정 국가 중심의 국가연합이 아니라 그것을 상대화하면서 중앙과 지방, 세계와 지역에서 지방과 지역을 중심으로 한 새로운 지역연대를 추구하는 움직임을 상정할 수 있다. 한국의 비판적 지식인들 사이에서 이 지역에서의 사상적 연대를 도모하기 위해 제기된 동아시아론은 바로 이 지역에 '동아시아 공동의 번영'이라는 수사로는 감출 수 없는 적대 관계가 아로새겨져 있고, 곧 분단, 과거사 문제, 양안 문제, 영토 분쟁, 경제 패권 등의 문제가 상

---

9   마루카와 데쓰시, 백지운·윤여일 역, 『리저널리즘-동아시아의 문화지정학』, 그린비, 2008, 1장 참조.

존하여 한국과 북한, 중국과 타이완, 한국과 일본, 중국과 일본, 북한과 일본 사이에는 어지러운 갈등이 잠재해 있는 점에 주목했다. 긴장 관계가 얽혀 있는 각국 간의 역사인식의 충돌, 현실적 규모의 차이에서 빚어지는 지역 인식과 세계 인식의 간극은 동아시아의 문제 상황에서 좀처럼 가시화되지 않지만, 뼈대를 이루고 있다.

동아시아를 지리적 실체가 아닌 사유의 지평으로 삼으려는 시도들은 지난 20년간 이 지역의 문제들을 들춰냈으며, 동시에 자국인 대 외국인, 내부 대 외부처럼 정합적으로 짜인 패러다임에 담겨지지 않는 사고를 산출해냈다. 앞으로도 현실상의 갈등 가운데 사상적 연대는 더욱 절실할 것이다. 다만 사상적 연대를 도모할 때 국가 단위의 표상이 동아시아에서 얼마나 적절한지, 그리고 이 지역 내에 존재하는 지리적·역사적 규모의 비대칭성을 어떻게 사고할 것인지는 관건이 될 것이다.[10] 이를 극복하는 노력이 리저널리즘에 담겨 있고, 이는 동북아해역을 말할 때도 빠질 수 없다.

그렇기 때문에 그 노력의 일환으로서 동북아해역에 대한 새로운 지역학 연구가 요구된다.[11] 첫째, 세계화를 국가 단위에서가 아니라 지역 특히 동북아해역이란 공간에서 검토하는 것이다. 이는 국가 단위의 세계화 추진이나 대응이 아니라, 지역 연대로서의 리저널리즘 그리고 지역해역간 네트워크 형성을 대상으로 (반)세계화의 과정을 살피는 것이다. 둘째, 지

---

10 윤여일, 『프레시안』 연재 「동아시아를 묻다 1」, 2011.9.14.
    https://www.pressian.com/pages/articles/66799
11 글로벌라이제이션과 로컬에 대해서 논의하면서 종래의 지역학 연구의 최근 경향을 소개하는 것은 세계화와 탈세계화가 제기되는 가운데서도 여전히 국가가 문제되기 때문이다. 지역학 연구자들 사이에서의 견해 차이가 『글로벌지역학연구』 제1부(한국학술정보, 2022)에서 드러난다.

역학 2.0에서 지역이 '다른 집단과 구별되는, 공통적인 세계관을 가진 인간집단이 거주하는 지리적 범위'^{정해조, 1998}라면, 지역학 3.0^{글로벌 지역학}으로의 버전업이 요구된다. 이것은 글로벌 이슈가 특정 지역의 특수성에 영향을 직접적으로 미치게 되고, 어떤 지역의 특수성이 얼마간의 시간도 지체되지 않고 글로벌 이슈가 되어버리는 현상을 총체적으로 접근해보려는 것이다. 그리고 지역학 2.0에서의 지역의 개념이 메가지역으로 확장되었다. 메가지역에서는 하나의 공통된 세계관을 지닌 사람들의 집단이 주된 구성이 아니다. 서로 다른 문화와 다른 언어를 사용하는 지역간의 교류, 다중 문명의 교차 등에 대한 새로운 지역학이라고 할 수 있다.[12]

셋째, 중앙이 아니라 마을 단위로 사고하는 것이다. 안으로부터의 국제화, 내향적인 세계화라고 할 수 있는데, 대항적인 것보다 로컬이 자체적으로 노는 것^{싸빠띠스타 운동}, 풀뿌리운동, 로컬의 하위문화들, 연대의 사상운동^사, 로컬리티의 역동성 ― 세계-국가-로컬의 프레임에서 로컬리티를 사유함에 있어 초국가적 주체들의 공간적 이동성과 그들의 비공간적, 비공식적 네트워크의 확산양상 ― 에 대해서도 관심을 기울일 필요가 있다. 예를 들어, 가나가와현의 사례^{民際외교}[13]를 들 수 있다. 넷째, 지구-국가-로컬 이외에 디아스포라, 대륙, 권역의 층위도 고려해야 한다. 내재적이라는 말은 본질적이라는 의미보다는, 로컬의 고유성, 주체성, 독자성은 어디까지나 지구, 국가, 권역, 디아스포라적인 것의 층위들과 맺는 다양한

---

12 지역학 1.0은 한국의 1세대 지역연구를 가리키는데, 주로 냉전시대의 공산권 연구가 주를 이룬다. 지역학 2.0은 2세대 지역연구로 민족국가에 기초해 특수한 민족문화들의 조합으로 세계를 설명하는 민족국가 패러다임이 특징이다. 영어로 표현하면, International and Area Studies이다. 마지막으로 지역학 3.0은 Global and Area Studies이다. (정해조·현민, 「글로벌시대 한국 지역학의 과제」, 『글로벌지역학연구』, 한국학술정보, 2022, 45쪽)

13 김기수, 앞의 책, 33쪽.

관계를 치밀하게 또 폭넓게 규명하는 가운데 정의될 수 있다. 로컬들 사이의 역동적 네트워킹을 파악하는 것이다. 다섯째, 세계화가 이루어지는 장소, 장소성공간성의 발현해역의 특성 반영에 대해 살펴야 한다. 세계화는 공간의 확장, 대규모의 네트워크 형성, 사람의 거대한 이동을 초래한다. 그 이동의 가장자리에 있는 해역은 그런 점에서 세계화와 그에 대한 대응이 가장 첨예하게 나타나는 공간이라고 할 수 있다. 따라서 로컬에 거주하는 인간과 초국가적 이동을 하고 있는 주체에 대한 연구가 요구되고, 이는 글로컬리즘의 차원에서도 살펴야 한다. 상하이, 부산 등의 해역도시에 대한 연구도 필요하고, 이 도시에 살고 있는 다양한 집단에 대한 연구도 필요하다. 아울러 부산학과 상하이학과 같은 도시학이 지닌 정체성 연구에 대한 새로운 접근 역시 요구된다. 그것은 해역이 지닌 역동성 그리고 이를 추동하는 네트워크에 대한 연구에 기반하여 다시 재구되어야 하기 때문이다. 이런 시각에서 다음 절에서는 세계화에 따른 동북아해역의 변화를 대표적 해역 공간인 도시와 어촌을 중심으로 살펴본다.

3. 동북아해역의 변화와 네트워크 도시와 어촌

1) 해역도시의 확장 – 메가시티

1993년 김영삼정부에 의해 추진되기 시작한 한국의 세계화 전략은 냉전체제의 해체, 탈이데올로기 정책을 통한 한민족의 정체성 확립 그리고 동북아지역 블록화 구축 등으로 전개되었다. 한편 1980년대에 시작된 일본의 세계화 정책은 '세계화와 지역화의 결합'이라고 할 수 있는데, 특히 지방분권, 시민자치, 지역문화가 중시됨으로써 '지방화의 시대'가 열렸다. 그런데 이 지방화 역시 세계화의 붐을 타고 나타난 것으로 '가장 일본적인 것이 세계적인 것'이라는 생각을 하는 사람들에 의해 주도된 것이다. 일본인들에게 글로컬화는 글로벌문화를 로컬화시키는 것임과 동시에 로컬문화를 글로벌시킨다는 것으로 파악된다.

한국에서의 세계화붐은 지역의 해역도시에서도 추동되었다. 일찍이 부산발전연구원에서는 『부산－세계화·세계도시 가능성과 전략사업』이라는 연구보고서1995를 제출했다. 발간사에서도 세계인, 지구인으로서의 자질을 육성하는 것과 함께 세계화·지방화시대에 부산이 세계도시로서 성장해가야 한다고 강조하였다. 세계화의 패러다임은 민족국가를 전제한 뒤에 그들의 관계에 주목하는 국제화와 달리, 초국가이며 또 지역이나 대도시가 주체가 되어 전세계를 하나의 단위체로 만들어가는 현상이다. 물론 이것은 단일한 지구사회의 형성을 추구하는 것이라고 말할 수 없다. 이 발간사에서 말한 '세계화·지방화'는 곧 세계화는 지역화와 병행해서 동시에 진행된다는 의미이다. 바로 이것이 각국의 무역장벽과 국가주의적 장애들을 거추장스럽게 여기도록 하는 요인이며, 그래서 세계경제를 더 단일한 시장, 단일한 경제활동의 장으로 묶는 요인이라고도 설명한다. 그래서 세계화는 분권화, 자율화의 방향으로 전개되며, 어떤 사회적 영역에서든 중앙한국의 경우 수도권일극의 집중으로는 실현되지 않음을 강조했다.[14]

보충하자면, 대항해시대 이후 '도시 → 국가 → 도시'라는 형태로 세계화가 전개되어 왔고, 국가와 도시는 아직도 현재적으로 갈등하면서 병존해오고 있으며, 특히 도시는 자체적으로 지구화를 추진해 도시간의 국제적 네트워크를 형성하면서 확장해나가고 있다. 다시 말해 신자유주의 공

---

14 부산발전연구원, 『부산－세계화·세계도시 가능성과 전략사업』, 1995, 89~90쪽.

간규모재조정 기획에서 도시 경제가 국가의 투자 대상이 되면서 영토적인 정치적 단위로서 국가 개념에 변화가 발생했는데, 그 결과 공간관계의 질적 변화로 도시, 지역, 국가 및 글로벌 공간이 영토관계의 계서적 단위로 이해되지 않게 되고, 도시의 의미와 지위가 크게 변화했다. 아울러 기존의 정치적 국민의 정체성을 동요시키고, 새로운 성격의 시민권을 확보할 계기가 마련되었다. 이것은 이동성의 행위자들을 로컬의 공간규모scale나 글로벌 공간규모의 사회적 활동과 분리된 추상적인 요소가 아니라, 상호 연관된 요소로 이해할 전망을 확장시킨다. 그 결과 이주민이 시민권에 참여할 수 있는 조건과 그것이 새로운 로컬리티를 생성하는 과정에 주목하게 된다.[15] 이러한 현상은 특히 해역도시에서 두드러진다.

　동북아 해역도시들, 특히 앞에서 언급한 부산의 세계화 전략은 '세계도시'라는 개념으로 나타나고 있는데, ① 세계도시는 세계경제의 전개와 일국의 도시경영이 연결되는 특성, ② 세계도시는 어떻게 규정하든지 전통적인 도시의 중심지적 속성, 예컨대 생산활동의 거점, 문화이데올로기 창출의 구심, 관리 통제의 중심이라는 특징이 다층적으로 형성된 곳, ③ 세계도시는 기존의 일국가의 동질적 인구집단이 활동하는 공간이 아니라, 외국인의 유입을 통한 인구 및 고용, 계층구조가 중첩 혼재된 사회 공간, ④ 이러한 제반 사회, 공간적 변이는 바로 사회적인 기준과 문화, 도시의 이미지, 장소감 등을 이질적으로 접합시키고 도시의 몰장소성을 뚜렷하게 부각시키는 특징을 갖는다고 한다.[16] 그리고 이 보고서는 부산의 세계화 잠재력을 ① 동북아 경제 결절점이자 환동해 경제권과 환황해 경제

15　장세룡, 「이동성과 이주공간의 변화 그리고 로컬리티의 생성」, 『로컬리티인문학』 7, 부산대 로컬리티사업단, 2013, 8쪽.

16　부산발전연구원, 앞의 책, 87쪽.

권, 환발해경제권역, 한일해협권역의 교류지점으로 동아시아 비즈니스 거점도시, ② 동아시아의 물류중추도시, ③ 남북통일과 대륙철도의 기착점, ④ 아시안게임 등 국제적 이벤트 적극적 유치, ⑤ 국제인프라 완성에 의한 세계적 교류거점 형성, ⑥ 다도해관광거점의 국제관광리조트 도시, ⑦ 다핵도시 연합형 대도시권 출현 등을 들고 있다.[17]

이상의 보고서에서는 주로 해역도시 부산의 세계화 전략 그리고 잠재력을 일차적으로 경제나 비즈니스 분야에서 찾고 있는데, 한편 이와 함께 2000년대 들어와서는 '부산학'이라고 명명된 연구가 진행되었다는 점도 세계화의 흐름에서 제기된 것임을 잊어서는 안될 듯하다. 이것은, 해역도시의 세계화 전략이 지닌, 곧 경제 일방통행 다시 말해 미국 주도의 세계화에 대한 대응-전략이면서 동시에 세계도시로서의 위상을 갖추기 위한 자체적인 지역화 전략의 성격도 있는 것으로 해석할 수 있다. 그래서 부산성 탐구 그리고 해양도시 부산이 지닌 해양성에 대한 분석 등으로 나타난 부산학은 지역화에 대한 인문학적 접근이라고 하겠다.

이것은 비슷한 시기에 상하이에서 '상하이학'에 대두된 것과도 상통하는 지점이 있는데, 부산과 상하이는 19세기 후반 개항된 도시이면서 현재 동북아해역에서 가장 발전한 해역도시라는 공통점을 갖고 있다. 그런 점에서 지역문화학의 성격을 띤 부산학, 상하이학은 근대 동북아 해역도시의 형성 그리고 이로 인해 만들어진 정체성을 확인하고 세계도시로의 발전을 추동하는 과정에서 자연스럽게 대두된 학문이라고 할 수 있다. 이와 같이 상하이학, 부산학이라는 특정 지역도시의 학문이 성립하는 배경에는 바로 세계화에 대한 작용과 반작용이 있는 것이다. 특히 글로컬리즘

---

17   부산발전연구원, 앞의 책, 98~102쪽.

의 관점에서 이러한 지역도시학은 사회과학적인 지역학 연구와, 도시의 정체성 확인이라는 점에서 인문학 연구가 결합하는 형태로 나타난다.

예를 들어 상하이학을 "상하이학이란 상하이에 관한 각양각색의 분과와 분야 및 역사와 현상에 대한 연구로부터 그들 상호간의 관계와 핵질을 발굴해 내고 이로부터 상하이라는 하나의 도시형을 연구하고 발전시킬 학적 토대를 구축하는 것이라고 할 수 있는데, 그 속에는 상하이의 특수성을 풍부하게 하면서도 도시학이라는 공통성을 내포하는 학리성을 지녀야 한다"[18]라는 규정에서 본다면, 부산학 역시 부산의 특수성과 도시학이라는 공통성을 함께 추구하는 학문이라고 할 수 있다. 상하이와 부산은 동북아의 대표적인 해역도시이자 개항도시이고, 이 점은 앞에서 말한 특수성과 공통성의 공통분모이기도 하다. 하지만 종래 지역연구가 단일지역으로만 한정했던 것에서 나아가 세계화 시대에는 지역간 연계나 관련성에 대한 이해를 강화하는 요소로 해역간 네트워크에 대한 연구를 지향해야 한다는 점은 상기할 필요가 있다. 왜냐하면 동북아해역은 단독적으로 존재하는 것이 아니라, 오랫동안 바다를 통한 교류를 지속해왔기 때문에, 하나의 권역으로서 또 네트워크로서 바라볼 필요가 있기 때문이다. 다시 말해 상하이와 부산은 단독적이면서도 서로 연결되어 있다는 것인데, 그것은 바로 해역에 존재하기 때문이다.

그래서 해역도시 보다 앞서 해역간 네트워크 확대 곧 환해역권역에 대한 연구가 대두되었는데, 이것이 결국 세계화에 의해 추동된 해역도시들간의 연계를 브로델의 지중해문명론에 근거해 제기한 것이라고 한

18　陳旭麓,「상해학의 추세」,『史林』제2기, 上海社會科學院, 1999, 2쪽; 김태만,「글러칼리제이션 시대 상해학의 통해서 본 부산성 연구」,『中國現代文學』0(29), 2004, 314쪽 재인용.

다면, 해역도시 뒤의 배후지와 옆의 해역공간 확장에 대한 요구가 경제적인 분야에서 제기되었다. 이것의 대표적인 예가 메가도시 구상이다. 예를 들어 서울대 아시아연구소 HK+사업단의 메가 아시아Mega-Asia연구가 곧 '아시아'를 국가나 권역 단위의 '부분'으로 파악하는 시각을 넘어 아시아 전체를 하나의 연구 단위로 설정하고 개념적·현상적으로 규명하는 연구를 진행하려고 하는 것처럼, 메가도시 역시 한 도시만을 집중해서 보는 것이 아니라 특정한 지역의 도시를 모아서 전체적으로 보고자 하는 것이다. 실패한 것으로 보이지만, 최근의 부울경 메가시티 구상도 여기에 포함된다. 국가 단위가 아니라 지역을 확장한 광역 경제권역이란 세계화의 한 현상에 착안하여 한국의 수도권 중심을 탈피하고 다중심의 하나로서 영남권역 곧 부울경 도시를 중심으로 한 경제권역을 수립하려는 시도이다.

물론 이것은 부산의 입장에서 본다면, 산업화 시대를 이끌었던 제조업 기반이 사라지고, 그래서 이후 추구한 해양도시 전략 역시 몇몇 금융권의 이동이 있고, 또 해양관광업 활성화 도모 등의 계획이 추진되었으나, 아직 이렇다할 성과를 얻지 못한데다 물류거점이 부산의 동부와 서부권으로 이전하면서 생긴 도시 공동화 현상이 강화되는 상황에서 영남권의 3개 시도 거점도시를 중심으로 네트워크를 형성하고, 또 4개의 중심도시부산, 울산, 창원, 진주간의 연계를 강화함으로써 시너지 효과를 통해 공동 성장을 추구하고자 하는 것이다.[19] 전세계적으로도 1천만명 이상의 도시가 2018년 33개에서 2030년에는 43개로 증가할 전망인 것으로 보면, 메가시티는 세계적인 현상이라고 할 수 있다. 세계화에 의한 리저

---

19 안영철, 「부울경 미래발전전략−부울경 추진전략」, 『한국지방정부학회 학술대회자료집』 2021(8), 2021.

널리즘의 대두가 종전의 국가간 연합이 아니라 국가의 특정 지역이 확대되는 형태로 등장하고, 이처럼 특정 지역의 메가시티화는 대체로 해역도시를 중심으로 해서 나타나고 있는 것이 특징이다.[20] 이제 전세계는 다극체제로 전환하고 있고, 부울경 메가시티 구상 역시 이러한 세계화의 추세에 따른 것이지만, 안으로 들어가 보면, 수도권 집중과 지역 소멸이란 한국적 상황에 의거한 부산의 자구책이라고도 할 수 있다. 물론 이것은 전적으로 경제공동체 형성이 주가 되지만, 자연스럽게 행정 및 생활공동체를 포함하는 다양한 문제를 안고 있다. 개별적인 사사체들이 연합하여 거대한 지역공동체를 형성하는 것이기 때문에 풀어야할 문제는 산적하다. 부울경 메카시티 논의가 중단된 것 또한 바로 이런 과정에서 생긴 것이다.

대외적인 면에서 본다면, 동남권 메가시티의 중심인 부산은 지역도시와 세계를 연결하는 국제 관문 역할을 수행하도록 기획된다. 동남권은 1,000만 인구가 집중되어 있으며, 이들은 해양을 통해서만 다른 국가들의 도시와 연결될 수 있다. 앞으로 가덕도 신공항은 동남권과 아시아 동북아시아, 동남아시아, 남아시아의 주요 도시권과 point-to-point로 연결함으로써 다른 메가시티와 연결된다. 소규모의 인원을 태운 단일 통로 비행체 single-aisle cabins를 통해 동아시아 도시들을 촘촘하게 연결함으로써 동아시아 국제도시들이 생활권 내로 포섭되게 하는 것이다. 이것은 한편으로는 동남권이 국제적인 도시권으로 편입되는 경로이며, 다른 한편으로는 동남권 내에 다양한 비즈니스 모델을 만들 수 있는 계기로 작용할 수 있다. 더불어 동남권 공항은 중국과 일본인들의 접근성을 높이는 것은

20   하경준, 「동남권(부울경) 메가시티 기본구상 및 전략」, 『한국지방정부학회 학술대회자료집』 2021(8), 2021.

물론이거니와, 한국 대학 및 노동시장으로 꾸준이 유입되고 있는 동남 아시아 인구들이 동남권에 쉽게 접근할 수 있는 경로를 제공한다.[21]

이와 관련해서 주목되는 것이 가덕도 신공항 건설과 2030엑스포 유치_{결과적으로 실패했다}이다. 이것은 부산시가 추진하는 국제프로젝트와 세계도시화 전략으로서, 가덕도 신공항 건설은 부산 신항만과 함께 물류의 거점이 됨으로써 배후지인 동남권역의 산업단지 및 거점도시와 연결되는 플랫폼으로 중요한 역할을 하게 된다. 또 공항은 화물 수송을 통한 직접적인 경제적 이익을 창출할 뿐만 아니라, 공항이 입지한 곳에 공장이나 물류기지 등의 건설을 유도할 수 있어 지역 경제를 더욱 성장시키는 효과도 기대할 수 있다. 따라서 공항의 건설은 단순히 교통인프라의 확충이라는 차원을 넘어 공항이 입지하게 될 지역의 성장전략과 더불어 종합적이고 중장기적인 지역개발계획의 차원에서 접근해야 한다. 공항 건설이 교통 관련 부서만의 업무가 되면 지역 파급효과는 기대하기 어려울 수 있다. 그 뿐만 아니라 항공산업이 발달함에 따라 공항은 단순히 항공기가 이착륙하는 단순한 교통시설에서 벗어나 점차 복합적인 기능을 수행할 수 있는 공간으로 거듭나게 되었다. 오늘날의 공항은 여객 및 물류 서비스를 제공하고 창출하는 하나의 거대기업으로 성장했다. 나아가 공항도시^{Airport City} 또는 Aeropolis 개념을 도입하여 현대 사회경제활동의 요구에 부응하는 데 필요한 제반 기능을 고루 갖춘 거대하고 독립된 하나의 도시로 진화되고 있다. 최근에는 공항 상주직원의 생활수요까지 충족시킬 수 있는 주거환경을 비롯하여 호텔, 컨벤션센터, 사무실, 상가, 위락시설, 자유무역지대, 항공·관광업체, 쇼핑센터 등 공항도시의 효용가치를 높이는 전략을 구

---

21 남종석·송영조, 「동북아 흐름의 경제와 가덕도 신공항」, 『부경대 인문한국플러스사업단 제6회 국제학술대회 발표자료집』, 2023.

사하고 있다.[22]

그런데 공항건설과 함께 전개되는 이러한 해역도시의 확장이 가져다 줄 경제적 효과는 클지 모르지만, 이에 따라 파생되는 문제 또한 만만치가 않다. 대표적인 것이 해역도시 주변에 존재하는 어촌 지역의 소멸이다. 그리고 이것의 소멸은, 지역문화학의 입장에서 본다면 이곳에 살고 있는 사람들의 삶과 생활의 변화에 따라 이들이 계승해온 문화의 소멸을 초래한다. 세계화가 함께 추동된, 부산학에서 제기한 부산성이라는 것은 곧 로컬리티를 찾아가는 문제이다. 이 소멸이 다른 것으로의 전환으로 나타날지 아니면 흔적조차도 남지 못하게 될지 하는 것은 결국 세계화에 따른 현지세계화^{지역세계화}의 과제이다.

2) 어촌의 소멸과 복원 – 글로컬리즘

해역도시의 확장 곧 메가지역의 형성이란 세계화의 한 단면에서 본다면, 아이러니하게도 이 과정에서 그 지역내의 공간 배치가 바뀌게 되면서 발생하는 문제가 있는데, 그 대표적인 것이 이미 근대화 과정에서 문제시되었던 바로 도시와 농(어)촌의 관계이다. 해역의 공간에서 본다면 어촌과 도시가 될 터이다. 앞에서 말한 부산의 가덕도 신공항 건설이 결국 가덕도 어촌과 어민의 삶에 큰 영향을 주고 있는 것이 현안으로 떠오르고, 이로 인해 해역도시의 확장과 어촌의 소멸이란 등식이 성립하게 된 것이 문제다. 물론 광역경제권 형성이란 목표로 인해 해역도시의 확장이 이루어지면서 파생될 문제는 더 많다. 이러한 사업에 의해 늘 혜택을 받는 이가 있다면, 피해를 받는 사람이 등장하기 마련이고, 그 대상이 가덕도 신

---

22 이호상, 「일본의 국제공항 건설과 지역개발」, 『부경대 인문한국플러스사업단 제6회 국제학술대회 발표자료집』, 2023.

공항의 경우는 바로 어민이다. 그런데 어촌 소멸은 단지 가덕도에 국한되지 않는 전국적인 과제다.

어촌 소멸의 가장 큰 요인은 어장의 축소에 따른 소득 감소에 있으며, 그 어장 축소는 결국 기후 등의 환경적 요인 외에도 어류 남획과 같은 행위 그리고 해양쓰레기 등의 환경오염 등이 원인이다. 어장 축소에 따른 소득 감소는 결국 어민의 생계를 위협하고, 그래서 어업에 종사하지 못하고 어촌을 떠나게 하는 원인이 되고 있다. 어민과 어촌이 사라진다면 결국 그 어촌문화 역시 없어진다. 앞에서 말한 해역도시의 확장도 어촌 소멸과 상관관계가 있다. 소위 도시어촌이라 불리는 해역도시 주변에 위치한 이 어촌의 유지와 변화는 세계화의 흐름에 따라 세계도시로 성장해가는 해역도시의 미래상에서 고민되어야할 문제다. 가덕도 신공항 건설과 가덕도 대항마을 어촌의 소멸은 이런 문제를 고민할 소스를 제공한다. 어촌이 사라짐으로써 어촌문화 역시 사라지고, 그 전통문화가 광역경제권 형성이란 개발논리에 의해 소멸되는 것이 과연 이 지역의 로컬리티를 형성하는 차원에서 다시 문제제기되어야 하는 것이다.

로컬리티는 전지구적 자본주의 체제 하에서 지정학적으로나 인식론적으로 서발턴 위치에 있는 로컬의 대항적 타자성을 의미하며, 따라서 그것은 서발터니티의 지정학적 표현이다. 근대성과 식민성이 접합된 전지구적 자본주의 체제의 인식론적 작동에 대항하면서 포스트식민적인 로컬 역사의 새로운 인식론을 추구하는 이들의 작업은, 각 지역의 특정한 역사적 경험에서 유래하므로 단독적이지만, 그 지역들에 대한 자본주의의 (신)식민주의적 지배의 보편성으로 인해 전지구성을 띠는 독자적인 개념들을 통해 이루어지고 있다.[23] 이러한 해석에 따르면 어촌과 전통문화의 복원과 유지 그리고 이것이 세계화에 대한 대항문화로서 의미를 가질 것인지, 그리고 어민도 바로 서발턴으로서 규정할 수 있는지 하는 이론적 문제가 남는다. 이것은 이 장에서 깊이 다룰 수 없는 난제로서 다른 장이 필요하겠다. 다만 근대화 이후 여전히 지속되고 있는 '개발과 보존'의 문제가 세계화의 이중적 측면에서 어떻게 지혜롭게 풀어갈 것인가 하는 점은 지적해야겠다. 예를 들어 가덕도의 숭어잡이와 어촌마을의 전통문화 보존이란 것과 가덕도 신공항 건설이 상생할 수 있는 방안을 찾는 것이 시금석이 될 것이다. 생태공항, 상생공항이 되는 방안이 개발의 입장에서 추구되어야 하고, 또 도시어촌 역시 블루 어바니즘Blue Urbanism의 관점에서 유지될 수 있는 방안이 강구되어야 한다. 이를 위해 해역간 네트워크 형성을 통해 세계적으로 공통된 이 문제를 풀어가는 노력도 필요하다.

참고로 타이완 역시 어촌과 어민 인구 감소 문제에 직면하고 있다. 특히 연안 생태계가 파괴되어 연안 보호, 식량 생산 및 탄소 저장의 이점이 감소해 연안 어촌 커뮤니티가 폭풍 및 해수면 상승에 더 취약해지면서Barnett & Adger, 2003 해안 지역의 지속 가능한 발전의 열쇠가 되고 있다고 지적되고 있다. 이를 위해 국제적 협력이 요구되는데, 유엔지속개발회의 UN Sustainable Development Summit는 2015년 지속개발목표Sustainable Development Goals, SDGs를 제시하여 전 세계적으로 영속적인 발전 추진방침이 되었다. 세계 각국은 SDGs의 목표와 목표를 이행하기 시작하여 각계각층의 파트너가 공동으로 노력하는 방향으로 가고 있으며, SDGs의 17개 목표를 실천하는 것은 전 세계적으로 지속 가능한 발전을 달성하는 중요한 방법이 되었다. OECDOrganization for Economic Co-operation and Development 및 APEC Asia-Pacific Economic Cooperation와 같은 국제기구가 해양경제를 중시함에 따라

---

23   김택현, 「'서발턴(의) 역사'와 로컬 역사 / 로컬리티」, 『로컬리티인문학』 2, 부산대 로컬리티사업단, 2009, 149쪽.

블루경제 개념은 해양경제의 지속 가능한 발전을 위한 기초정신으로 제시되어 최근 몇 년 동안 빠르게 발전하였다. 지속적인 관점에서 해양발전을 진행한다는 것은 점차 세계적인 공감대를 형성하고 있으므로, 해안 어촌과 그 산업의 지속적인 공생을 촉진하는 것은 어촌의 영속적인 발전을 위한 중요한 정책이 되고 있다.

곧 타이완의 어촌은 많은 지속적인 발전 과제에 직면해 있으며, 국제적 시야를 가진 SDGs와 카스피해 추진 등의 이니셔티브를 도입하여 글로벌 현지화를 실현하고, 어촌의 지속적인 발전에 더 나은 이념과 운동 에너지를 제공하며, 현재 어촌이 직면한 어업 자원 감소, 기후 변화, 인구 노화, 사회 환경의 각종 어려움을 점진적으로 해결하고, 환경 변화에 저항하는 능력과 인성을 발전시키고자 노력하고 있다. 또한 타이완이 추진하는 경험은 국제적으로 거울이나 참고가 될 수 있는 중요한 사례가 될 수 있으며, 현지 세계화의 관점에서 그 경험을 전 세계에 보급하고, 여러 나라와 교류하고 공유하며, 더 많은 협력과 파트너십을 창출하고, 전체의 영속적인 발전 기회를 얻어 SDGs의 발전을 실천할 수 있을 것으로 기대한다.[24]

요약하면, 어촌 커뮤니티 의제는 이미 해안지역의 지속적인 발전의 관건항목으로, 지속적인 발전은 단일 커뮤니티나 조직이 해결할 수 있는 문제가 아니며, 개인과 커뮤니티, 커뮤니티간, 커뮤니티와 국가, 그리고 국제 협력 파트너와 손을 잡아야만 점진적으로 영속적으로 발전하고 SDGs의 실현이 가능할 수 있다. 그렇기 때문에 타이완 근해 어촌 전체의 지속적인 발전과 세계화 의제를 탐구해, 타이완 어촌이 직면한 지속적인 문제와 잠재적 해결방안을 찾는 노력은 SDGs 실현의 한 좋은 사례가 될 것이

---

24 陳均龍, 「臺灣沿海漁村的全球在地化與永續發展」, 『부경대 인문한국플러스사업단 제6회 국제학술대회 발표자료집』, 2023.

다. 결국 근해 어촌의 지속발전은 한국뿐만 아니라 일본 및 중국의 어촌 역시 직면하고 있는 문제이기 때문에, 동북아해역내 어촌 네트워크의 형성을 통해 공동으로 풀어가야 한다. 세계화는 이처럼 동북아해역내 어촌에서도 현지세계화 또는 로컬공동체나 로컬들 사이의 역동적 네트워킹을 추동하고 있다.

4. 나오며 해역네트워크의 세계화를 향해

소위 세계화는 국민국가의 경계를 무너뜨리면서도, 한편으로는 이에 대한 국민국가의 대응을 유발했고, 동시에 리저널리즘이라는 지역 연합 또는 블록화가 추동되었다. 국가 내 각 지역에서는 지자체를 중심으로 한 메가도시와 같은 광역생활권 형성이 도모되거나 또 시민단체 등에 의한 세계화와 현지세계화, 반세계화 움직임이 현상하였다. 이는 곧 "지구를 우주적 차원에서 인식하고, 또 지구의 각 지역에서 일어나는 일들을 전지구적 차원에서 관찰한다든가, 혹은 지구의 각 국민국가의 국민이 자신들의 사업이나 삶을 전 지구적 차원에서 계획하는 태도 내지 입장"[25]이 정말 지구적인 차원에서 전개되고 있음을 웅변한다.

이러한 세계화의 흐름을 해역이란 공간 특히 동북아해역에 초점을 맞추어서 확인하고, 그 과정에서 동아시아에서 추동된 해양사 연구 역시 이와 무관하지 않음을 파악했다. 예를 들어 한국에서 브로델의 지중해 연구에 착안하여 '동아지중해론'이 제기된 것도 그러하며, 1980년대 나온 일

25 　一柳みどり 編,『現代用語の基礎知識 2001』, 東京:自由国民社, 2000, 1453쪽.

본의 아시아교역권론 그리고 이어진 '해역아시아연구'와 같은 논의들 또 중국이 '해양중국'을 표방하고 일대일로를 주장하면서 해양사연구에 시동을 걸은 상황 모두 세계화에 대한 동아시아적 반응이라고 할 것이다. 이러한 흐름은 모두 동아시아 해역에서의 세계화 현상의 일환이라고 말할 수 있겠다.[26]

이 장에서는 1990년 이후 미국 중심의 세계화가 초래한 전세계의 경제적 불평등과 정보화가 촉진한 일방적 문화 전파 그리고 이에 대한 세계 각지의 대응이 동북아해역에서는 어떻게 드러났는지 글로컬리즘의 관점에서 해역도시의 확장 그리고 이에 따른 어촌의 소멸이란 문제에 착안하여 살펴보았다. 이 둘의 관계는 결국 오늘날 전 세계에서 화두가 되고 있는 환경 문제 그리고 지속가능한 발전이라는 것과 불가분의 관계에 있다. 해역민들이 지속적으로 해역에서 편안하게 생활할 수 있도록 인문학을 비롯하여 여러 학문분야에서 함께 고민해야 한다. 부산의 가덕도 신공항 건설과 메가시티 추진이 과연 해역민 나아가 그 지역민들의 삶을 풍요롭게 하는 방향으로 가고 있는지, 또 블루경제도시를 실현하기 위한 방안이 제시되고 있는지 따져야한다. 그런데 이것은 단지 부산이나 한국의 해역에 국한되는 문제가 아니다. 해역을 로컬이라고 했을 때 단지 해역이란 그 지역으로 국한되지 않는다. 해역은 바다를 두고 서로 열려 있고 연결되었기 때문에 — 마치 지중해를 두고 해역의 많은 도시들이 서로 연결되어 있는 것처럼 말이다. 그래서 리저널이기도 하다. 동북아해역역시 이렇게 되어 있고, 그 해역간의 협력과 연대는 결국 해역네트워크의형성으로 나타난다. 세계화와 세계지역화의 대안으로 지역세계화가 필

---

26   서광덕·손동주, 「동북아해역인문학 관련 연구의 동향과 전망－부경대 HK+사업단 아젠다 연구와 관련하여」, 『인문사회과학연구』 22(1), 2021.

요하다고 주장하는 논자의 입장 — 물론 그는 모든 로컬이 당지에서 생동하는 지역문화학으로 자리 잡을 때 진정으로 세계화 극복의 단초가 될 수 있다고 했지만 — 을 받아들인다면,[27] 그것을 가장 잘 표현할 수 있는 곳이 바로 해역이라고 할 수 있겠다. 해역은 세계화도 반세계화도 글로컬리즘도 모두 혼재하고 있는 공간으로, 미래 사회의 지속가능한 발전블루이코노미을 위한 바탕인 바다를 접하고 있기 때문이다.

---

27   박치완, 「로컬 중심의 대안적 세계화 기획-'세계→지역화'에서 '지역→세계화'로」, 『인문콘텐츠』 제58호, 인문콘텐츠학회, 2020, 50쪽.

제3장

동북아해역도시의 도시재생

1. 들어가며

20세기 중후반부터 세계의 많은 도시들은 소위 '도시재생' 또는 '도시창생'이란 이름의 사업을 전개하였다. 사실 현대 세계 도시들의 역사를 보면, 주로 '개발'과 '성장'이라는 구호아래 도시화가 전개되어 산업시설이 들어서고 인구가 유입되었으며, 이에 따라 공간을 확장하면서 대도시 메트로폴리탄가 된 사례가 적지 않다. 한국만 하더라도 서울이나 부산과 같은 도시 역시 이러한 과정을 거치면서 성장해왔다. 이와 같은 도시의 성장에서 중요한 것은 무엇보다 사람의 유입이다. 사람들이 특정 공간으로 몰려들고 그 곳에서 그 자신들의 삶터를 만들고 또 공동체를 형성해서 살아가는 것이 가능해야 도시가 형성되고 유지된다.

그런데 20세기 후반부터 한국에서 도시개발보다 도시재생이란 말이 부쩍 널리 사용되게 되었다. 이것은 부산을 비롯하여 지방도시에서 발생한 인구소멸 문제가 심각해진 탓이 크다. 예전 산업화 시대에는 공단 등 산업시설의 설치로 인해 인구의 흡입이 활발해지고, 이에 따라 도시개발이란 이름의 도시정책이 실행되었다. 그런데 탈산업화가 진행된 이후 이러한 산업화에 의한 인구흡입 요인이 사라지면서 점차 인구가 줄어들고 노령화가 진행되는 도시들이 늘어나자 도시를 유지할 방안을 찾지 않으면 안되었고, 이에 따라 도시재생을 통해 인구 유입을 도모하자는 인식을 갖고, 다양한 도시재생사업을 전개하고 있다.

이 장은 동아시아 지역의 해안가 도시 이른바 해역도시들의 도시 개발 및 재생 관련 사업의 현황을 대표적인 사례[1]를 통해서 살펴보고, 그것의 공통성과 특수성을 밝히고, 또 이러한 사업들이 동아시아 해역도시민들에게 끼친 영향에 대해 파악해보고자 한다.

2. 동아시아 해역도시 개발과 재생의 같고同 다름異

근대 이후 동아시아에는 베이징이나 서울과 같은 전통적인 도시들외에 개항을 통해 급성장한 연안 도시들이 많다. 상하이, 칭다오, 부산, 인천, 요코하마, 고베와 같은 도시들이 그러하다. 개항초기에는 상업과 교역을 위한 공간으로서 사람들이 모이던 곳이 산업화와 근대화과정을 거치면서 점차 새로운 모습으로 변화했다. 특히 현대 시기 이후 건축과 토목 기술 분야가 비약적으로 발전하면서 경제적 목적과 편의만을 추구하면서 과거를 몽땅 지우고 완전히 새로 만드는 재개발과 하얀 도화지 위에 그림을 그리듯 마음대로 설계하는 신개발 방식이 도시에 적용되면서 도시는 거대한 콘크리트로 둘러싸인 성채로 변화하였다. 지금도 이런 방

---

1   연구대상의 도시로 상하이, 홍콩, 부산을 설정한 이유는 동아시아 해역도시들은 대단히 많지만, 부산과 비교했을 때 이 두 도시가 많은 시사점을 줄 수 있다고 판단했기 때문이다. 모두 개항도시라는 점 그리고 산업화 이후 물류와 금융면에서 부산이 추구하는 방향과 비슷하기 때문이다.

식의 도시개발은 진행되고 있는데, 한국의 경우 1960년대부터 시작된 재개발은 1970, 1980년대를 거치면서 광풍으로 바뀌고, 2000년대 초까지도 이것은 수그러들지 않았다. 2010년부터 소위 뉴타운 건설이라는 신개발과 철거형으로 대표되는 재개발의 대안을 찾기 시작하면서 '도시재생'이 새로운 대안으로 떠올랐다. 그리하여 지난 정부는 '도시재생 뉴딜사업'을 추진하였는데, 이에 대해서 도시재생이 종래의 재개발 방식으로 추진된다면 이 역시 부작용을 낳을 수밖에 없다는 우려도 있다.

한 도시연구자는 도시재생 곧 '도시를 되살린다'는 말은 '도시가 생명체'라는 점을 전제로 한다고 말한다. 이런 전제라면 도시재생은 생명을 살리는 일이니 신중해야 한다, 곧 '실패해도 그만'이라는 식으로 밀어붙여서는 안된다는 것이다. 따라서 재생 시대에 도시를 대하는 자세는 개발 시대에 도시를 대하던 자세와 달라야 한다. 이론적으로 개발과 재생이라는 말은 도시를 바라보는 전혀 다른 관점과 접근 방법을 전제한다. 개발은 봉해져 있던 것을 연다는 뜻이 담겨 있다. 따라서 개발한다는 것은 봉한 것, 감추거나 감싸놓은 것을 열고 펼친다는 뜻이다. 도시 또는 지역 개발은 자연 상태로 있던 토지나 천연자원에 사람이 손을 대 더 나은 상태로 발전시킨다는 뜻이다. 그런데 생명체가 다 그렇듯이 도시 역시 불가피하게 나이를 먹고 늙는다. 곧 개발 시대가 영원하지 않다는 얘기다. 인구가 줄고 경제상황도 예전 같지 않으니 아무리 신개발이든 재개발이든 개발사업을 벌여 봐야 성공을 보장할 수 없다. 이제 세계는 선후의 차이는 있어도 너나 할 것없이 재생에 몰두한다. 모조리 철거하고 새로 짓는 대신 하나하나 천천히 고쳐 쓰는 식이다. 이것이 바로 도시재생이다.[2]

---

2   정석, 『천천히 재생―공간을 넘어 삶을 바꾸는 도시 재생 이야기』, 메디치, 2019, 서론.

현재 한국을 비롯한 여러 도시들은 재개발과 재생의 방식을 함께 사용하고 있는 듯하다. 부산의 경우 현재 도시계획과 관련해서 시행하고 있거나 준비하고 있는 정책에는 가덕도신공항 건설, 엑스포 유치, 북항재개발 등의 굵직한 토건사업이 놓여 있고, 또 원도심 개발과 산복도로 르네상스 등의 사업들이 실행되었거나 진행중이다. 이처럼 도시들마다 도시 재개발과 도시 재생이 동시에 진행되고 있는 것이다. 물론 도시재생이 주가 되는 시대에도 개발은 필요하다. 다만 그 개발의 방식은 종래의 것과 달라야 한다. 도시개발 시대의 개발 방식이 대규모의 신도시 건설 그리고 재건축과 뉴타운 방식이었다면, 도시재생 시대에는 이와 달리 소규모로 또 새롭게 종래의 것을 고치고, 도시의 밖으로 확장보다는 도시 안쪽의 빈 곳을 채우는 방식으로 혁신하는 것이다. 따라서 도시재생이 뉴딜New Deal이 되려면 이러한 방식으로 전환해야 한다.[3]

20세기 후반부터 동아시아 지역의 해역도시들 사이에서 도시재생 정책이 집중적으로 다양하게 제기된 데는 ① 압축성장 과정에서 발생한 도심 노후화 및 공동화 ② 역사 및 문화유산의 보존과 활용 ③ 도시재생을 통한 지속가능한 도시개발의 필요성이라는 공통점이 존재한다. 한국뿐만 아니라, 이 지역의 해역도시들이 그 나름의 역사와 속도에 따라 산업화와 근대화를 거쳐 지금의 모습을 갖추었는데, 커다란 구조적 변화를 통해 '도심'은 '구도심'으로 바뀌었고, 도시의 역사와 문화가 담긴 다양한 흔적들은 개발이라는 미명아래 사라졌으며, 지역의 커뮤니티는 해체되었다. 이러한 문제들이 지속적으로 발생하면서 지역의 정체성은 사라지고, 동시에 쇠퇴가 가속화되었다. 이에 따라 개발보다 되살린다는 의미의 재

---

3   위의 책, 32~33쪽.

생으로 도시계획의 정책이 변화했는데, 이것은 물리적인 개발보다는 도시의 유기적인 정체성을 보존하고 관리할 필요성을 통감하면서 삶의 터전으로서의 도시를 되찾는 문제를 고민하는 것이다. 다시 말해 과거 경제발전을 최우선으로 추구하던 삶의 방식에서 삶의 질에 중요한 가치를 두는 방식으로 변화하면서, 삶의 터전인 도시문제에서도 통합적이고 포괄적인 관점이 요구되고, 단순한 재개발이나 재건축이 아니라 지속가능한 도시로 재창조하는 접근법과 방법론이 요구되고 있다.[4]

그런데 되살려야 할 우리 도시는 무엇인가? 도시를 물건이나 건물이 아닌 생명체라고 한다면, 도시재생은 비단 전문가나 단체장, 공무원이 고민하고 해결해야할 문제가 아니라, 도시에서 하루하루 일상을 살아가는 시민과 주민이 자신의 문제로 받아들이고 해결해야할 주체가 되어야 한다.[5] 그래서 도시개발보다 재생은 공공성이 한층 중시된다. 그동안의 획일적이고 상업적인 개발 논리에서 벗어나, 사람들의 삶이 중심이 되는 본연의 모습을 회복하는 형태로 변화되는 시대에 도시의 문제점을 해결하는 방안으로 도시재생이 대두된 점을 상기한다면, 경제·사회·문화 모두에 활력을 불어넣음으로써 도시 전체를 활성화하고 주민들의 복리를 증진하는 목적으로 하는, 그래서 자연 환경, 역사와 문화, 고유의 정체성 등 삶의 터전으로서 도시의 진면목을 되살리는 회복의 방식이 요구된다.

한편 동아시아 해역도시들의 재생 전략에는 차이점 역시 존재한다. ① 각국의 도시재생 정책과 제도의 차이 ② 지역문화의 차이 및 재생방식의 차이 ③ 도시재생사업의 추진 주체와 과정의 차이 등이 그것이다. 또이와 관련하여 지역내 해역도시간의 연관성 역시 깊다. 예를 들어, 동아

---

4   윤주, 『우리가 알아야 할 도시재생 이야기』, 살림, 2017, 4~7쪽.
5   정석, 앞의 책, 24~28쪽.

시아 도시간 도시재생 관련 인적, 물적, 정책적 교류라든지, 우수 사례와 경험의 공유 및 수용을 통한 협력 네트워크의 형성도 있으며, 그리고 지역간 연계를 통한 광역 차원의 도시재생 추진 등이 그러하다. 현재 동아시아 해역도시들에서 전개된 도시의 개발과 재생의 형태와 의미에 대해서 몇 가지 대표적인 사례를 통해 확인해 보자.

3. 도시개발 빅프로젝트와 도시성장

1) 상하이의 글로벌 도시 건설 계획

동아시아 해역도시들은 정도의 차이는 있으나 대부분 거대한 도시개발 계획을 실행하고 있다. 특히 글로벌 도시를 지향하는 거대 프로젝트는 몇몇 도시들이 시도한 바 있고, 또 계획하고 있는 곳도 있다. 상하이 역시 그러하다. 1979년 사회주의 현대화를 진행하면서 연안의 도시들은 도시재생을 비롯한 도시 정비 계획을 실천했다. 물론 이것은 모두 경제특구를 중심으로 한 도시화 프로세스의 일환으로 전개되었다. 1990년대에 들어서면서 덩샤오핑의 남순강화는 사회주의 현대화에 대한 새로운 전기를 마련했다. 상하이 경제는 1990년 푸동신구 개발 프로젝트 이후 극적으로 발전했다. 또한 푸동은 1980년대의 기존 제조업 중심 특별 경제 구역 Special Economic Zones과 달리 무역과 금융의 중심지로 계획되었다. 이로 인해 상하이는 중국 경제 중 금융 및 서비스 부문 발전에서 용머리龍頭가 되어 양쯔강 경제축의 중심으로 계획되었다는 특수성을 지닌다. 이를 실현하기 위한 정책수단은 크게 도시의 환경적 여건을 개선하여 외자를 유치하려는 공간촉진 전략 그리고 산업구조 조정이나 전략산업 육성 등 정부

주도의 시장개입 정책이 주로 활용되었다. 이러한 상하이의 도시발전 과정은 중앙정부의 국가 프로젝트로 시작되었지만, 그 과정에서 도시 내부에 새로운 성장연합이 등장함으로써 가능하였다.[6] 이것은 상하이 푸동지역을 종래의 경제특구가 아니라 글로벌 도시로의 전환을 예고한 것이기 때문이다.

이는 사센의 글로벌 도시Global City 개념을 전제할 수 있는데, 이것은 글로벌 경제 체제에서 국가가 아닌 도시들이 경제 발전의 원동력이 되는 대안적인 관점을 제시한다. '글로벌 도시'는 국제 금융이 부상하는 장소다. 기존 제조업 부문이 몰락할 때 글로벌 도시는 새로이 부상하는 고급 서비스의 장소로 새 산업 부문들이 국제적으로 관리되고 운영되는 곳이 된다.Sassen, 1991 글로벌 도시의 출현은 주요 도시들이 글로벌 세계를 이끄는 중심지로 재탄생되는 것을 말한다.Sassen, 1994 글로벌 도시는 세계화의 중심에 위치하며 국제 사안들에 결정권을 행사하는 글로벌 세계의 두뇌라고 할 수 있다. 이런 글로벌 도시는 금융 부문을 포함한 서비스들이 고도로 전문화되고, 특정 주요 도시들로 집중되는 과정에서 형성된다.Sassen, 1988, 130쪽 사실 중국 정부는 2010년까지 상하이를 아시아뿐만 아니라, 전 세계의 경제, 무역 및 금융중심지로 만들고자 했다.蔡來興, 1995 상하이에 서비스 부문을 집중해 발전시킴으로써 중국의 경제 발전을 꾀하려고 했던 것이다. 이것은 금융 및 서비스가 그것들을 유치할 수 있는 공간이 확립됨에 따라 발전한다는 글로벌 경제의 변화 양상에 대응하는 중국의 방식이기도 하다.

상하이는 현재 중국 경제의 금융, 서비스 중심이라는 매우 독특한 위치

---

6   정해용, 「중국 상하이의 도시발전 전략과 세계도시 전망」, 『국제지역연구』 9(2), 2005, 634~667쪽.

를 차지하고 있다. 이 과정에서 상하이에 있던 노동력 집약의 제조업은 점차 주변 지역으로 옮겨갔다. 특히 1990년 '푸동신구 조성 사업'을 통해 상하이는 금융 서비스의 중심지로 재건되었고, 21세기 거듭난다는 목표를 세웠다. 국가 사회주의로부터의 변화 과정에서 상하이가 글로벌 도시 지위를 획득해 나가는 과정과 사회주의로부터의 이행이 중국에서 상하이의 위치를 형성하는 양상을 연구하는 것은 의미가 있다. 글로벌 도시로 거듭나고자 하는 상하이의 목표는 도시의 경제 발전에 그치는 것이 아니라, 21세기를 목표로 중국이 국가 수준에서 진행하는 발전 전략인 것이다. 또한 글로벌 도시 계획은 경제 부문에만 국한되는 것이 아니다. 이는 상하이와 중국의 경제, 정치, 문화 부문을 아우르는 종합적인 발전 계획이다. 중국 관료들은 21세기에는 글로벌 경제의 중심이 아시아-태평양 지역에 위치할 것이며, 중국이 주요 경제 대국으로 부상할 것으로 내다보고 있다. 그러기 위해서 중국은 국제 금융, 경영의 중심지를 세워야 했던 것이다.[7]

2) 20세기 말 홍콩 신공항 건설의 빛과 어둠

1960년대 이후 아시아지역의 경제성장으로 인력과 물자의 이동이 확대되었다. 게다가 아시아 태평양 지역의 항공기 여객 점유율 확대로 인해 아시아 각국의 공항 정비 계획은 대부분 대도시 근교의 매립지나 간척지에 집중되었다. 홍콩의 경우도 예외가 아니어서 홍콩 도심에 있는 카이탁 공항을 대신할 신공항 건설을 모색했다. 지금의 첵랍콕에 신공항을 건설한다는 계획은 이미 1970년대 초부터 검토되었고, 신공항은 원래 1980년대에 건설할 예정이었으나, 홍콩 반환에 대한 중국과 영국의 협상 때문

---

7   원재연, 「사회주의 도시의 전환―글로벌 도시로서의 상하이 1979~1996」, 『현대사회와 문화(Journal of Contemporary Society and Culture)』 30, 2010, 53~89쪽.

에 1990년대로 계획이 연기되었다.

신공항이 들어선 란터우섬은 트레피스트 수도원 정도만 있는 작은 어촌으로, 핑크색 돌고래 구경으로 유명한 타이오마을이나 골프나 바다 낚시를 즐기러 주말에 놀러가는 디스커버리베이 정도가 유명했다. 낚시터로 각광받던 란터우 앞바다의 작은 섬 람차우와 첵랍콕암초, 그리고 란터우 본섬사이의 공간을 간척해 공항 부지를 조성했다. 원래 계획 초기에 란터우섬은 신계新界에 속해 있어 1997년에 모두 중국에 반환한다고 생각해, 영국이 영구 소유하는 영토인 홍콩섬 남부 스탠리 혹은 근처의 라마섬도 고려대상이었다. 1989년 10월 11일, 총독 데이비드C. Wilson는 첵랍콕섬에 홍콩 국제공항을 건설한다는 계획을 발표했고, 홍콩의 번영을 위한 새로운 장이라고 소개하였다. 하지만 홍콩 정부는 신공항이 주변 지역사회에 미칠 파장을 동시에 발표하지는 않았다. 영향을 받는 주변 지역은 주로 첵랍콕섬과 둥충東涌 두 지역인데, 앞에서 얘기했듯이 첵랍콕은 원래 둥충향사鄕事위원회에 속한 둥충 맞은편 해안에 위치한 작은 섬이었다. 신공항 계획이 추진되면 허름한 마을집과 천후묘天后廟 한 칸만 남게 되는 이 섬은 결국 초토화되고 매립을 통해 신공항이 들어설 운명이었다. 첵랍콕섬에는 약 200명의 마을 주민이 있었으며, 대부분 도시에 정착하고 일부는 둥충으로 이주하여 둥충의 원래 주민들과 이웃이 되고, 천후묘는 해체하여 원래 모양에 맞게 둥충에 다시 지어졌다.

둥충의 한 마을 주민은 "신공항은 마치 폭탄처럼 하늘에서 내려와 과거의 질서를 산산조각 냈다"고 토로했는데, 1997년 중반, 홍콩 텔레비전에서 방영된 영상에는 카메라 앞에서 한 노부인이 울면서, "나는 강제 이주당했다. 집을 나와 마을을 떠나니 돌봐줄 사람이 없다"고 홍콩의 신국제공항 이주 계획으로 집을 잃고 유랑하는 처지를 하소연했었다. 홍콩의 신공항 건설로 인해, 주변 지역인 책랍콕과 둥충의 변화가 초래되어 수백 년의 역사를 가진 여러 원주민 촌락들이 이주해야 했고, 이렇게 이주해 온 주민들이 모여 사는 신도시가 탄생되었던 것이다.[8]

또 둥충의 옛 공동체에서 14개 마을 약 100명의 사람들이 이주했고, 그 가운데 원주민 촌락 마완촌馬灣村을 포함해서 초토화되고, 바웨이촌壩尾村옆에 나란히 신마완촌이 재건되었다. 둥충신도시는 1997년에 공식적으로 건설되었는데, 홍콩의 다른 지역에서 온 18,000명의 새로운 거주자를 수용했다. 신도시는 지하철역과 쇼핑몰, 우뚝 솟은 개인주택, 공공주택 등 기존 커뮤니티와는 다른 모습을 띠었고, 많은 지역사회의 시설이 건설되었으며, 신도시 주민들은 새로운 생활에 적응하면서, 가족, 교육, 지역 사회 정체성 등 다양한 사회 문제에 직면하였다.

이주된 둥충의 옛 마을 주민들 중 일부는 정부와 문화재 기관 등이 강조하는 역사적 기억 논술의 핵심을 파악하여, 자신의 지역 역사, 종족 발전 및 마을 조직을 지속적으로 강조함으로써 이상적인 이주 정착을 실현한 반면, 공식 논술을 익히지 못하거나 충분한 사회 네트워크 지원을 받지 못한 마을 사람들은 자신의 가족 배경과 개인적 경험만을 강조하며 종족 역사 및 커뮤니티 조직의 역사 논술을 소홀히 하고 결국 집을 떠나게 되었다. 책랍콕마을 주민과 둥충의 옛 공동체를 통합해야 하는 주변 주민은 역사적 담론에서 공식 '원주민'과 '비원주민'의 신분 구분을 전용하

---

8 링난대학(嶺南大學) 역사학과의 라우치팡(Lau Chi-pang) 교수는 2014년 9월 홍콩 공항관리국(Airport Authority Hong Kong)의 위탁을 받아 카이탁에서 책랍콕(Check Lap Kok)에 이르는 홍콩 공항에 대한 연구를 '카이탁 시대부터 책랍콕(Check Lap Kok)까지'라는 제목의 2권의 책을 출간했다. 제1권은 홍콩 공항의 발전, 특히 홍콩 경제와의 긴밀한 관계에 대한 개요, 제2권은 소중한 사진들의 모자이크와 함께 공항에 대한 집합적인 기억을 담았다. 총 36회의 구두 역사 인터뷰가 포함되었다. 劉智鵬・黃君健・錢浩賢『天空下的傳奇－從啟德到赤鱲角』全二冊, 香港, 三聯書店有限公司, 2014 참조.

여 자신의 정체성을 확립하고, 동시에 관광과 문화재의 역사적 기억에 대한 사회적 논의는 두 커뮤니티의 통합을 위한 특정 사회적 조건을 제공했다. 첵랍콕 천후묘의 이전과 재건축은 홍콩에서 홍콩 문화재 보호에 대한 논의를 유발했으며, 이러한 토론은 천후묘를 홍콩 문화재를 상징하는 표현으로 만들었을 뿐만 아니라, 첵랍콕이라는 변방 커뮤니티에 일정한 협상력을 부여하고, 둥충커뮤니티와의 융합에 영향을 주어 둥충과 첵랍콕 두 커뮤니티 사이에 갭이 존재하고, 사회 경계도 명확하게 구분되었다.

둥충신도시와 관련하여 지역 지도자들은 둥충문화재를 재포장하여 보호하는 지역 사회 운동을 통해 사회적 네트워크, 지역 정체성 및 지역 소속감을 구축하고, 또 문화재 보호운동에서 지역 지도자들은 공식 논술에 따라 둥충을 시간 역사, 지리 공간 및 정치 무대에서 홍콩 및 중국과의 관계를 밀접하게 연결시켰다. 지역 지도자들은 문화재를 플랫폼으로 사용하여 지역사회 세력과 지위를 구축하고, 둥충의 옛 지역사회와의 관계를 설정했으며, 개별 사회 구성원들은 지역 신문의 출판을 기반으로 둥충의 역사를 논하고, 둥충의 과거를 전략적으로 발전시켜 자신의 현재 및 미래의 비즈니스 발전을 개선하고, 지역 커뮤니티의 인적네트워크를 확장하였다.[9]

신공항 건설과 그로 인해 고향을 잃고 이주한 사람들의 정착과 새로운 커뮤니티 형성에 대한 이러한 과정은, 홍콩에 불어닥친 홍콩인의 정체성과 역사문화에 대한 관심을 고조시킨 현상과 연결된다. 중국으로 반환된 홍콩은 이제 중국 정부의 일대일로一帶一路 정책에 따른 새로운 메가도시 형성과 그 네트워크의 일환 아래 도시 성장을 진행하고 있다. 그것이 바

---

9   區可屛, 歷史記憶與香港新國際機場周邊地區之遷徙, 『歷史人類學學刊』 第七卷 第一期, 2009, 119~143쪽.

로 웨강아오다완취粤港澳大灣區 건설이다. 홍콩, 마카오와 더불어 중국 주장 삼각주珠江三角洲 지역 9개 도시로 구성된 이곳은 총면적 56,000km², 인구 8,000여 만 명을 보유한, 중국에서 개방도가 가장 높고 경제 활력이 가장 넘치는 지역 중 하나다. 국토 면적의 1%, 전체 인구의 5%에도 못 미치지만, 중국 경제의 12%가 여기에서 창출된다. 웨강아오다완취는 국가적 사업으로 건설이 본격화된 지 불과 5년 만에 GDP가 약 2조 4,000억 위안 증가하는 등 전례 없는 활기를 띠고 있다.

강주아오港珠澳, 홍콩·주하이·마카오 대교의 개통으로 홍콩과 마카오가 정식으로 중국 국가 고속도로망에 연결되면서 웨강아오다완취 전체에 막힘 없는 교통망을 완성했다. 웨강아오다완취는 개통 철도 길이 2,500km, 고속도로 4,972km로 도로망 밀도가 100km² 당 9.1km²에 달한다. 출입국자의 3분의 2가 셀프로 출입국할 수 있는 자동출입국 모델을 구현하였으며, 공항 이용객수 2억 명 이상, 항만 컨테이너 물동량 8,000만 TEU 이상인 이곳에는 세계적인 공항 클러스터와 항만 클러스터가 빠르게 형성되고 있다. 광저우-포산佛山, 선전-홍콩, 주하이-마카오 등 다완취의 세 지리적 정점 도시간 이동도 1시간 정도면 충분할 정도로 편리한 교통을 자랑한다.[10] 이 과정에서 홍콩은 앞으로 어떤 모습의 도시로 변모할 것인지 주목할 필요가 있겠다.

3) 부산의 글로벌 허브도시 구상과 가덕도신공항 건설

최근 부산시는 '글로벌 허브도시' 건설을 목표로 내세우고 있다. 허브 Hub는 국내외 대도시권의 성장전략으로 주목을 받고 있는데, 허브란 '바

---

10   https://www.hani.co.kr/arti/economy/biznews/1046932.html

퀴의 중심'이라는 뜻으로, 런던·뉴욕 등의 금융허브, 로테르담·부산 등
의 물류허브가 대표적이다. 허브도시는 네트워크의 중심을 차지하고 핵
심정보를 소유하면서 자연스럽게 경쟁우위를 확보할 수 있다. 부산은 종
합 허브지수 산정 결과 서울과 경기에 이어 전국 3위로 나타났다. 특히
부산은 물류분야에서 1위를 차지, 물류중심 도시다운 높은 경쟁력을 보
였다. 산업 분야는 수도권과 큰 격차가 나지 않아 발전 가능성을 열어놓
았다. 부산이 글로벌 허브도시로 도약하기 위해서는 물류를 중심으로 하
는 단계적 발전전략이 필요하다. 이를 위해서는 가덕도신공항 건설 등 물
류허브도시로 성장하기 위한 기반시설 사업에 대한 공격적 추진이 요구
된다. 곧 첫째, 도시발전전략의 패러다임이 단일 도시 경쟁에서 도시간
네트워크 경쟁 시대로 진입하고, 둘째, 기존의 단일도시 중심 성장모델이
아닌 광역경제권 내의 상생협력을 중시하며, 셋째, 세계의 주요 대도시들
은 다양한 허브전략을 수립해 경쟁우위 확보를 시도하고 있기 때문이다.

　이처럼 네트워크시대에 도시의 기능과 활동이 집중된 대도시권의 중
요성이 부각되면서 광역경제권·광역도시권 등으로 대표되는 광역권에
대한 관심이 증가하고 있으며, 미래의 중심도시는 네트워크 내부의 연결
이라는 관점에서 점Point → 선line → 면surface으로 입체화되고 있다. 그래서
도시간 경쟁구조가 아닌 협력적 네트워크를 통해 상호 신뢰도를 높이고
정보를 소통하는 협력적 도시성장 전략을 추진하고 있다.[11] 이제 부산은
동남권 중추도시를 넘어 글로벌 허브도시로 도약하고자 하는데, 부산은
허브지수를 통해 동남권 중추도시라는 인지도를 강화하고, 나아가 동남
광역권과 주변도시 발전의 중심기능을 담당하며, 이에 부산시는 도시 네

11　이지훈, 「동남권 중추도시를 넘어 글로벌 허브도시로」, BDI 정책포커스(N / A) 80, 부
　　산연구원, 2010.

트워크를 통해 강점과 약점을 분석하고 분야별 흐름을 파악해 발전 방향을 설정하려고 한다.[12]

이 글로벌 허브도시 추진은 자연스럽게 현안인 가덕도신공항 건설과 관련되지 않을 수 없다. 신공항 건설과 관련하여 제기되는 대표적인 문제는 첫째, 수요 측면에서 공항의 경제적 지속가능성이다. 둘째, 신공항건설이 현 정부의 그린뉴딜 정책과 배치되며 기후위기를 심화시킬 것이라는 주장이다. 덧붙여 홍콩신공항 건설에서 대두되었던 것과 같은 가덕도 주민의 이주 문제다.[13] 이것과 관련해 대규모 정부사업에 따라 사업 대상지인 작은 마을이 소멸되는 과정에서 나타나는 역설적 현상에 대해 분석한 한 논문은 기존 연구와는 달리 인구문제 중심의 지방소멸을 분석하는 것이 아니라, 장소의 관점에서 외적 요인에 의한 마을소멸을 분석하였다. 정부의 대규모 사업인 동남권 신공항건설 사업의 사업 대상지인 가덕도 대항마을을 대상으로 하여 현지조사를 실시하고, 대항마을 현지에서 인터뷰와 관찰을 진행한 결과, 대규모 동남권 신공항건설 사업으로 인해 곧 소멸될 작은 대항마을이 오히려 역설적으로 더 부각되고 있음을 알 수 있었다. 구체적으로는 네 가지 역설적인 현상을 발견했는데, 소멸하는 마을의 대외적 존재감 향상, 마을내 장소성 자산의 발굴 확대, 마을주민의

---

12 구체적으로는 ① 글로벌 허브도시로서의 가능성이 큰 물류는 기존의 항만에 가덕도 신
    공항 건설을 추가해 동남권 중추도시이자 동북아 관문도시로서의 위상을 확보하는 전
    략을 추구 ② 국가허브로서 교육과 산업을 육성해 주변도시에 인적·생산자 서비스를
    강화하면서 수도권쏠림 현상에 대응할 수 있는 남부권 중추도시 기능을 수행 ③ 지역
    허브로서 의료·문화·인구·고용 등은 도시경제활성화→삶의 질 제고→도시경쟁력
    강화로 이어지는 연결고리 ④ 교통망과 정보망을 강화할 수 있는 기반시설 사업을 공
    격적으로 추진 ⑤ 인적네트워크 강화와 초광역경제권 상생협력 사업을 추진.
13 이 문제와 관련해서는 남종석·송영조, 「가덕도 신공항의 지속가능성에 관한 연구」, 『경
    제와 사회』 겨울호(통권 제132호), 2021 참조.

장소애착 강화, 무장소성 증가가 이에 해당한다. 이러한 결과로부터 크게 두 가지 함의를 도출할 수 있다. 첫째는 사업 규모와 사업 대상지 규모간 차이로 인해 발생하는 문제를 최소화할 필요가 있다는 점이다. 그 문제란 대규모 사업에 비해 사업 대상지가 작은 마을일 경우 마을주민이 쉽게 간과된다는 것이다. 둘째, 마을소멸을 앞두고 역설적으로 장소가 더 부각되지만 사실은 그때의 장소는 장소성을 낳는 것과는 다른 형태라는 점이다.[14] 이러한 분석을 염두에 두는 정책 실현이 요구되지만, 역시 가덕도신공항 건설로 인해 실제로 주민들의 생계와 고향은 사라지고 일부 문화재도 유실될 것이란 문제는 여전하다. 따라서 이에 대한 긴밀하고 구체적인 대안이 마련되어야 한다.

4. 근대문화유산과 도시재생

1) 도시재생사업과 상하이노스탤지어

중국 도시의 도시재생에 관한 중국 측 연구는 상당히 축적되어 있다. 중국에서 도시재생은 경제건설 및 도시발전과 직접적으로 관련되어 있기 때문에, 시장경제의 도입과 본격적인 도시화가 시작된 개혁개방 시기부터 도시재생에 대한 연구도 시작되었다. 개혁개방시기 초기인 1980년대는 주로 대도시 내부의 구도심지 개조와 기반시설의 개선에 연구가 집중되었고, 개혁의 중점이 농촌에서 도시부문으로 옮겨지던 1990년대는 구도심의 개조방식, 설계, 공정건설 등과 관련된 분야나 역사문화유산의

14　김민주, 「대규모 정부사업에 따른 마을소멸 위기와 그 역설―가덕도 대항마을을 중심으로」, 『지방행정연구』 37(1) 통권 132호, 2023, 343~374쪽.

보존 및 도심개조 기제에 대한 이론적 연구가 시작되었으며, 2000년대 들어서는 도시재생의 범위가 기존의 물리적 환경변화만이 아니라, 공간 기능구조 조정과 인문환경 개선 등으로 확대되면서 연구대상도 다원화되고, 인문사회과학적 관점에서 도시의 변화를 분석하는 연구가 등장하기 시작했다.

국내에서도 상하이의 근대역사경관을 활용한 도시재생과 관련해서 자본, 문화, 역사가 상호 교차하는 과정에서 지방정부의 역할에 관한 연구, 노스탤지어의 이용에 관한 연구, 기억의 선택적 배제와 차별의 양상을 포착하여 그 의미와 한계를 규명한 연구, 톈즈팡田子坊의 형성과 공간변용에 관한 연구, 톈즈팡의 문화적 도시재생이 지역 커뮤니티에 가져 온 영향을 분석한 연구, M50 창의산업원구와 문화적 도시재생 전략에 관한 연구 등이 있다. 그런데 이상의 연구들은 다음과 같은 점에서 부족한 면이 있다고 지적된다. 첫째, 상하이 도시재생의 "성공" 사례에 대한 분석에 집중한 나머지 '공공성 파괴'라고 하는 부정적인 측면에 대한 분석이 소홀하다. 둘째, 정부주도의 도시재생이 가지는 문제점을 지적하고, '주민'의 참여를 강조할 경우에도, '주민'은 그 내부에 어떠한 균열도 없고 동일한 이해관계를 가지는 단일한 존재로 간주된다. 셋째, 그 결과 도시재생에서 다양한 계급집단이 가지는 의미에 대한 분석은 배제된다.[15]

노후주택의 대규모 철거와 신축 방식으로 진행된 1990년대의 도심재개발은 물리적 개발에만 집중함으로써 상당한 문제점을 야기했다. 이에 기존의 도심재개발에 대한 대안으로, 2000년대 이후 상하이시정부는 지역의 역사와 분위기의 보호를 전면에 내세우는 도심재생정책을 내놓게

15　박철현, 「개혁기 상하이 도시재생의 문화정치-"석고문(石庫門) vs 공인신촌(工人新村)" 논쟁을 중심으로」, 『中國文學』 第84輯, 2015, 93~116쪽.

된다. 따라서 기존에 안전이나 경제적 가치를 강조하던 도심재개발의 담론과 달리, 2000년 이후 상하이의 도심재생은 '역사보호'와 '예술과 문화의 발전', '신경제의 혜택'과 같은 문화적인 담론들에 의해 주로 추진되며, 옛 건물을 모두 철거하는 것이 아니라, 기존 역사건축군의 일부, 혹은 외관을 보존하는 방식으로 진행되는 특징을 보인다. 역사경관을 고려하는 도심재생으로의 변화는 개발의 목표가 단순히 경제적인 것이 아닌 역사와 문화적 가치를 존중하는 것으로 변화했다는 점에서 일견 매우 긍정적인 것으로 보인다. 그러나 한편으로 이러한 개발전략은 미학적 지향을 전면에 내세움으로써 새로운 개발이 만들어 내는 문제들에 대한 비판에 완충장치를 만든 것으로 파악할 수도 있다. 비경제적 목표로 보이는 도시의 역사와 분위기를 보호한다는 개발의 과정을 자세히 들여다보면, 실상 도심내 남아 있는 근대역사건축자원의 재가치화 혹은 상품화와 밀접하게 관련되어 있음을 확인할 수 있다.

이처럼 예상되는 문제에도 불구하고 근대역사경관이 집중된 상하이 도심지의 개발에 있어 기존의 대규모 철거와 신축을 중심으로 하던 도심재개발이, 2000년대 이후 지역의 역사와 분위기의 보호를 강조하는 도심재생으로 변화하였다. 이는 오늘날 상하이의 도심재생에서 근대역사경관의 보존과 활용이 지역의 가치를 창출하는 경제적 활동으로, 나아가 지역의 이미지를 개선하는 문화적 활동으로 이해되고 있음을 보여주고 있다.[16]

연안 도시를 우선하는 경제발전 방향을 선언한 덩샤오핑의 남순강화1992이래, 상하이는 문화와 금융의 중심지로서 '동방의 빠리런던'라는 과거의 명성을 회복하기 위해 노력했다. 여기서 과거는 바로 1930년대 상하이 곧 '올드 상하이'를 지칭하는 것이다. 그리고 '올드 상하이'는 황푸강黃

浦江 일대에 즐비한 서양식 빌딩들이 대변하듯, 난징로를 중심으로 근대 자본주의 상업(소비)문화를 꽃피웠다. 1990년대 후반 중국 전역을 강타한 노스탤지어 열기와 함께 조계시대를 추억하는 '올드 상하이老上海' 붐은 '신상하이' 건설에 대한 기대감 속에 확산되었고, 조계의 과거와 오늘날 국제도시 상하이가 기억의 선상에서 하나로 연결되었다.

이처럼 오늘날 동아시아의 국제도시 상하이의 정체성을 구성하는 핵심에 놓여있는 것은 역시 조계租界의 역사이다. 1845년 영국조계가 설립되어 1943년 '상하이국제공공조계'가 정식으로 해체되기까지의 100년의 역사를 빼놓고 오늘날 상하이의 경제적·문화적 번영을 논하기는 어렵다. 그래서 지금까지의 상하이 연구들, 서구 학계를 비롯한 많은 연구들은 상하이 나아가 현재 중국의 번영을 조계가 있던 시대와의 관계 속에서 조명하는 경우가 많았다. 그 결과 상하이는 중국공산당의 발상지로서보다는, 백화점, 신문, 잡지 등 근대 상업주의가 발달한 곳으로 묘사되었으며, 난징로南京路는 동시대 뉴욕에 비견되는 근대 소비문화의 중심지로 조명받았다. 이처럼 상하이를 이른바 중국 내 자본주의의 맹아를 싹틔운 온상으로 보는 시도는, 20세기 후반 '문화연구'라는 새로운 학문경향 속에서 더욱 전방위적으로 펼쳐졌다. 상점이나 매판상인에 고용된 사환이나 급사들에 의해 형성되어가는 상인계층의 문화, 고급매춘부와 신문, 출판, 소설, 극장, 여행 산업과의 관계에서 움튼 근대 상하이의 문화적 논리, 양음력 혼합 달력과 광고포스터 등 개항장 특유의 상품들을 통해 확산되는 혼종적 상업문화, 그리고 더 나은 삶을 찾아 각지에서 모여든 하층 도시민의 일상생활 등, 당시 조계지 안팎의 생활세계에 대한 이 같은

---

16 한지은, 「근대역사경관을 활용한 도심재생─상하이 구 조계지역을 사례로」, 『대한지리학회지』 46(5), 2011, 626~647쪽.

미시적 재구축은 미래 도시중산층 문화의 발상지로서 상하이를 새롭게 위치지었다.[17]

1980년대 개혁개방이 진행되면서 상하이의 근대역사경관은 지우고 싶은 대상에서 노스탤지어의 대상으로 극적으로 변화했다. 나아가 식민 지배의 상징이었던 근대역사경관은 최근의 도심재생과정에서 가장 중요한 자원의 하나로 적극 활용되었다. 곧 상하이 구 조계지역의 근대역사경관이 도심재생의 주요 자원을 활용되는 토대가 된 것이다. 상하이시는 1991년에 중국 지방정부 최초로 '상하이시우수근대역사건축 관리보호법'을 제정하고, 역사적으로 귀중한 건물 등을 '상해시우수역사건축'으로 지정하여 그 보존을 도모하고 있다. '우수역사건축' 외에도 '상하시기념지점', '시급건출보호단위', 'SMART MUSEUM' 등의 간판이 붙은 역사적 건물이 다수 존재한다.

중국현대문학가 루쉰魯迅과 인연이 깊었던 우치야마 서점內山書店이 있었던 북사천로의 집은 현재도 주택으로 사용되고 있다. 또 그가 살았던 근처에는 '천애리千愛里'라는 동아흥업주식회사東亞興業株式會社가 1921년에 일본거류민을 위해 지은 집합주택이 있었는데, 이 건물은 지금도 남아 있다. 이처럼 우치야마 서점의 족적과 우치야마 간조內山完造가 살았던 집 등 우치야마와 연고가 있는 장소와 건물도 이러한 역사적 건축물로 지정되어 현존하고 있다. 예를 들어, 1929년 옮긴 우치야마 서점 자리는 현재 중국공상은행 지점이 되었으나, 1층에는 우치야마의 저술과 사진 등의 자료가 전시되어 있다. 우치야마 서점 구지舊地의 입구 부근우치야마와 루쉰의 릴리프가 붙어 있다의 게시판에는 "1980년 8월 26일 우치야마 서점은 상하시

17　백지운, 「코스모폴리타니즘의 동아시아적 문맥 – 조계도시 상하이의 문화분석을 위한 시론」, 『중국현대문학』 48, 2009, 62~63쪽.

정부에 의해 상하이시 기념지가 됨"이라고 적혀 있다.[18]

또 도시재생정책의 결과 우치야마 간조가 상하이에서 처음 살았던 석고문 주택이 옛 조계의 중심 지역이었던 황푸구와 루완구, 홍커우구 등 도심지역에 집중적으로 분포되어 있는데, 이 상하이의 힘겨운 도시생활을 상징하던 주택이 보통 상하이 사람들의 정체성을 보여주는 것으로 변신하였다. 1870년에서 1930년까지 조계지역에서 집중적으로 건설된 이농주책里弄住宅의 한 유형인 석고문[19] 거주지는 1990년대 이후 옛 상하이 노스탤지어의 유행과 '해파海派문학'을 중심으로 하는 상하이 도시문화의 열기 속에서 도시를 대표하는 장소로 변모하였다. 그 이유는 이것이 중국과 서양의 양식이 혼합되고, 비좁은 속에서도 풍부한 공간구성을 가지고 있어서 '중국과 서양의 융합中西合璧'과 '모든 것을 포용하는' 상하이 도시 정신의 핵심적 내용곧 개방과 포용성을 상징하는 것으로 이해되었기 때문이다.[20]

루쉰공원 안에 있는 상하이 루쉰기념관에는 우치야마와 그 서점과 관련된 자료가 전시되어 있다. 1930년대 상하이는 다양한 문화를 창조하고 향유했던 곳으로, 우치야마 서점은 그 가운데 하나의 문화를 만들었다. 그리고 이것은 단지 우치야마와 루쉰의 개인적인 관계로 국한되지 않고, 상하이가 해역을 두고 전개된 네트워크에 의해 국제화된 형태로 발전했고, 지금도 과거의 추억으로 회상되고 또 미래로 연결되고 있다. 이는 상하이의 근대역사경관공간과 사람들의 기록책으로 남아서, 다시 후대 사람

---

18 1981年, 內山书店旧址被列为上海市文物保护单位.
19 서양식의 석조 문틀을 가진 데서 붙여진 이름인데, 석고문 주택은 벽돌과 목재가 결합된 중국 강남 지방 주택의 특징을 가지고 있으면서, 한편으로는 한정된 토지에 최대한 많은 가옥을 짓기 위해 영국식 연립주택의 병렬식 구조를 모방하였다. 건물의 창문틀, 테라스, 기둥 등 상당수 장식이 유럽의 양식을 채용했다.
20 한지은, 앞의 글, 638쪽.

의 기억과 사유로 이식되어 새로운 역사를 만든다.

2) 홍콩인의 정체성 구성과 도시재생사업

중국으로 회귀된 이후 홍콩에서 문화유산이 도시 정체성의 형성에 미친 영향과, 나아가 도시개발의 맥락 속에서 홍콩의 다양한 기억의 장소들이 도시의 문화유산으로서 어떻게 (재)구성되어 왔는지를 확인하는 선행연구는, 2000년대 이후부터 초기 공공임대주택단지를 유스호스텔과 박물관으로 전환한 섹킵메이 공공임대주택, 홍콩의 기층생활문화가 남아있지만 재개발로 철거위기에 놓인 냥틴성벽마을, 홍콩특색의 도심 공동주택인 통라우의 보전과 관련한 완차이 지역의 사례를 분석하였다. 연구를 통해 오늘날 홍콩인들은 체제 전환 및 도시 경제의 변화 속에서 문화유산의 보전 활동을 통해 도시 정체성을 (재)구성하고, 나아가 도시를 기억할 권리를 요구하기 시작했음을 확인했다.[21]

홍콩의 사례는 식민주의와 냉전과 관련하여 복잡한 장소 기억이 공존하는 한국의 도시에서 벌어지고 있는 문화유산 보전, 도시재생과 젠트리피케이션 등에 시사하는 바가 크다. 1997년 중국으로 반환된 이후 홍콩에서 문화유산은 중요한 정책 과제로 부상했다. 이때 정부 문화유산 정책은 주로 국가주의적인 목적을 위한 것이었다. 주로 고대 유적지나 중국의 전통 문화유산들이 대상이었는데, 이는 중국대륙과 홍콩의 연계성을 강조하는데 이용되었다. 한편 중국전통 유산과 달리 식민지 과거와 관련된 장소들을 어떻게 (재)정의하는지를 검토하는 것은 홍콩의 정체성을 이해하는 중요한 단서이다. 중국 회귀 이후 식민지배와 관련된 장

---

21 한지은, 「우리의 도시를 기억할 권리-홍콩의 도시 문화유산 보전을 사례로」, 『한국도시지리학회지』 21(2), 2018, 서론.

소들은 또 다른 쟁점을 야기하게 되는데, 고고학적 유적지나 전통 촌락들이 주로 홍콩 중심부에서 먼 신계新界 지역에 자리했던 것과 달리, 식민 기억과 관련된 장소들은 식민지배의 중심지인 홍콩섬의 도심에 집중되어 있기 때문이다. 세계에서 가장 과밀하며 임대료가 비싼 지역 중 하나인 홍콩의 중심부에 제국주의와 관련된 부끄러운 기억의 장소들을 문화유산으로 보호하는 일은 다양한 기억과 이해관계가 복잡하게 충돌하는 격전지가 되었다.

결론적으로 오늘날 홍콩의 문화유산은 '문화적 가치 / 경제발전,' '중화민족주의 / 홍콩특색,' '애국주의 / 식민주의 노스탤지어'와 같은 담론이 대립하는 장이다. 또한 이 과정에서 홍콩이라는 도시를 국제 금융 중심지이자 글로벌 관광지로 유지하고자 하는 시도와, 주민과 영세 상인과 저소득 이주노동자의 기억과 공동체가 유지되는 홍콩인의 도시로 만들고자 하는 열망들이 격렬하게 충돌하고 있다. 여러 사례를 통해서 2000년대 이후 홍콩의 도시 문화유산 보전 과정에서 문화유산과 정체성, 장소 기억과 관련한 다양한 논쟁과 시도들을 확인할 수 있다.[22]

3) 부산의 창조도시론과 도시재생사업

부산에서 기존 도시의 외곽개발 못지않게 도심재생이 주요한 과제로 된 것은 2000년대 초였다. 옛 도심공항 부지를 재생한 해운대 센텀시티, 옛 미군부대 자리를 공원으로 재생한 부산시민공원, 항만지구를 재생한 북항재개발사업, 게다가 거주인구가 반 토막난 원도심 지역의 도시재생 문제 등은 매우 시급한 숙제였다. 이 가운데 대표적인 성공 사례는 바로

---

22   이와 관련해서는 위의 글, 49~50쪽 참조.

산복도로 르네상스 프로젝트였다. 부산에서의 도시재생 논의는 2008년
에 찾아온 국제금융위기 속에서 본격화되었다. 지형지세가 발달한 항구
지역과 원도심 일대에 광범위하게 지정되어 있던 재개발지구와 재건축
지구에 대한 투자 여건이 크게 불리해지면서 뉴타운 사업지의 해제3곳와
450여개에 달하던 재개발 및 재건축 지구 중 150여 곳의 개발 계획을 취
소하는 일이 발생했다. 이로 인해 '재생'개념이 대두되고 '창조도시론'이
부산의 미래상으로 받아들여지면서 부산의 도시개발 정책은 크게 변하
게 되었다. 2010년 '창조도시본부'의 탄생은 도시재생이 실천 단계로 나
아가는 신호탄이 되었다.[23] 부산시도 2014년 도시재생 선도지역과 2016
년 도시재생 일반지역으로 선정되어 본격적인 국가 보조 도시재생사업
을 시행하였다. 2017년 새로운 정부의 출범 이후 도시재생뉴딜사업이 지
속적으로 추진되었으며, 2021년 기준으로 30곳에서 도시재생 활성화 계
획이 수립되어 도시재생사업이 추진되고 있다.

　구체적으로 부산시가 도시재생정책을 추진하게 된 배경에는 ① 부산
은 도시기능 분산 및 재편과정에서 인구감소와 경제침체 및 주거환경 악
화로 급격히 쇠퇴를 겪은 상황에 직면해서다. 곧 급속한 도시화와 도시공
간의 확산과정에서 야기된, 도심의 중심성 약화와 함께 개발 수요를 충
족하기 위해 기성 시가지보다는 외곽지역의 개발이 이뤄지고, 또 원도심
지역의 경제적 쇠퇴와 주거시설의 노후화 문제 등 도시기반시설의 낙후
로 도시민들의 삶의 질이 저하하고 양극화 현상이 심화되었다. 특히 기
존 개발 위주의 정비방식은 원주민의 재정착에 기여하지 못하고, 지역공
동체를 해체시키는 등 도시문제를 심화시키고 있어 공동체 활성화를 위

23　강동진, 「역사문화환경을 활용한 부산 도시재생의 특성과 지향」, 『洌上古典硏究』 48,
　　2015.

한 도시재생의 필요성이 대두되었다. 2013년 도시재생특별법 제정을 적극적으로 지지하면서, 인구의 대부분이 살고 있는 도시지역의 약 67%에서 쇠퇴징후가 나타나고, 도시 내에서도 지역간 쇠퇴의 격차가 심화됨에 따라 도시재생 특별법을 통해 소외·배제되는 사람없이 '국민' 모두가 체감하는 '행복'한 재생, 우리 도시의 창조적 역량 증진을 통한 '창조경제'형 일자리 재생, 유·무형적 가치를 재발견해 '경쟁력'있는 새로운 도시재창조를 위한 도시재생이란 새로운 비전을 제시하고자 했다.

이를 실현하기 위해서 기성 시가지_{원도심} 중심으로 도시정책의 전환, 지역·주민의 창의성을 바탕으로 자율적 추진, 시혜적 복지가 아닌 자생적 공간 복지의 달성 등의 추진전략을 제시하였다. 곧 2010년 신설된 창조도시본부가 도시재생과 마을공동체 활성화를 전담해 산복도로 르네상스 사업, 행복마을만들기 사업 등을 추진하면서 전국적 도시재생의 선도모델을 제시한 것은 대표적이다. 아울러 부산은 도시경제기반형 도시재생 선도지역 지정으로 원도심 지역을 중심으로 북항 재개발 지역과 부산역 주변 철도부지를 종합적으로 발전시킬 수 있는 계기를 마련하였는데, 지방도시이면서 동시에 대도시의 특성을 지닌 부산은 기존에 추진 중인 근린재생형 도시재생사업의 경험뿐만아니라, 도시경제구조 변화에 적극 대응하고 창조적 경제의 공간플랫폼을 구축하기 위한 도시경제기반형 도시재생사업모델을 제시하였다.

도시재생 정책의 실시로 부산은 사회 여건이 변화하고 있는데, 먼저 도시공간구조가 변화하고 있다.[24] 둘째 도시재생정책에 대한 시민공감대가 형성되고 있는데, 원도심 도시재생사업 추진으로 도심공동화 방지와 경사지 노후주거지의 새로운 도시재생사업모델이 확산되고 있고, 또 대형 개발사업보다는 주민 삶의 질을 향상하고 생활 속에서 체감할 수 있는 정책이 기대된다. 셋째 도시재생사업을 통해 인구감소의 가장 큰 요인인 청년층의 역외 유출을 방비할 수 있는 순기능을 마련한 점 등이다.[25]

5. 나가며

1990년대 이후 중국의 경제성장을 대표하던 상하이를 두고, 20세기초 국제도시 상하이의 근대도시문화를 회상하던 '상하이노스텔지어' 현상이 있었다. 그와 함께 '올드 상하이'를 분석하는 연구 역시 많이 이루어졌다. 나아가 사회주의 현대화의 진행과 함께 급속도로 전개된 상하이의 도시화는 조계지를 중심으로 한 구도심을 정비하는 도시재생사업에 대한 관심을 불러왔다. 도시재생사업을 통해 '올드 상하이'의 기억을 복원하려는 상하이시의 노력을 엿볼 수 있었다. 현재적 의미에서 과거를 돌아보는 해역도시 상하이의 시도들이 경제적인 요소를 강조하는 것만이 아니라, 문화적인 요소를 한층 더 생각하는 것이었는지, 그리고 상하이의 빅프로젝트인 '글로벌 도시'건설과는 어떤 연관이 있는지 하는 것은 좀 더 따져봐야할 과제이다. 중국이 가진 특수한 제도와 역사가 도시 건설과 재생

---

24 부산 신항, 신항 배후 국제산업물류도시 등 개발제한구역 조정에 따른 공간구조와 핵심사업의 변화는 첫째, 서·동부산권의 개발로 신산업 유치, 관광단지개발, 기반시설의 확충, 배후 주거지역의 개발 등에 따른 공간구조의 변화. 둘째, 경부고속철도의 개통, 부산신항 건설, 신공항 건설, 외곽순환도로, 동해남부선 복선화, 경전철로 국내외 각 지역으로부터 접근성의 향상. 셋째, 도시 내부 도로망 확충, 도시철도 4호선 개통 등으로 만성적인 도시교통난이 완화될 전망이다. 마지막으로 광역 교통망이 개선되고 있으나 여전히 신공항 문제는 장기적인 과제가 되고 있다.

25 한승욱, 「전환기를 맞은 부산시 도시재생의 정책방향에 관한 제언」, 『BDI 포커스』 제256호, 부산발전연구원, 2014.6.23.

정책에도 반영될 것이기 때문이다.

상하이와 같은 동아시아 해역도시의 도시 정책은 홍콩과 부산에서도 전개되었는데, 협소한 지역인 홍콩은 중국으로 반환되기 전에 늘어나는 사람과 물자의 이동을 감당하기 위해 신공항 건설을 시도했고, 20세기말에 건설된 신공항은 예전 중개도시 홍콩의 역량을 보여주었지만, 이로 인해 신공항이 건설된 부지에 살던 원주민들은 이주를 통해 자신의 정체성을 잃고 새로운 환경에서 적응해 가야 하는 상황에 몰리게 되었다. 이러한 현상은 중국 반환 이후 홍콩인의 정체성이 사회적인 문제로 대두되었던 현실과 접목되었고, 아울러 홍콩 도심을 중심으로 한 도시재생사업과도 연동되었다. 한편 중국 반환 이후 일대일로 정책하에 웨이강아오다완취라는 메가지역 건설에서 중요한 위치를 점하게 된 홍콩은 앞으로 어떤 도시정책을 수립해 나갈지 귀추가 주목된다. 부산은 21세기 들어서면서 인구감소로 인해 도시가 점차 활력을 잃어가는 심각한 문제에 직면하였다. 이에 부울경 메가시티, 가덕신공항 건설, 엑스포 유치, 북항재개발 등의 굵직한 도시건설 프로젝트를 기획하거나 가동하고 있다. 이와 함께 원도심을 중심으로 한 도시재생 사업 역시 추진하여 성과를 거두기도 했다. 앞으로 이러한 도시계획이 얼마나 부산시민들과 호흡하면서 지속가능한 성장으로 나아가게 할 것인가가 숙제다.

동아시아 해역도시 가운데 상하이, 홍콩, 부산의 도시개발과 재생의 사례를 통해 바다를 끼고 있고, 또 이로 인해 이 지역에서 일찍이 개항을 통해 근대화와 도시화를 전개했던 해역도시들이 20세기 후반에 접어들면서 새로운 동력을 구하고자 시도하는 노력들이 모두 글로벌메가도시로의 비상을 꿈꾸면서 다른 한편으로는 내부적으로 역사문화유산에 기반한 도시재생사업을 전개한다는 공통점이 있음을 알 수 있었다. 하지만 세

도시는 각 도시의 역사와 문화 그리고 지리적 요소로 인해 각기 다른 독특한 도시문화전통을 갖고 있으며, 이로 인해 도시재생을 포함한 도시계획 역시 차이가 있다는 것도 이해할 수 있었다. 이러한 세 도시들이 지닌 도시계획과 관련된 유사한 경험들이 동아시아 해역도시네트워크를 통해 서로 소통하고 공유하게 된다면, 살기 좋은 동아시아 해역도시 건설과 성장으로 나아갈 수 있을 것이다.

이 책은 (동북아)해역인문학의 정립을 위한 시론적인 성격의 글들을 담고 있다. 동아시아 지역은 유럽에 비해 상대적으로 해상에서의 활동이 활발하지 않았고, 그래서 해역이 크게 발전하지 않았지만, 그럼에도 해역을 비롯한 해양문화가 형성되고 해역간 교류 역시 전개되었다. 근대 이후 그것은 더욱 활성화되었고 전세계 해양으로까지 확대되었다. 그렇지만 여전히 해양과 관련된 동아시아 지역의 인식와 학문은 유럽에 비해 부족하고, 새롭게 정립되어야할 과제로 남아 있다. 또 동아시아 지역에 기반한 해역인문학의 정립은 많은 탐구와 토론이 필요하다. 특히 해역은 특정 지역이기도 하지만, 주변부라는 역사성을 갖고 있으며, 또 접경이라는 이문화의 대립의 첨병이기도 하고, 해역권을 중심으로 한 리저널리즘의 대상이며, 국민국가의 경계를 넘어서는 유동하는 흐름의 공간이다. 게다가 동아시아 지역이라는 특수한 지리적 역사적 성격 또한 갖고 있다.

제1부에서 '인류에게 바다는 어떤 것인가'라는 물음을 인식론의 차원에서 살펴보았는데, 시대와 지역에 따라 바다에 대한 인식의 차이를 알 수 있었다. 정도의 차이는 있지만 전세계는 해금海禁과 전해展海를 반복했고, 대해大海를 향한 본격적인 전해를 전개한 유럽에 의해 바야흐로 '바다의 시대'가 열렸다. 그것이 바로 근대라는 시기와 겹친다. 대양을 주유하는 일은 새로운 세계관을 낳았고, 이로 인해 근대학문이 등장하여 새로운 문명을 낳았다. 곧 대항해를 위해 인류는 미지의 세계인 바다를 연구했고, 그 연구는 근대학문의 뿌리가 되었다. 역으로 해양 관련 학문 또한 수립되면서 해양학을 비롯해 해양인문학 등의 다양한 분과학문이 형성되었다. 특히 동아시아 지역은 주된 삶의 공간이 육지였던 과거에서 바다해

앙가 인류에게 큰 비중을 띠게 되는 근대화의 과정을 경험했다. 이것은 동아시아 근대성을 규명하는 많은 논의들을 바다의 시각에서 다시 검토하는 과제를 남겼고, 이를 제2장과 제3장에서 각각 동아시아 지역에서 근대학문의 성립 그리고 20세기 후반에 등장한 지역론인 동아시아 담론과 연결하여 정리했다. 하지만 자본주의, 국민국가, 과학, 이성, 진화, 세계화 등 근대라는 시대를 규명하는 이와 같은 개념과 '바다'는 무슨 관련이 있는 것인지, 근대 이후 동아시아에서 해양에 대한 인식 그리고 해양 관련 제도의 수립 또 해양산업은 어떻게 성립되었는지를 자세히 다루지 못했다. 특히 후자 두 개는 근대 시기 해양이 국가 차원에서 집단적으로 주목받게 되면서 정책적으로 해양 관련 제도의 수립과 산업의 형성에 대한 탐구에 해당한다.

해상 교통의 확대를 통해 세계가 연결되고, 그 과정에서 인적·물적·문화적 교류가 전개되었다. 이는 세계화라는 현상을 낳았고, 이러한 흐름에는 동아시아 지역도 포함되었다. 해양을 통해 근대문명을 수용한 동아시아 지역은 바다를 상대화하고, 바다를 통해 근대지식을 수용하여 국민국가로 전환하였다. 국민국가는 바다의 영토화를 주도하였고, 이는 바다의 갈등과 대립을 초래하였으며, 이와 관련하여 바다를 화해와 평화의 장소로 되돌리는 것은 탈근대적 전망과 연결된다. 기존의 연구를 바탕으로 바다를 둘러싼 인식, 바다가 형성한 연구, 바다를 중심으로 형성된 지역해역 이론을 정리하였다. 이를 바탕으로 '바다인문학'이라는 새로운 학문 분야의 가능성을 살펴보았다.

제2부에서는 근대 시기 동아시아 해역에서 전개된 네트워크의 양상들을 입체적으로 정리하면서, 경계로서의 해역이 지닌 접합의 가능성을 살펴보았다. 특히 19세기 중엽 이후 동북아해역 지식네트워크의 중심인 상

하이를 중심으로 이곳에 생산된 출판물의 이동 양상을 일본과 조선의 해역도시와 연결해서 검토했다. 동아시아 지역에서 근대적인 출판이 시작된 곳은 바로 해역도시들이었고, 이 도시들을 중심으로 각 지역으로 지식이 전파되기도 하고 또 수용되기도 하였다. 근대 동아시아 지역에서 지식의 수용과 전파는 이렇게 형성된 동아시아 출판네트워크를 바탕으로 이루어졌다. 특히 상하이에서 생산된 출판물이 중국을 비롯해 조선과 일본에 전파되기 위해서는 무엇보다 교통망이 중요하다. 이 책에서는 본격적으로 다루지 못했지만, 상하이를 중심으로 형성된 동북아해역의 교통망에 대한 연구, 그리고 그 교통망을 통한 사람과 물자의 이동 경로를 연구하는 작업이 뒤따라야 한다.

제3장은 '올드 상하이'에서 우치야마 서점과 이를 중심으로 형성된 동아시아 지식인 네트워크를 다루었다. 이 가운데 루쉰과 우치야마서점의 교류 흔적은 현재도 당시 공간을 배경으로 해서 보존되고 있으며, 또 상하이 근대문화유산의 하나로 인정받고 있다. 우치야마 서점을 중심으로 이러한 네트워크가 형성될 수 있었던 배경, 다시 말해 당시 상하이라는 해역도시의 성격 그리고 다양한 사람들의 출입과 교류가 가능했던 조계를 비롯한 상하이시의 거버넌스 또 모빌리티를 담당했던 정기항로의 상황 등이 보충될 필요가 있다. 이렇게 해야만 우치야마 서점의 활약을 '올드 상하이'의 조건에서 깊이 파악할 수 있을 것이다.

제3부는 동아시아 현대사를 해역의 시각에서 정리했다. 제1장에서는 산업화와 글로벌화를 동아시아 해역의 변화와 연결하여 검토했다. 먼저 일본의 아시아교역권론자들의 일본의 근대화를 산업화의 과정에서 검토하고, 그 성공을 근세 이후 아시아 해역에서 전개된 교역에서 찾으며 중국의 대륙아시아론에 대비되는 해양아시아론을 제창한 점을 살폈다. 그

리고 2차 대전 이후 '동아시아의 기적'으로 불리는 한국과 타이완의 산업화와 경제성장을 구미의 경제 및 군사원조라는 시각에서 점검했다. 이에 미국 원조에 의한 일본, 한국 그리고 타이완 등 해역의 군사기지네트워크 건설과 이 국가들의 산업화와 경제성장이 밀접하게 연관되어 있음을 알 수 있었다. 전후 동아시아 국가들의 산업화가 각 국가들의 개발주의에 의해 추동되었지만, 그 산업화가 미국의 아시아태평양 전략에 따른 동아시아 분업체제 안에서 진행되었고, 그 산업화의 중심지역이 대부분 해역이라는 점은 이 산업화가 해역민에게 끼친 영향에 대한 검토가 필요하다는 점을 상기시킨다. 군사기지로서의 섬과 원전이 설치된 어촌, 그리고 수출입공단이 건설된 해안가 특구 등이 그 대상이다. 이 지역에 살았던 원주민과 이주민들의 관계 그리고 이들에 의해 전개된 사회의 변화 양상 등에 대한 연구가 한층 더 필요하다.

제2장에서는 세계화와 지역화를 동아시아 해역을 대상으로 검토했다. 20세기 중반이후부터 시작된 '세계화'는 원래 세계경제가 실시간에 하나의 단위로 작동하는 단일체제로 통합되는 과정으로, 국민국가의 경계를 넘어서 자본의 논리에 따라 시장과 노동을 신자유주의 방식으로 재편하면서 비롯되었다. 이에 대한 전세계의 대응이 다양하게 이루어졌고, 이로 인해 '세계화'는 지역에서 일어나는 일이 아주 먼 곳까지 영향을 미치는 지구적인 규모의 상호의존성이 강화되는 현상이라고 정의되고 있다. 게다가 정보통신이 비약적으로 발전하면서 인터넷에서 개인과 세계가 직접 마주할 수 있는 공간이 마련되었고, 이러한 정보통신의 발달이 지금까지 개인과 집단이 영향을 주고받는 최대 단위였던 '국가'의 경계를 허물고 전지구적인 세계화를 촉진하였다. 세계화의 과정에서 동북아해역을 과연 로컬로서 정의할 수 있는지를 탐문해 보았다. 이와 더불어 최근 동

북아 각 해역에서 전개된 해역도시의 확장 그리고 해역도시들간의 네트워크 형성으로 나타난 메가지역 구상과 추진 등이 지닌 의미를 분석해보았다. 특히 최근 부울경 메가시티 구상과 가덕도 신공항 건설 등의 부산 사례를 중심으로 해역에서 도시의 확장과 어촌의 소멸이란 문제에 대해 검토하고, 이러한 사례들이 동북아지역을 넘어 전세계적으로 발생하고 있으며, 이것을 통해 세계화가 해역에서 드러나는 특수성을 밝히고, 그 결과 동북아해역도 로컬로서 규정할 수 있다면, 동북아해역에서 글로컬라이제이션 또는 로컬의 국제화는 결국 바다를 끼고 있는 해역간의 네트워크에서 찾아야 한다고 지적하였다.

제3장에서는 동북아 해역도시의 변화에 주목했다. 사실 현대 세계도시들의 역사를 보면, 주로 '개발'과 '성장'이라는 구호아래 도시화가 전개되어 산업시설이 들어서고 인구가 유입되었으며, 이에 따라 공간을 확장하면서 대도시메트로폴리탄가 된 사례가 적지 않다. 그런데 탈산업화가 진행된 이후 이러한 산업화에 의한 인구흡입 요인이 사라지면서 점차 인구가 줄어들고 노령화가 진행되는 도시들이 늘어나면서 도시를 유지할 방안을 찾지 않으면 안되었고, 이에 따라 도시재생을 통한 인구 유입을 도모하자는 인식을 갖고 다양한 도시재생사업을 전개하고 있다.

상하이의 빅프로젝트인 '글로벌 도시'건설 그리고 도시재생사업에는 중국이 가진 특수한 제도와 역사가 반영되고 있음을 알 수 있었다. 또 홍콩의 신공항건설과 이로 인해 파생된 원주민의 이주 문제는 중국 반환 이후 홍콩인의 정체성이 사회적인 문제로 대두되었던 현실과 접목되었고, 아울러 홍콩 도심을 중심으로 한 도시재생사업과도 연동되었다. 한편 중국 반환 이후 일대일로一带一路 정책하에 웨이강아오다완취粵港澳大湾区라는 메가지역 건설에서 중요한 위치를 점하게 된 홍콩은 앞으로 어떤 도시정책을 수립해 나갈지 귀추가 주목된다. 부산은 21세기 들어서면서 인구감소로 인해 도시가 점차 활력을 잃어가는 심각한 문제에 직면하였다. 이에 부울경 메가시티, 가덕신공항 건설, 엑스포 유치, 북항재개발 등의 굵직한 도시건설 프로젝트를 기획하거나 가동하고 있다. 이와 함께 원도심을 중심으로 한 도시재생사업 역시 추진하여 성과를 거두기도 했다. 앞으로 이러한 도시계획이 얼마나 부산시민들과 호흡하면서 지속가능한 성장으로 나아가게 할 것인가가 숙제다. 이것은 부록에서 다룬 부산항에 대한 연구를 위해 네트워크, 이동, 공간의 관점을 제시한 것을 바탕으로, 해역도시 부산의 미래를 구상하는데 있어 실제적인 대안을 마련할 것을 요구한다.

부산을 비롯해 많은 해역 도시들을 포함한 동아시아 해역이 지닌 역사성과 특수성을 살피고, 이러한 특징들을 깊이 숙지하면서 해역을 중심으로 한 해역인문학 나아가 해양학을 정립할 수 있기를 기대한다.

해역네트워크의 관점에서 다시 보는 부산항-부산 연구를 위한 이론적 시탐試探

1. 들어가며

최근 부울경 메가시티 구상이 부산경남권 지역 자치단체를 중심으로 활발하게 논의되고 있는 듯하다. 또 중앙정부에서 K뉴딜 정책을 발표하자, 지방 중심의 뉴딜 정책이 되어야 한다며 비수도권 지역민들이 주장하고, 여기에 편승하여 부산시 역시 북항재개발, 철도시설 지하화, 가덕도 신공항 건설 등 지역 현안을 풀어내고자 노력하고 있다. 아울러 해프닝으로 끝났지만, 중국의 민간단체에서 제기되었다고 하는 상하이-부산-규슈의 동북아 해역도시를 연결하는 결절점으로서 부산시에서 가까운 양산에 바이러스 등 생명공학 관련 벨트를 조성하자는 구상도 부산 지역을 중심으로 한 미래 발전방안으로 눈길을 끈다.

미래 부산의 청사진을 그려 보려는 이와 같은 최근 지자체 및 정치권의 구상은 탈국민국가와 글로벌화에 대응하는 지역발 자체 발전구상으로, 이는 '메가트렌드 아시아 또는 중국' 그리고 '메가아시아'라는 사회과학적 지역 또는 도시 이론을 배경으로 하고 있는 듯하다. 곧 부산을 중심으로 한 메가시티 구상은 이러한 이론에 기반하고 있으며, 이를 초국가적인 지역간 연합으로 구상한다면 메가아시아로 나갈 수 있겠다. 아직 발상수준의 이러한 주장들이 실제적인 기획으로 전개되기까지는 시간이 필요하겠으나, 이미 신문지상에는 다양한 분야에서 이와 관련한 제안들이 나오기 시작했다. 예를 들어, 문화 분야에서는 부울경 메가시티 구상에서 지역간 문화통합이 선행되어야 한다는 제안을 내놓고 있다.[1]

이 글은 최근 화제가 되고 있는 메가시티라는 지역연합 구상 그리고 오래전부터 부산시가 표방한 해양수도 및 해양도시네트워크 제안 등을 마주하고, 이와 같은 제안이 나오게 된 배경을 근대 이후 부산의 역사적 변천이라는 차원에서 검토할 필요성에서 출발한다. 지역으로서 부산이 지닌 지리적 특수성 곧 해역동북아해역이라는 지정학적 위치 그리고 메가 또는 네트워크라는 개념을 바탕으로 한 지역화 과정에 대한 고찰을 통해 이와 같은 구상이 지닌 의미를 탐문해 봐야 한다고 생각한다. 아울러 이 작업은 1990년대 이후 본격화된 부산 연구 또는 부산학의 연구 성과를 살펴보는 것과 동시에 이루어져야 할 것이다.

물론 부산 연구 또는 부산학과 관련된 연구 성과를 비판적으로 검토하고, 나아가 새로운 부산 연구의 지평을 마련하는 것이 뒤따라야 하겠지만, 한정된 지면에서 이와 같이 큰 문제를 다룰 수는 없다. 이미 여러 선행 연구에서 부산 연구의 한계와 향후 과제를 제시하였는데, 오재환은 다음과 같이 지적하였다. 우선 장기적인 관점에서 지역학 연구의 성과를 기대해야 하고, 또 연구 성과를 집대성한 부산학 아카이브의 구축이 필요하다. 다음으로 부산시와 지역대학이 장·단기적인 부산학 프로젝트를 발굴하고 연구 수행을 지원하며, 그리고 지역연구를 위한 연구자 양성과 지식교류를 통한 연구 성과의 질적 제고가 필요하다. 나아가 연구자와 시민 사회와의 소통에 기반한 연구 결과의 피드백을 통해 궁극적으로는 지역

---

1   아래 『부산일보』 기사 참조.
     http://www.busan.com/view/busan/view.php?code=2020100718573052682
     http://www.busan.com/view/busan/view.php?code=2020100617412014492

발전의 교두보가 되어야 함을 지적하고 있다.[2]

　10여 년 전에 발표된 논문의 이와 같은 지적은 20세기말부터 국내에서 시작된 지방자치제의 실현과 연동하여 출발한 지역 연구, 그 가운데 부산 연구의 성과를 정리하고 이를 '부산학'이라는 하나의 학문으로 정립하려고 했던 애초의 시도에 대한 중간평가이다. 부산학은 '부산의 역사적 형성과정과 현재적 과제를 분석하여, 부산의 특성과 정체성을 발굴하며, 나아가 미래의 부산 발전 방향을 제시함으로써 부산이 당면한 시대적 상황에 대처할 수 있는 이론적, 실천적 논리를 공급하는 학문'이라고 일찍이 김석준은 주장했다.[3] 그리고 이를 위한 연구방법으로 근대 서구의 지역학에 문화연구가 들어오고, 이에 지역문화학이라는 형태가 (해역)도시 연구와 결합된 것이 바로 부산학이 제창될 때 제기되었던 논의였던 듯하다.[4]

　앞에서 말한 부산학이 결국 '부산성'이라는 아이덴티티를 규명하거나 창조하려는 목표를 향한 학문이라고 한 것은, 주변부에 지나지 않았던 지역(방)이 중심-주변이라는 구도를 파괴하는 동력 바로 반反중심의 거점으로서 위상이 제고되었던 20세기 말의 시대적 상황을 배경으로 하고 있다. 이러한 상황을 반영한 지역 학술계의 부산학 제창과 그 연구 성과는 다양하게 축적되었다. 비록 부산성이 무엇인지 규정하는 것은 쉽지 않지만, 시장이나 교역의 장소로서의 기능을 가진 항구라는 지리적 특수성을 염두에 두지 않을 수 없는 한, 부산학은 이동과 네트워크 그리고 '해역'이라는 공간(성)에 착목하지 않을 수 없다. 부산항의 역사적 변천을 살펴보

2　오재환, 「부산학 연구의 동향과 전망」, 『제주도연구』 37권, 제주학회, 2012. 2.

3　김석준, 『전환기 부산 사회와 부산학』, 부산대 출판부, 2005, 342쪽.

4　김태만, 「글로컬리제이션 시대 상해학을 통해서 본 부산성 연구」, 『中國現代文學』 29, 2004.

기 위한 하나의 방법론으로서 이 세 키워드를 적용해볼 수 있을지 검토해 보려고 한다.

2. 네트워크, 이동, 공간

근대 이전과 이후 부산을 해역이라는 지리적 특수성에서 바라보고, 이것을 중심으로 부산의 지역화 과정을 검토한 선행 연구는 적지 않다. 부산은 한국의 다른 포구나 항구와 달리 근대 이후 많은 변화를 겪었고, 이 지역화 과정을 어떻게 규명할 것인가가 부산의 근대(성)를 파악하는 일이 될 것이다. 해역 또는 항구라는 부산의 지리적 특수성을 바탕으로 다소 거칠게 지역화 과정을 정리해보면, 먼저 근대 이전 부산 포구를 중심으로 한 네트워크망이 어떤 형식으로든 형성되었을 거라고 추측할 수 있다. 예를 들어, 부산포 인근의 포구 곧 가덕도, 거제도, 울산 등지와 멀리 전라도 지방의 포구와의 연결, 나아가 대마도나 규슈 그리고 류큐 등지와의 교류 등이 어떠했는지 사료나 자료를 바탕으로 파악하는 것이다. 그 다음은 근대 이후 곧 부산포 개항이후의 지역화 과정이다. 기존의 네트워크가 1876년 개항으로 인해 어떤 변화를 겪게 되고, 그 변화가 또 어떤 새로운 네트워크를 형성하며 지역화 과정을 진행해왔던가 하는 점을 밝혀야 한다. 그런데 1876년 개항을 기점으로 근대 이전과 이후를 나누는 관습적인 시각에서 벗어나 이를 전체적으로 바라보고 그 연속성을 강조하는 관점이 여기서 중요하다.

부산항을 중심으로 한 네트워크 특히 근대 이후 네트워크 형성과 지역화 과정이라는 관점에서 부산항의 역사를 새롭게 조망할 수 있는 가능성을 제시하기 위해 세 가지 주목할 요소를 제시하려고 하는데, 반복하지만 하나는 부산항의 변화를 관찰하는데 외부와 연결 곧 (해역)네트워크와 관련된 기존의 주요 논의를 통한 검토이고, 다른 하나는 바로 그 네트워크와 지역화 과정을 추동한 동력으로서 이동에 대한 것이다. 마지막으로 이동과 네트워크의 결과로서 부산이라는 공간의 변화이다.

1) 동북아해역과 네트워크

지역 연구에서 그 지역의 형성사 곧 지역화 과정이라고 하는 것은 무경계의 광활한 지표가 여러 개의 지역으로 구분되거나, 동질성을 보이는 일단의 작은 장소들이 합병하여 하나의 지역으로 묶어지는 과정을 얘기하는데, 이를 탐구하기 위해서 네트워크론은 유용한 방편이다.[5] 이 네트워크론은 근대이행기의 공간관의 변화와 경관 및 공간 구조의 변천과 관련된 연구에서도 특히 유용한데, 이를 해역이라는 지역에 적용시켜도 의미있는 결과를 도출할 수 있다. 게다가 이를 지리학 방면과 접목시켜 연구하는 것은 해역이라는 장소성을 부각시켜낸다는 점에서 더욱 유용하고, 덧붙여 역사와 문화를 접목시키는 연구는 이미 부산 연구에서 활용되고 있는 것 같다.[6] 지역문화학이나 역사문화지리학 방면의 연구가 그것인데, 이를 다시 부산 지역연구에 접목시켜 해양과 내륙의 결절점으로서의 항구의 기능을 재조명하고, 항구 중심의 네트워크를 확인해보는 작업

---

5   Johnston *et al.*, *The Dictionary of Human Geography*, Oxford : Blackwell Publishers Inc., 2000.

6   전종환, 「근대이행기 경기만의 포구 네트워크와 지역화 과정」, 『문화역사지리』 제23권 제1호, 한국문화역사지리학회, 2011. 18~19세기를 중심으로 근대이행기 경기만의 포구 분포와 포구간 네트워크를 통해 그 지역화 과정의 일면을 탐구하고 있는데, 본 연구의 문제의식과 상통하는 바가 크다.

이 필요하겠다.

일반적으로 해역이라고 하면, 바다와 인접해 있는 육지를 말한다. 다시 말하면 연해 지역이라고 할 수 있는데, 여기서 주의할 것은 바로 바다와 접해 있지만, 그 바다와 내륙의 연결하는 공간 또는 지대를 지칭한다는 점이다. 그것은 바다만을 가리키는 해양과 다른 개념이다. 해역을 하나의 개념으로서 의미를 부여한 것은 일본의 해역아시아 연구팀일 것이다. 이들은 육지가 아니라 바다를 중심으로 아시아를 보려는 의도에서 아시아의 해역이 아니라 '해역아시아'라는 용어를 제창하고, 이를 중심으로 아시아사를 재구성하고 있다. 윤명철의 '동아지중해론' 역시 이러한 관점을 공유하고 있다.[7]

단지 연해 지역을 가리키는 용어가 아니라, 이처럼 해역에 의미를 부여하게 되면, 해역을 둘러싼 연구는 자연스럽게 육지와 바다를 연결하는 결절점 즉 공간에 주목하게 된다. 곧 항구라든지 섬 등이 될 것이고, 또 이것은 고립되지 않고 연결된다는 점에서 해역연구는 네트워크론에 입각한 연구로 나아가게 된다. 해역아시아사든 동아지중해론이든 멀리 페르낭 브로델의 지중해론이든 모두 네트워크적 시각을 갖고 있다. 브로델로 대표되는 아날학파는 기존 역사가들이 정치·외교 사건들을 강조하는데 반대해 그러한 사건들 밑에 깔려 있는 조건들, 즉 기후·지리·인구·통신·교통 등에 더 주의를 기울였다. 일정한 시대의 상업과 일상생활의 자세한 면들을 매우 꼼꼼하게 다루었기 때문에, 이들은 통계에 의거한 분석과 수량화에 크게 의존했다. 아날학파의 이러한 연구가 해역아시아사 등의 연구방법에 영향을 주었다고 보는 것이 순서에 맞겠지만, 아무튼 네트

---

7   이와 관련된 자세한 논의는 곽수경, 「해역의 개념과 구성요소」, 『동북아해역과 인문학』, 소명출판, 2020; 모모로 시로 편, 『해역아시아 연구 입문』, 민속원, 2012 참조.

워크는 아날학파의 연구와 아주 잘 맞는 개념임에는 틀림없다.

네트워크는 원래 과학 분야에서 나온 용어로, 이를 사회학 방면에서 응용하여 이론으로 활용하다가 현재는 인문학 분야에서도 일반적으로 사용하고 있는데, 다음과 같이 정의된다. 네트워크론은 본래 노드nodes와 두 노드를 연결하는 선edge을 가지고 특정 범위 또는 집단내의 대상들 사이의 관계를 나타내는 그래프grahp 이론에서 유래한 것으로, 그것을 사회적 현상에 적용할 때 명시적이지 않은 대상들 간의 관계를 시각적으로 파악하는 데 유용하다고 얘기된다. 곧 네트워크란 개별 장소가 아닌 장소 간 관계의 차원에서 공간을 보려는 개념이기 때문에 지역간 연구에서 널리 적용되었다. 지역 연구 또는 지역학 분야나 문화교류 방면에서의 소위 지역 네트워크 연구는 이러한 네트워크론의 장점을 활용하는 것으로, 이것을 통해 일국적 관점에서는 명료하게 볼 수 없었던 초국가적 관계들을 확인할 수 있다.[8]

곧 바라바시가 "오늘날 우리는 어떤 것도 다른 것과 따로 떨어져서 발생하지 않는다는 것을 점점 더 강하게 인식하게 된다. 대부분의 사건이나 현상은 복잡한 세계complex universe라는 퍼즐의 엄청나게 많은 다른 조각들과 연결되어 있으며, 그것들에 의해 생겨나고 또 상호작용한다. 우리는 우리 자신이 모든 것이 모든 것에 연결되어 있는 좁은 세상small world에 살고 있다는 것을 알게 되었다"[9]라고 지적했듯이, 네트워크가 형성되고, 또 그 네트워크는 더욱 강하게 근대 사회를 끈끈하게 연결짓게 만든다. 근대 이후 이동과 함께 형성된 네트워크는 다양한 층위에서 다양한 형태

---

8 김승욱, 「20세기 초(1910~1931) 인천화교의 이주 네트워크와 사회적 공간」, 『중국근현대사연구』 47, 2010.
9 앨버트 라슬로 바라바시, 강병남·김기훈 역, 『링크』, 동아시아, 2002, 20쪽.

로 발현된다. 이런 관점에서 이 글에서 제기한 해역네트워크는 (동북아)해역이란 공간을 대상으로 어떤 형태의 네트워크가 만들어졌으며, 그것이 어떤 조각들로 구성되었는지를 살펴보는 것이다. 이와 관련한 선행연구로는 경제사 방면에서 제기되어 주목을 받은 '아시아교역권론'일 것이다. 이 분야의 리더격인 하마시타 다케시는 네트워크 개념을 적극적으로 사용한 연구자이기도 하다.

하마시타는 서양의 충격에 의한 아시아의 강제적인 개국·개항이라는 아시아의 근대에 대한 해석에 대해 비판하면서 1830년대부터 1890년대에 이르는 60년간을 '교섭의 시대'라고 규정하고, 이러한 시기의 특징을 가장 잘 나타내주는 것이 개항장 간의 관계를 중심으로 한 동아시아 역내의 상호관계가 활성화된 데서 찾았다. 이 시기 '조공에서 조약으로의 전개'로 거론된 아시아와 유럽의 대치, 아시아의 유럽화를 추적하는 문맥이 아니라, 동아시아사의 지역론·해역론의 관점에서 재검토한다면, 아시아 역내의 개항장 네트워크의 형성으로 파악할 수 있다고 말한다. 이를 위해서는 개항 이전과 이후로 구분하는 것이 아니라, 교역항의 역사적 연속성을 염두에 두고, 근대 이전부터 아시아에서 작동한 광역 네트워크가 가동되었던 점에 주목하여야 한다고 지적한다.

중국을 중심으로 하는 조공권이나 인도문화권 또 이슬람권 등은 그 내부에 광역 네트워크를 가동시키고 있었으며, 다른 한편으로 남중국해 교역권과 인도양 교역권 또 지중해 교역권 등은 다른 문화권이 접촉하고 교차하는 광역 네트워크를 구성했다. 이 광역 네트워크에는 그것을 유지하는 역내 원리로서 조약과 조공 등의 정치경제원리, 종교원리, 지역원리나 해역원리 등이 존재했고, 여기에는 전문화된 상업 운송 집단이 네트워크를 중계하고, 그 주변에 교역장으로서 항구 도시가 형성되었다. 상하이, 홍콩, 싱가포르, 광저우 등은 지역 해역네트워크의 결점점에 위치하고, 여기에 많은 교역항이 다각적으로 결부되었다.[10]

그렇다면 이 광역 네트워크에 부산은 어떻게 연결되었는가. 아편전쟁이 일어나기 250여 년 전, 아시아에도 잘 짜인 무역구조가 존재했다. 이 아시아간 무역구조인도·동남아·중국·일본에 포르투갈, 네덜란드, 영국이 참여하고 있었지만, 가장 큰 지분은 중국과 화교들이 가지고 있었다. 곧 청의 정크무역이 활발하게 전개되고 있었고, 여기에 조선반도 남부 연안과 북부가 연결되고 있었다고 파악된다. 이러한 청나라 상인을 중심으로 한 무역체계는 19세기 후반에서 1910년대까지 조선에 강한 상업적 압력을 가했고, 이러한 중국의 상업적 압력의 존재는 일본이 개항 후 역사적인 아시아 역내 무역에 상업적으로 복귀할 수 있을지 여부 그리고 동아시아 시장에 유통되는 상품을 생산하는 것에 대한 강한 동기로서 작용했다. 곧 상업적 진출에 실패한 메이지 초기의 일본이 서양화와 공업화로 향한 역사적 동인이 바로 조공무역관계를 배경으로 한 중국 상인 및 중국 상업의 존재에 있었다고 하는 것이 하마시타의 설명이다.[11]

하마시타의 이러한 언급을 구체적인 연구로 뒷받침한 것이 바로 한말 대표적인 화상이었던 동순태同順泰의 교역네트워크에 대한 연구다. 중국 사학자 강진아는 동순태가 광동방廣肇幫이라는 특수 지역의 동향네트워크와 겹쳐있으며, 한말 동순태를 통해 복원한 광동네트워크는 조선 화상의 특징을 보여준다고 지적한다. 일본의 복건福建화상은 상업에 정치적인 개입이 들어갈 여지가 적었고, 그래서 동향조직망 위에 상업적 기회를 찾

---

10 하마시타 다케시, 서광덕·권기수 역, 『조공시스템과 근대 아시아』, 소명출판, 2018, 249~250쪽.
11 위의 책, 165~166쪽.

아 뻗어나가는 것이었다면, 동순태는 청조의 적극적인 대조선정책이 가시화되면서 인천에 상륙했고, 그 성장의 배경이 된 상하이 동태호同泰號와 그 네트워크는 조선정책을 실질적으로 지도하는 청조 양무파 관료, 광동출신의 매판자본에까지 이어져 있었다. 1842년 남경조약으로 상하이가 개항하면서 양행洋行의 본거지였던 광동인들은 양행의 상하이 진출과 더불어 북상하였고, 1858년 일본 개항 이후는 일본으로 진출하였으며, 1882년 이후는 조선에도 진출했다. 동아시아 유통네트워크에서 광동네트워크의 형성은 서구세력의 아시아 개항 과정과 밀접하게 관련되어 있다. 그런데 조선의 경우는 청조의 대對조선정책이 양무파 관료와 그와 손잡은 광동출신 매판들에 의해 주도된 결과, 조선화상은 동아시아 광동네트워크 속에서도 특히 정치적 지원을 향유할 수 있었을 뿐 아니라, 관官과도 밀착되었다. 그러한 점에서 조선의 광동네트워크는 단순한 화교네트워크가 아니라, 정치적 네트워크이기도 했던 것이다.[12]

또 일본의 중국사학자 이시카와 료타 역시 근대 아시아 시장 속에서의 개항기 조선을 규명하기 위해 화상同順泰의 네트워크를 단서 삼아 고찰하였는데, 이 시기 대중무역이 거시적으로 보면 인천과 상하이라는 두 지역에 집중되었고, 무역 주체인 화상의 네트워크는 일본을 포함한 연해 여러 항구에 이르고 있고, 그 네트워크가 전체로서 인천과 상하이 사이의 무역을 유지하는 형태였다고 지적하였다. 그는 가지무라 히데키梶村秀樹의 주장을 받아들여 당시의 조선은 상대적으로 독자성을 지닌 지역 경제가 국민경제로의 통합을 기다리는 단계에 있었다고 보았다. 여기서 지역 개념이 어떤 고정적인 지리적 공간적 범위를 가리키는 것은 아니며, 인간의

---

12 강진아, 「廣東네트워크(Canton-Networks)와 朝鮮華商 同順泰」, 『史學研究』 第88號, 한국사학회, 2007.

다양한 활동에 따라 나타나는 공간과 장소의 확장을 두드러지게 하는 분석 개념으로, 이를 잘 활용한 것이 전근대를 대상으로 한 일본의 '해역사' 연구라고 말한다. 이러한 사고방식을 통해서 근대 이후의 국민국가 영역에 구애받지 않는 새로운 역사상을 제시해온 이들 가운데 이타가키 유조板垣雄三의 지역론이 '근대 세계의 형성이란 사람들이 스스로 안주할 수 있었던 지역을 타파하고 재편성하는 것이었다. 생활과 장의 확대는 일그러진 중층구조로 다시 만들어졌다'라고 근대 이전과 이후를 구분하여 지역 개념을 설명한 점을 수용한다. 이사카와 역시 자신의 개항기 조선에 대한 연구는 화상활동으로 인해 일어난 변화를 조선의 외부로부터 주어진 자극으로 파악하는 것이 아니라, 조선의 내부도 포함하여 국경을 걸친 지역이 힘을 얻는 과정으로 파악하려고 했다.[13]

하마시타는 이미 1990년대에 근대 이전 이와 같은 정크무역에 포섭된 조선반도임에도 조선의 교역 네트워크와 관련해서는 많은 연구가 나오지 않았다고 지적하고, 그 이유를 다음과 같이 말했다. 곧 주위의 지형상으로 주변과의 연해교역이 아주 활발했을 것으로 예상되는 조선반도는 현재까지의 연구가 주로 국내 상인 및 조공무역에 관한 것에 초점이 맞춰지고, 또 연해교역은 실제로 산둥반도 및 규슈지방과 정기적으로 이루어졌으나, 이것은 관청의 허가를 받은 교역이 아닌 관계로 자료상으로 나타나지 않아서 이에 대한 평가나 연구가 미흡했다고 했다. 이런 연구의 곤란을 극복하는 하나의 방안으로 표류漂流에 주목해야 한다고 지적한 바 있다.[14]

이는 국내의 근대 이전 부산에 대한 연구에서도 그대로 드러난다. 곧

---

13 이시카와 료타, 최민경 외역, 『근대 아시아 시장과 조선 ― 개항·화상·제국』, 소명출판, 2020, 669~672쪽.
14 하마시타 다케시, 앞의 책, 139~141쪽.

17세기 후반 부산을 포함한 환동해권 해역상의 해상교류에 대해서 지금까지 그다지 주목하지 못했다. 지금까지 부산 관련 대부분의 연구들이 일반적으로 항구도시 부산에 대해 '조용하고 한산한 어촌이었으나 1876년 일본에 의해 개항된 이후 근대 식민지 도시가 되었다'라는 인식이 주류를 이루어 왔다. 하지만 최근의 한 연구는 이와 상반되는 견해를 보여주고 있는데, 그것은 바로 전근대 시기 부산포에서의 한일선박의 빈번한 왕래가 있었음을 증명함으로써 시도되었다. 즉 조선후기 부산포 『왜관관수일기』를 분석하여 대한해협을 넘어 부산-쓰시마를 오가는 선박 왕래가 매우 빈번하였으며, 이를 매개로 인적·물적·문화적 교류가 매우 활발히 전개되고 있었다고 주장한 것이다.[15] 왜관은 사실 개항장에 설치되어 개항장의 운영과 시기를 같이하면서 조선에 입국하는 일본의 사신, 수직 왜인, 상왜 등의 숙박·접대·교역에 관한 일을 담당했으며, 때로는 이와 관련되어 외교가 행해지기도 했다. 그러나 조선에 입국한 각급 왜인의 1차적인 목적이 교역에 있었던 만큼 왜관의 중심적인 일은 교역 도모였다. 교역을 통해 소목蘇木·丹木·후추·약재·금·은·동·유황 등을 수입하고, 쌀·콩·면포·서적·불경 등을 수출했다. 교역사무는 왜인의 입국과 함께 시작되었고 귀국으로 종료되었다. 개항장을 관할하는 변장邊將, 부산왜관은 부산첨사은 각급 왜인이 도착하면 왜인이 제시한 서계書契·도서圖書 등의 증명서에 따라 입국목적을 심사하고 상경上京과 유포留浦를 결정했다. 이에 따라 상경자의 무역은 상경한 뒤에 행해졌고, 유포자 즉 상경이 거부된 왜사·상왜는 왜관에서 외교적 의례와 교역을 행했다.[16]

---

15   박화진, 「전근대 부산포 초량왜관의 해양교류 양상 – 일본선 부산포 입항사례를 중심으로(1689~1691)」, 『동북아문화연구』 60, 2019.

16   이상은 다음백과 https://100.daum.net/encyclopedia/view/b16a2440a 참조.

왜관의 설치는 원래 경제적인 측면보다는 국방정책에서 왜인을 우대하고 회유하기 위한 것이었다. 또 이러한 왜관 무역은 관무역의 성격이 강했다. 그런 점에서 전근대 시기 부산에서 외교적 성격이 강한 왜관 무역의 상황 그리고 자료를 통해 확인할 수 없는 연해무역이 아시아교역권론자들이 제시한 광역 네트워크 속에서 어떻게 전개되었는지 후속 연구가 요구된다. 또 조선 후기 청나라 상인 곧 화상이 당시 동아시아 교역 네트워크, 그 가운데 조선 반도와의 관계에서 어떤 활동을 했고, 이것이 1876년 부산 개항으로 인해 조선의 국제적인 교역이 열리는 상황에서 어떤 변화로 나타났는지 살펴야 한다.

이런 맥락에서 하마시타가, 현재까지의 연구가 일찍이 조선과 일본의 관계를 이후의 식민지화를 전제로 한 2국관계 곧 일본의 조선 진출이라는 시각에서 다루어져 왔던 데서 벗어나, 조일관계는 조중일 3국관계로 봐야 한다고 주장했던 것은 유의미하다. 청국 상인의 조선 진출에서 그 이유를 찾고, 나아가 개항장간의 교역과 결제의 네트워크로서 인천, 상하이, 오사카, 나가사키가 존재한다고 밝혔던 것이다.[17] 하마시타는 최근에 발표한 글에서도 20세기 후반 글로벌라이제이션이 야기한 지역동태 Regional Dynamism가 아시아를 어떻게 다시 파악할 것인가라는 과제를 제기하고 있으며, 이런 상황에서 연해항만도시 및 그 네트워크의 연구가 중요성을 더해가고 있다고 강조하였는데, 그것은 해양해역에 시점을 둠으로써 지금까지 포착할 수 없었던 연해도시간의 네트워크가 드러난다고 생각하기 때문이라고 말했다.[18]

---

17 하마시타 다케시, 「19세기 후반 조선을 둘러싼 금융네트워크」, 『명청사연구』 17, 명청사학회, 2002.

18 하마시타 다케시, 「중국해관사에서 보는 동북아시아 해역의 등대와 항로」, 『동북아해역

2) 동북아해역과 이동

일본의 아시아교역권론이나 해역아시아사 연구 등 국경을 넘어 펼치는 자율적인 지역 논리에 주목하는 연구에 대해 한국 연구자들은 긍부정적인 반응을 보인다. 일본사연구자 이수열은 설사 유럽중심주의의 극복이나 내셔널 히스토리의 상대화라는 문제의식을 공유한다 하더라도, 아시아교역권론은 근세일본의 실상을 실체 이상으로 과대포장하거나, 근대 이후 일본자본주의가 수행한 제국주의적 침략을 은폐하는 등 많은 문제점을 내포하고 있다[19]고 지적했다. 또 일본의 서양화를 중국의 상업적 우위에 대한 자위적 대응으로 설명하는 역사상은 근대일본의 상업적 승리의 역사에서 제국주의의 이미지를 지우려는 것으로 의심받고 있다.

뿐만 아니라 '아시아교역권'론은 네트워크를 통한 인간과 돈 물자의 교류에 치중한 결과, 교류가 항상 동반하는 마찰과 갈등에 대해서는 외면하는 결과를 가져왔다고 평가받기도 한다.[20] 그리고 근대를 출발점으로 하여 근세에 대한 연구와 논의를 활성화시키는 반면, 근대에서 현대로 올수록 '아시아교역권론'에 입각한 재구성의 시도가 떨어지는 것도 한계로 지적되는데, 이와 같은 평가에도 불구하고 네트워크와 지역화론을 사용한 일본의 이 연구는 아직 의미가 있다고 생각한다. 그런데 네트워크론에서 보다 큰 문제는 바로 네트워크의 한시성과 변화라는 점이다. 곧 앞에서 말한 이카가키 유조의 지역론과 같이 네트워크는 고정적이지 않고 유동적인 성격을 갖기 때문이다. 그리고 네트워크 역시 바로 유동적인 어떤

인문네트워크의 근대적 계기와 기반』, 소명출판, 2020.

19 이수열, 「'아시아 교역권론'의 역사상 – 일본사를 중심으로」, 『한일관계사연구』 48, 2014.

20 하세봉, 「80년대 이후 일본학계의 '아시아교역권'에 대한 논의 – 학문적 맥락과 논리를 중심으로」, 『중국현대사연구』 2, 1996.

것에 의해 구성된다는 것이다. 이것이 바로 이동이다.

이동과 관련해서 말하자면, 사실 이동은 비단 근대 이후에 두드러진 현상은 아니다. 중세나 봉건 시대에도 이동은 존재했다. 그럼에도 불구하고 현재도 마찬가지만 근대 시기를 살피는데 이동을 중시하는 것은 그전의 이동과는 뭔가 다른 측면이 있기 때문이다. 그 다른 측면은 이동의 속도나 양의 면에서 두드러진다고 할 수 있다. 곧 이동의 성격의 차이라고 할 수 있는데, 현재와는 비교할 수 없겠지만, 근대 초기의 이동이 바로 공간을 변형시키고 생성하는 핵심적인 기제로 작동했다. 이처럼 이동은 바로 근대성을 규명하는데 중요한 특성 중의 하나다. 곧 이동 주체들의 다양한 사회적 실천, 네트워크, 헤게모니, 스케일, 연대 등 다양하고 복잡한 층위들이 체현되는 공간을 상정할 수밖에 없다.[21]

이동은 21세기에도 여전히 학술계의 화두의 하나가 되고 있다. 이동 자체가 하나의 연구대상이 되었다고 해도 과언이 아닌데, 그만큼 현대에 들어서면서 이동이 국제사회에 등장한 주목할 만한 현상의 하나이기 때문이다. 이것은 '모빌리티'라는 용어로 국내 학계에서 널리 통용되고 있다. '모빌리티'는 최근 기차, 자동차, 비행기, 인터넷, 모바일 기기 등과 같은 모빌리티 테크놀로지에 기초해 사람, 사물, 정보의 이동을 의미하는 용어이다. 그리고 이에 수반되는 공간도시 구성과 인구 배치의 변화, 노동과 자본의 변형, 권력 또는 통치성의 변용 등을 통칭하는 사회적 관계의 이동까지 '모빌리티 연구'라는 영역에서 다루어지고 있다.[22]

---

21 문재원 외, 「이동성(mobility)과 로컬리티」 좌담회, 『로컬리티 인문학』 6, 부산대 한국민족문화연구소, 2011 참조.

22 피터 메리만·린 피어스, 김태희 외역, 『모빌리티와 인문학-인문학, 이동을 생각하다』, 앨피, 2019.

이처럼 모빌리티mobility가 일찍이 볼 수 없던 폭과 깊이를 드러내고 있다. 지금까지 모빌리티가 하나의 사회 속에서 계층이동이나 지역이동으로서 언급된 적은 많았다. 또는 국경을 초월하는 모빌리티의 경우일지라도 하나의 사회를 기반으로 해서 생각하는 영역적인 것이 보통이었다. 그러나 오늘날 글로벌리티Globality가 사회와 사회, 지역과 지역 사이를 사실상 사라지게 하는 가운데 모빌리티는 영역적인 것으로부터 분리되어 유동성 그 자체로서 거론되게 되었다. 동시에 이것은 사회과학이 선험적으로 정립하고 있던 것들을 근본부터 다시 추궁해야 할 상황을 초래하였다. 그것이 어느 정도 자각적으로 이루어졌는가는 일단 제쳐두더라도, 모빌리티가 오늘날 사회과학에서 중요한 쟁점이 되었음은 분명하다. 즉 모빌리티가 사회를 초월하여 어떻게 확장되고, 새로운 관계나 집합체를 창출해 내는가를 고찰하는 것이 대세가 되었다. 이것은 이동모빌리티 자체가 기존의 사회형태와는 다른 새로운 뭔가를 만들어내고 있다는 의미다.

모빌리티는 동서고금을 막론하고 모든 사회에서 발견된다. 특히 모빌리티는 근대성모더니티과 한 세트로 존재한다. 일찍이 보들레르C. P. Baudelaire는 근대 미학을 불변하는 것과 이동하기 쉬운 것으로, 즉 대립되는 두 가지 해석이 가능한 것으로 파악했다. 이러한 양의성 위에 모빌리티가 존재하는 것이다. 그래서 글로벌리티가 모더니티의 경계국면, 즉 고도 근대성high modernity이나 유동적 근대성Liquid Modernity 등으로 묘사되는 상태에 있다면, 모빌리티도 역시 그런 상태와 깊이 연관되어 있다. 바꾸어 말하자면 모빌리티는 바로 글로벌리티의 본성을 공유하는 것이다.

그렇지만 앞서 새로운 관계나 집합체라고 서술한 것과 관련하여 여전히 장소가 중요한 의미를 가진다는 점도 지적할 수 있다. 현재 모빌리티는 통상 비장소성이나 혼종hybrid성 등과 같이 논의되고, 따라서 모빌리티와 장소는 흔히 이율배반적인 범주 속에서 다루어지기 쉽다. 하지만 주목할 것은 실제로는 모빌리티가 예를 들어 카스텔M. Castells이 말한 바와 같이 '흐름의 공간space of flows'에서 형성되는 관계나 집합체를 매개로 하여 논의된다는 점이다. 즉 모빌리티가 만들어 내는 관계나 집합체는 '탈장소화에서 재장소화로'라는 형태로서 장소를 포함하여 존재한다. 그러므로 모빌리티를 이해하는 것은 필연적으로 글로벌리티 속에서 장소가 어떠한 의미를 가지는가를 인식하는 것으로 연결된다.[23]

최근 '모빌리티'론과 관련한 이러한 설명을 통해 모던 즉 근대라는 시대는 이동을 본래적으로 갖고 있는 사회임을 확인할 수 있다. 네트워크는 바로 이 이동의 현상이 나타나지 않는다면 성립되기 어렵다. 모빌리티는 일상적인 운송과 커뮤니케이션, 인공물의 이동뿐만 아니라, 사람, 상품, 자본 및 정보의 대규모 이동을 포함한다. 이동의 양상은 인구, 물자, 문화 교류의 형태로 나타난다. 따라서 '모빌리티'론에 포함되는 이동의 동력 곧 이동을 발생시키는 원인, 교통과 통신 즉 이동의 수단 그리고 이동의 결과 곧 정주와 도시의 형성 등이 네트워크를 형성하는 요소이다. 그렇다면 부산 역시 이러한 이동의 양상에 따라 형성된 해역네트워크 속에 편입되고, 그것이 부산이라는 도시 공간의 모습을 형성하게 했다. 그래서 근대를 전후하여 어떤 물자와 사람 그리고 문화가 부산을 통해 이동했는지에 대한 연구가 구체적으로 전개되어야 한다.

조선시대부터 부산은 일본인들의 무역을 위해 '왜관倭館'이라는 공간을 제공했다. 1876년 개항이후 '왜관'은 일본인의 전관거류지專管居留地로 변모하여, 해방이전까지 존속했다. 그렇지만 근대 이후 부산항에는 일본인

---

23   요시하라 나오키, 이상봉·신나경 역, 『모빌리티와 장소-글로벌화와 도시공간의 전환』, 심산출판사, 2010.

들 외에도 중국인과 서양인들 역시 방문하거나 거주하기도 했다. 자료의 부족으로 인해 관련 연구가 활성화되지는 못했지만, 이는 분명한 사실이다. 이시카와 료타 등의 아시아교역권론 연구자들의 성과는 이를 반증한다. 동북아해역내 화상의 활동과 부산 청국조계淸國租界의 성립은 대표적인 예다. 여기서 주목할 것은 개항 초기 부산의 화상 역시 일본에서 들어왔다는 점이다. 그런 점은 동북아해역 개항장 네트워크를 연결하는 하나의 중요한 축이 바로 화상에 의한 네트워크였음을 밝혀준다. 이후 일제강점기로 인해 화상의 수는 줄어들고, 또 이후 일자리를 찾는 노동자 계층이 더욱 확대되면서 화교의 성격도 변화했으며, 당시 부산은 일본의 대륙 진출을 위한 입구로서 기능했다. 부관연락선釜關連絡船을 타고 와서 만주를 향해 가려는 사람들이 붐비는 곳이었다. 부산항 인근에 건설된 부산역은 바로 이들을 만주로 실어 나르기 위해 일찍이 건설되었던 것이다. 이 시기 부산은 나진羅津, 청진淸津과 함께 일본의 대륙진출을 위한 항구로 적극 활용되었다. 이렇게 일본에 의해 부산항의 기능 그리고 거주인들의 직업 등이 규정받으면서 부산항은 종래의 개항장 네트워크에서 벗어나 있는 것 같지만, 부산을 통한 물동량을 본다면 여전히 물적 네트워크 그리고 인간의 이동이라는 인적네트워크의 매개적인 항구로서 기능해왔다. 해방이후 그리고 한국전쟁을 거치면서 부산은 종래의 모습에, 즉 일본이 남기고 간 식민지 유산에 피난민의 도시라는 성격을 갖게 되었다. 일본인이 남기고 간 흔적 위에 전쟁의 참화로 인한 단층이 쌓이고 여기에 근대화에 따른 해양산업의 탄생이 시작되었던 것이다.

　근대 부산은 역사적으로 일본과 밀접한 연관을 가졌음은 부정할 수 없다. 이 점은 부산학釜山學 또는 부산성로컬리티을 규명하는데 중요한 요소다. 부산성釜山性은 바로 여기서 싹트고 있었다. 그것은 해역네트워크라는 외부적 요소의 유입과 정착이라는 과정에서 탄생된 것이다. 그리고 이 네트워크는 결국 이동이라는 현상에 의해서 구축되었는데, 이 이동의 동력과 주체 및 그 양상에 대해서는 전근대 곧 조선시대부터 시작하여 현재까지 체계적으로 검토해야할 것이다. '부산 연구' 또는 '부산학'이라고 명명한 종래의 연구 성과를 검토하고 종래의 연구에서 부족한 부분을 보완하기 위해 개항장 네트워크라는 외부적 시각의 도입은 필요하다.

3) 동북아해역과 공간

이시카와 료타가 지적한 것처럼, '지역은 사람의 어떠한 활동이 진행되는 공간적 범위'라고 폭넓게 정의한다면, 우리의 생활을 둘러싸는 지역은 한없이 존재한다. 다중적으로 성립하고 있는 지역 속에서 어느 지역이 특히 중요한 의미를 지니고 있는지는 시대에 따라 다를 것이고, 지역의 공간적인 범위도 시기에 따라 신축했을 것이다. 그래서 역사학에서는 어떤 지역이 현대사회에서 중요한 의미를 갖고 있다고 하더라도, 그것을 그대로 과거에 소급시켜서 분석할 수는 없다. 그 시대에 살던 사람들에 대해서 의미가 있는 지역은 무엇이고, 그 지역이 어떠한 공간에서 형성되어 있었는지 복원하는 것이 중요하다[24]고 이시카와는 말했다.

지역에 대한 이런 관심은 국내 역사학계에서의 공간에 대한 주목으로 드러난다. 예를 들어, 도시사 연구는 공간에 착목한 대표적인 연구이고, 지리학에서는 1990년대 이후 공간에 관한 논의가 진행되어 외국학계의 연구에 대한 소개를 비롯하여 상당한 연구가 축적되었다. 에팅턴은 "과거는 시간 '안'이 아니라 공간 '안'에서만 존재할 수 있다. 역사란 인간행

---

24 이시카와 료타, 「국경을 뛰어넘는 지역의 다중적 구조-개항기 조선과 아시아교역권론」, 『한국학연구』 19, 2008.

동의 장소들을 표현하는 과거를 표상한다. 그러므로 과거에 관한 지식은 시공의 좌표에 색인을 붙여 역사의 장소를 지도화하는 지도제작에 비유할 수 있다"고 하고, "인간의 모든 행동은 공간에서 일어나고 만들어진다. 과거는 인간의 활동에 의하여 만들어진 장소들의 조합이다. 역사는 이러한 장소들로 이루어진 하나의 지도"라고 주장했다.[25] '공간의 시간화'라고할 수 있는 이러한 지적은 부산 등 근대 해역도시 연구에서도 반영되었다. 근대 건축물에 대한 복원과 해석 및 해역도시의 공간배치에 대한 검토 등을 통한 재영토화에 대한 문제제기는 이러한 공간에 대한 관심에서 출발한 것이다.

사실 이동성은 로컬리티에 끊임없이 공간규모재조정rescaling을 요청했고, 지금도 하고 있다. 그리고 항구나 공항과 같은 이동성의 체계와 통로의 관문Gateway이 일정한 지역의 구조를 형성하는데, 그런 점은 부산 같은 개항장 또는 공항도시가 보유한 로컬리티라고 말할 수 있다. 문제는 이동성의 흐름에 중심이 되는 인적 자원 곧 용역의 이동에서 질적 차이가 있고 그것이 로컬리티의 차이를 가져온다는 것이다. 이는 이동이 수반한 공간해역 도시 등 형성의 차이가 특정 도시나 지역의 로컬리티를 변화시킨다는 의미이며, 그리고 그 도시나 지역으로 이동한 사람들의 유형 역시 그것의 로컬리티를 형성하는 중요한 요소라는 말이다. 근대 부산의 형성도 이러한 이동에 따른 공간의 변화에서 이루어졌고, 근대적 공간을 많이 담고 있는 부산이란 도시에 대한 연구는 이동의 주체 그리고 그들에 의한 공간 배치를 탐색하는 일에서 비롯된다.

25 Ethington, "Placing the past 'Groundwork' for a Spatial Theory of History", *Rethinking History*, 11(4), 2007, p.465; 하세봉, 「근대 동아시아사의 재구성을 위한 공간의 시점」, 『동양사학연구』 115, 2011에서 재인용.

근대 동북아해역에서 개항이란, 자본의 열망을 담지한 상인들과 그들에 의해 다양한 물자들이 모였다가 나가는 곳이 비로소 세계경제적 차원 하에 동아시아 해역에서 성립되었음을 의미한다. 그런 점에서 동북아해역의 개항장은 막연하게 결정되고 개설되었던 것은 아니었다. 중국의 광저우나 상하이는 항구로서는 서로 다른 역사를 갖고 있는데, 그것의 차이는 배후지의 생산력과 항구로서의 물동량 등 수용능력을 포함한 입지 조건의 차이였다. 이렇게 본다면 부산의 개항은 개항을 원했던 세력 곧 일본의 요구가 강하게 반영되었던 것이고, 또 부산은 개항 이전부터 한국 동해안의 해로를 이용한 물자집산지로서의 역할을 해왔던 곳이라는 이유가 있었다. 세종때부터 일본인의 무역을 위해 부산포를 열었던 것인데, 근대 이후에도 다른 세력에 의해서가 아니라 역시 일본에 의해서 다시 열렸다는 점은 부산의 개항과 그 이후 부산항 변모의 역사에서 여전히 강한 규정성을 지닌다.

상하이의 경우에서 보듯이, 원래 해역의 어느 한 곳이 항구도시로 발전하는 데는 전통적인 내륙의 교통요지가 시장을 통해 도시로 발전하는 것처럼, 교역이라는 행위가 일어나지 않으면 안된다. 즉 어부들이 모여 사는 어촌이 항구도시로 발전하는데는 그 항구가 바로 바다와 육지를 연결하는 교통요지이자 시장이 형성되어야 하는 것이다. 이를 추동하는 이들 또한 상인이다. 다만 이들은 육로를 통하지 않고 해로를 통해 해역의 어느 항구에서 시장을 만들었던 것이다.

근대 시기 동북아해역의 개항장은 바로 이 상인들이 주도하고, 교역을 위한 공간곧 시장이 형성되고, 또 이들의 왕래를 가능케 하는 교통수단인 배가 정박하는 항만이 건설되고, 부두에서 물자를 운반하는 노동력이 요구되고, 상인들과 부두노동자를 위한 놀이시설이 만들어지고, 이들의 장

단기 거주를 위한 지역이 형성되는 등 일련의 과정이 전개되었다. 그런 점에서 항구도시는 근대를 단적으로 보여주는 장소인데, 다른 면에서는 늘 이동이 빈번하게 이루어지는 곳이기도 하다. 왜냐하면 상인은 교역을 위해 늘 이동하는 사람이고, 그래서 이들은 노마드다. 다만 항만과 해운업에 종사하는 사람들은 항구의 기능을 유지하기 위해 필요한 사람들로서, 이들은 항구도시의 정주인이 되고, 또 교역을 위해 필요한 해외 상인들의 대리인들 그리고 현지 상인들 및 해관과 같은 곳에서 근무하는 이들 역시 항구 도시의 주민이 된다. 동시에 해외상인들을 비롯해 해외 이주자들이 항구도시의 어느 지역에서 타운을 형성해 살게 되면서 이문화의 유입과 혼효가 발생한다.

이것은 동북아해역 모든 항구도시에서 일어난 공통적인 현상으로서, 각 항구도시의 형태를 구체적으로 분석해내고, 이를 바탕으로 그 지역의 특수성을 발견할 수 있다. 부산 역시 예외는 아니다. 이미 앞서 거론한 아시아역내의 전통적인 교역체제 및 서구상인들과 교역에 대해 연구했던 '아시아교역권론'에 의하면, 개항이후 부산에서도 현지상인과 전국에서 몰려온 조선 상인들은 물론이고, 일본 상인과 중국 상인들까지 등장하여 교역을 전개했다. 특히 중국 상인들의 등장은 부산을 이해하는데 간과하기 쉬운 요소다. 한국의 화교를 얘기할 때 주로 산동지역 출신의 화공華工을 떠올리지만, 실제 근대 초기에 영향력을 행사한 화교는 화상華商 특히 광동성과 복건성 출신으로 일본에서 건너 온 화교 상인이었다는 점은 주목을 끈다. 앞에서도 말한 적이 있는 덕흥호 사건과 부산 청국조계의 성립은 대표적이다.[26]

---

26   이시카와 료타, 「개항장을 둘러싼 이동과 제도의 상극」, 『근대 동아시아의 공간 재편과
       사회 변천』, 소명출판, 2015.

물론 이 화상들의 활동은 조선이 일본에 의해 식민지 지배를 당하게 된 이후 위축되지만, 이처럼 개항장을 중심으로 한 상업네트워크의 형성에 있어서 상인들은 중요한 역할을 했고, 이런 사실은 부산의 화상을 통해서 확인할 수 있다. 이들이 상행위를 위해 정착했던 곳이 바로 부산의 청국조계지였다. 개항장 도시는 처음에는 화상을 비롯한 이주자들이 한동안 머무르다 가는 중간 기착지 혹은 경유지의 성격이 강했다. 이후 점차 일상생활의 장이 되면서 — 곧 정주화가 진행되면서 — 자연스럽게 외국인 거류지가 개항장의 한 편에 건설된다. 이로 인해 개항장 도시는 이문화 접변의 대표적인 공간이 되는데, 이것은 국경을 넘어 다른 국가의 개항장 도시에서도 비슷한 현상이 출현함으로서, 개항을 동아시아 역내의 상호관계로부터 보는 지역적regional 시각이 필요하게 된다.

이러한 개항장 도시의 특성은 문화적 개방성을 드러내고, 이것은 자연스럽게 개항장 도시 로컬리티 형성의 단초가 된다는 지적은 타당하다. 이것은 개항장 도시 연구가 일국주의와 서구주의가 구축한 담론의 성긴 틈을 메울 생산적 논의의 대상이 된다는 의미에서 그렇다. 하지만 부산의 경우 동아시아 각지에서 서로 다르게 진행된 개항의 경험을 상호교차적으로 복원하는 작업을 통해 탈근대적인 방안을 모색하는 목표에서 과연 얼마나 그 경험을 복원할 수 있을 것인가 하는 점에서 많은 고민과 토론이 필요하다. 그리고 로컬리티의 강조가 오히려 선험적인 정체성으로 인식되어 오히려 닫힌 시각에서 부산의 고유성만 찾는 시도로 이어지는 것을 경계해야 한다. 하지만 이런 우려 이전에 부산항의 근대에 대한 보다 심층적인 연구가 진행되지 않으면 안된다.

3. 나가며

부산 연구는 해역사 연구이자 도시 연구이며 또 문화 연구를 포함한다. 게다가 '들어가며'에서 말한 미래 부산의 전망과 관련된 프로젝트 곧 부울경 메가시티 구상은 특히 지역 / 국가를 뛰어넘는 도시 네트워크로서의 미래를 그리는 것과 관련이 깊다. 이것은 부산이라는 해역도시와 연결하는 배후지를 하나의 단위로 묶어 새로운 성장 동력을 찾아내는 일이다. 예전에 메가트렌드 차이나 또는 아시아를 제안하고, 그것의 가능성을 인구 문제에서 찾았던 존 나이스비트의 구상을 떠올리게 된다. 그런데 여기서 가장 중요한 것은 바로 이동성 곧 모빌리티이다. 모빌리티는 다양한 사회적 확장을 도모하는 발전과 변화를 의미한다. 21세기의 세계는 도시와 지역의 물리적 인프라를 중심으로 사회적 삶을 형성하는 사회적·물리적 구조들이 형성되고, 그 구조를 따라 사람과 자원, 지식, 데이터, 폐기물, 에너지 등이 전 세계로 흐르고 있다. 그 흐름의 관리가 모든 사회적 행위의 기초가 된다. 이 흐름이 문화와 모든 종류의 루틴을 사전에 구성한다. 따라서 도시 모빌리티 문화에 대한 모든 이야기에는 일상 문화뿐만 아니라 정치, 비즈니스, 도시계획 등도 포함되어야 한다. 도시의 미래에 대한 담론은 더 이상 지역에 한정되지 않는다. 도시지역의 네트워크화된 특성, 경제활동 및 업무, 이주, 문화 간 교류, 물류와 운송 등의 다국적이며 세계적인 연결성과 상호의존성은 도시와 지방의 지역적인, 심지어 국가적인 개념마저 거의 소용없게 하기 때문이다.[27]

모빌리티 개념에 입각한 이러한 세계상의 변화에 대해 부산은 어떤 대

---

27 말렌 프로이덴달 페데르센·스벤 케셀링, 정상철 역, 『도시 모빌리티 네트워크-사회적 실천과 모빌리티의 정치학』, 앨피, 2020.

안을 갖고 있는가. 다양한 부산의 미래 구상이 현실성을 갖기 위해서는 부산항을 둘러싼 다양한 이동의 역사 그리고 네트워크의 형성과 변화 및 부산이란 공간 구조에 대한 역사적 탐색이 전제되어야만 한다. 기존의 부산학 연구 성과를 되돌아보고, 그 부족한 부분을 채워내는 작업 위에서 최근의 모빌리티 이론을 적용하여 부산의 미래 구상을 구체화하는 일이 긴요하다.

참고문헌

논문

강동진, 「역사문화환경을 활용한 부산 도시재생의 특성과 지향」, 『洌上古典硏究』 48, 2015.

강미정·김경남, 「근대 계몽기 한국에서의 중국 번역 서학서 수용 양상과 의의」, 『동악어문학』 71, 2017.

강명관, 「근대계몽기 출판운동과 그 역사적 의의」, 『민족문학사연구』 14(1), 1999.

강진아, 「중국의 부상과 세계사의 재조명-캘리포니아 학파에서 글로벌 헤게모니론(論)까지」,
『역사와 경계』 80, 2011.

_____, 「廣東네트워크(Canton-Networks)와 朝鮮華商 同順泰」, 『史學硏究』 88, 한국사학회, 2007.

강현조, 「한국 근대초기 번역·번안소설의 중국·일본문학 수용 양상 연구-1908년 및 1912~1913
년의 단행본 출판 작품을 중심으로」, 『현대문학의 연구』 46, 2012.

곽수경, 「해역의 개념과 구성요소」, 『동북아해역과 인문학』, 소명출판, 2020.

구모룡, 「해양 인식의 전환과 해양문화」, 『국제해양문제연구』 13(1), 2002.

권숙인, 「도한의 권유」, 『사회와 역사』 69, 2006.

김동규, 「서발터니티(subalternity)라는 방법」, 『인문사회과학연구』 24(3), 2023.

김미정, 「上海에서의 근대적 독서시장의 형성과 변천에 관하여」, 『중국문학』 40, 2003.

김민주, 「대규모 정부사업에 따른 마을소멸 위기와 그 역설-가덕도 대항마을을 중심으로」, 『지방
행정연구』 37(1) 통권 132호, 2023.

김승욱, 「20세기 초반 韓人의 上海 인식-공간 인식을 중심으로」, 『中國近現代史硏究』 54, 중국근
현대사학회, 2012.

_____, 「20세기 초(1910~1931) 인천화교의 이주 네트워크와 사회적 공간」, 『중국근현대사연구』
47, 중국근현대사학회, 2010.

김진기, 「세계화와 지역국가」, 『글로벌지역학연구』, 한국학술정보, 2022.

김태만, 「글러칼리제이션 시대 상해학의 통해서 본 부산성 연구」, 『中國現代文學』 29, 한국중국현
대문학학회, 2004.

_____, 「『海國圖志』에 나타난 魏源의 세계인식 연구」, 『중국학』 51, 2015.

김택현, 「'서발턴(의) 역사'와 로컬 역사/로컬리티」, 『로컬리티인문학』 2, 부산대 로컬리티사업단,
2009.

김학순, 「전근대 일본의 서적에 의한 광고-출판물과 상품 선전을 중심으로」, 『아시아문화연구』
50, 2019.

남기정, 「한국전쟁과 일본-'기지국가'의 전쟁과 평화」, 『평화연구』 9, 평화와 민주주의 연구소, 2000.

남종석·송영조, 「가덕도 신공항의 지속가능성에 관한 연구」, 『경제와 사회』 겨울호, 통권 132호, 2021.

대림검, 「동아시아 공동체에 있어 해역 공간의 재인식」, 『아세아연구』 60(4), 2017.

류교열, 「근대 일본의 해양진출론과 최근의 해양국가 구상」, 『국제해양문제연구』 16(1), 2004.

류현국, 「경술국치 이후, 국내 출판 인쇄계의 동향(1890~1945)」, 『Journal of Korean Institute of Cultural Product Art & Design』 40, 2015.

문연주, 「출판을 통해 보는 일본 문화의 세계화」, 『인문언어』 12(2), 2010.

문재원 외, 「이동성(mobility)과 로컬리티」 좌담회, 『로컬리티 인문학』 6, 부산대 한국민족문화연구소, 2011.

박진영, 「책의 발명과 출판문화의 탄생-근대문학의 물질성과 국립근대문학관의 상상력」, 『근대서지』 12, 2015.

박철현, 「개혁기 상하이 도시재생의 문화정치-"석고문(石庫門) vs 공인신촌(工人新村)" 논쟁을 중심으로」, 『中國文學』 84, 한국중국어문학회, 2015.

박치완, 「로컬 중심의 대안적 세계화 기획-'세계→지역화'에서 '지역→세계화'로」, 『인문콘텐츠』 58, 인문콘텐츠학회, 2020.

박화진, 「전근대 부산포 초량왜관의 해양교류 양상-일본선 부산포 입항사례를 중심으로 (1689~1691)」, 『동북아문화연구』 60, 동북아시아문화학회, 2019.

배연희, 「內山完造와 上海」, 『中國學報』 55, 2007.

백지운, 「'일대일로(一帶一路)'와 제국의 지정학」, 『역사비평』 123, 역사비평사, 2018.

_____, 「코스모폴리타니즘의 동아시아적 문맥-조계도시 상하이의 문화분석을 위한 시론」, 『중국현대문학』 48, 2009.

서광덕, 「19세기 중엽 상하이 지식네트워크에 대한 고찰」, 『中國學』 3, 대한중국학회, 2018.

_____, 「동북아해역 교통망과 지식네트워크-청말(淸末) 중국유학생과 그 잡지를 중심으로」, 『인문사회과학연구』 21(1), 2020.

_____, 「해역네트워크의 관점에서 다시 보는 부산항-부산 연구를 위한 이론적 시탐(試探)」, 『인문사회과학연구』 21(4), 2020.

_____, 「근대 동북아해역 교통망과 지식네트워크」, 『인문사회과학연구』 21(1), 국립부경대 인문사회과학연구소, 2020.

_____, 「근대 동아시아 지식네트워크 연구를 위한 예비적 고찰」, 『中國學』 71, 대한중국학회, 2020.

_____, 「해역인문학으로 가는 길」, 『동북아해역과 인문학』, 소명출판, 2020.

_____·손동주, 「동북아해역인문학 관련 연구의 동향과 전망-부경대 HK+사업단 아젠다 연구와 관련하여」, 『인문사회과학연구』 22(1), 부경대 인문사회과학연구소, 2021.

서광덕, 「근대 동아시아의 해양 관련 논의에 대한 고찰」, 『외국학연구』 제58집, 2021.

_____, 「근대 동아시아의 전쟁과 바다-『海國圖志』의 서술 시각을 중심으로」, 『중국어문학지』 78, 2022.

_____, 「해역의 시각에서 다시 보는 세계화 그리고 동북아해역」, 『해항도시문화교섭학』 29, 2023.

서은영, 「근대 인쇄문화의 형성과 『대한민보』 '삽화'의 등장」, 『우리어문연구』 44호, 2012.

손성준, 「동아시아 번역장(飜譯場)과 서구영웅전-번역 경로와 번역 매체를 중심으로」, 국제어문학회 학술대회 자료집, 2018.

신승모, 「조선의 일본인 경영 서점에 관한 시론-일한서방의 사례를 중심으로」, 『일어일문학연구』 79(2), 2011.

안영철, 「부울경 미래발전전략-부울경 추진전략」, 한국지방정부학회 학술대회자료집, 2021(8), 2021.

양일모, 「근대 중국의 서양학문 수용과 번역」, 『시대와 철학』 15(2), 2004.

엄태웅·최호석, 「해양인문학의 가능성과 과제」, 『동북아문화연구』 17, 2008.

오재환, 「부산학 연구의 동향과 전망」, 『제주도연구』 37, 제주학회, 2012.

元載淵, 「『海國圖志』 收容 前後의 禦洋論과 西洋認識-李圭景(17881856)과 尹宗儀(18051886)를 중심으로」, 『韓國思想史學』 17, 2001.

원재연, 「사회주의 도시의 전환 글로벌 도시로서의 상하이 1979~1996」, 『현대사회와 문화』 30, 연세대 사회발전연구소, 2010.

위앤진, 「상하이는 어떻게 중국 근대의 문화중심이 될 수 있었는가」, 『한국학연구』 20, 2009.

유석환, 「식민지시기 책 시장 분석을 위한 기초연구(1)-『매일신보』의 책 광고」, 『민족문학사연구』 64, 2017.

윤여일, 「탈냉전기 동아시아 담론의 형성과 이행에 관한 지식사회학적 연구」, 서울대 대학원 박사논문, 2015.

윤영도, 『中國 近代 初期 西學 飜譯 硏究-『萬國公法』 飜譯 事例를 中心으로』, 연세대 박사논문, 2005.

윤지양, 「1870년대~1930년대 上海 출판 석인본을 통한 근대적 시각 이미지의 국내 유입 양상 연구」, 『중어중문학』 77, 2019.

이동원, 「미국 대외원조와 대한(對韓)원조의 군사화-제2차 세계대전 이후부터 한국전쟁 시기를 중심으로」, 『사이間SAI』 28, 국제한국문학문화학회, 2020.

이상원, 「군항도시 사세보(佐世保)와 시민 저항-1968년 미국의 '엔터프라이즈 호' 입항 문제를 중심으로」, 『동북아문화연구』 72, 동북아시아문화학회, 2022.

이수열, 「아시아 경제사와 근대일본-제국과 공업화」, 『역사학보』 232, 역사학회, 2016.

이수열, 「'아시아 교역권론'의 역사상-일본사를 중심으로」, 『한일관계사연구』 48, 한일관계사학회, 2014.

이시카와 료타, 「국경을 뛰어넘는 지역의 다중적 구조-개항기 조선과 아시아교역권론」, 『한국학연구』 19, 인하대 한국학연구소, 2008.

_____, 「개항장을 둘러싼 이동과 제도의 상극」, 『근대 동아시아의 공간 재편과 사회 변천』, 소명출판, 2015.

이종국, 「개화기 출판 활동의 한 징험-회동서관의 출판문화사적 의의를 중심으로」, 『韓國出版學研究』 49, 2005.

이지훈, 「동남권 중추도시를 넘어 글로벌 허브도시로」, 『BDI 정책포커스』 80, 부산연구원, 2010.

이철호, 「동아시아 공간 인식에 있어 해양과 대륙」, 『세계정치』 26(2), 서울대 국제문제연구소, 2005.

이해주, 「일본 공업화의 역사적 전개와 그 특질」, 『경제학논집』 6(1), 한국경제통상학회, 1997.

임상민·이경규, 「식민도시 부산의 서점 연구-1910년대 『부산일보』의 서점 광고란을 중심으로」, 『동북아문화연구』 46, 2016.

장세룡, 「이동성과 이주공간의 변화 그리고 로컬리티의 생성」, 『로컬리티인문학』 7, 부산대 로컬리티사업단, 2013.

장세진, 「해방기 공간 상상력의 전이와 '태평양'의 문화정치학」, 『상허학보』 26, 상허학회, 2009.

전종환, 「근대이행기 경기만의 포구 네트워크와 지역화 과정」, 『문화역사지리』 23(1), 한국문화역사지리학회, 2011.

정수일, 「지중해 문명과 지중해학」, 『지중해지역연구』 5(1), 2003,

정영신, 「동아시아 분단체제와 안보분업구조의 형성-동아시아의 전후 국가형성 연구를 위한 하나의 접근」, 『사회와 역사(구 한국사회사학회논문집)』 94, 한국사회사학회, 2021.

정해용, 「중국 상하이의 도시발전 전략과 세계도시 전망」, 『국제지역연구』 9(2), 2005.

정해조·현민, 「글로벌시대 한국 지역학의 과제」, 『글로벌지역학연구』, 한국학술정보, 2022.

조세현, 「청말 출사대신의 일기에 나타난 일본해군-타이완출병부터 나가사키 사건까지」, 『해양도시문화교섭학』 25, 국제해양문제연구소, 2021.

조재곤, 「대한제국의 식산흥업정책과 상공업기구」, 『한국학논총』 34, 국민대 한국학연구소, 2010.

진아니, 『19세기 魏源의 海國圖志 판본비교와 조선 전래에 관한 연구』, 고려대 석사논문, 2015.

차태근, 「19세기말 중국의 西學과 이데올로기-'廣學會'와 『萬國公報』를 중심으로」, 『중국현대문학』 33, 2005.

최원식, 「탈냉전시대와 동아시아적 시각의 모색」, 『제국이후의 동아시아』, 창비, 2011.

최혜주, 「일제강점기 재조일본인과 지방사 편찬활동과 조선인식」, 『사학연구』 103, 2011.

_____, 「한말 일제하 재조일본인의 조선고서 간행사업」, 『대동문화연구』 66, 2009.

하경준, 「동남권(부울경) 메가시티 기본구상 및 전략」, 한국지방정부학회 학술대회자료집, 2021(8), 2021.

하마시타 다케시, 「19세기 후반 조선을 둘러싼 금융네트워크」, 『명청사연구』 17, 명청사학회, 2002.

_____, 「중국해관사에서 보는 동북아시아 해역의 등대와 항로」, 『동북아해역 인문네트워크의 근대적 계기와 기반』, 소명출판, 2020.

하세봉, 「근대 동아시아사의 재구성을 위한 공간의 시점」, 『동양사연구』 115, 동양사학회, 2011.

_____, 「80년대 이후 일본학계의 '아시아교역권'에 대한 논의 – 학문적 맥락과 논리를 중심으로」, 『중국현대사연구』 2, 중국근현대사학회, 1996.

한보람, 「1880년대 조선정부의 개화정책을 위한 국제정보수집 – 『漢城周報』의 관련기사 분석」, 『진단학보』 101, 2006.

한승욱, 「전환기를 맞은 부산시 도시재생의 정책방향에 관한 제언」, 『BD포커스』 256호, 부산발전연구원, 2014.

한지은, 「근대역사경관을 활용한 도심재생 – 상하이 구 조계지역을 사례로」, 『대한지리학지』 46(5), 2011.

_____, 「우리의 도시를 기억할 권리 – 홍콩의 도시 문화유산 보전을 사례로」, 『한국도시지리학회지』 21(2), 2018.

현재열, 「브로델의 지중해와 해역세계(Maritime World)」, 『역사와 세계』 42, 효원사학회, 2012.

함동주, 「일본제국의 성립과 박문관의 출판활동 – 청일전쟁기를 중심으로」, 『동양사학연구』 113호, 2010.

_____, 「러일전쟁기 일본의 조선이주론과 입신출세주의」, 『역사학보』 221, 2014.

黃永遠, 「근대전환기의 서적과 지식체계 변동 – 『황성신문』의 광고를 중심으로」, 『대동문화연구』 81, 2013.

實藤惠秀, 하동호 역, 「近代中國의 出版文化」, 『出版學硏究』, 1971.

河田和子, 「戰前의 上海航路와 昭和期의 文學者」, 『九州大學學術情報リポジトリ』, 2001.

辻本雅史, 「「敎育のメディア史」における「江戶」 –「文字社會」と出版文化」, 『교육사학연구』 20(2), 2010.

秦剛, 「戰前日本出版メディアの上海 – 內山書店と改造社の海を越えたネットワーク」, 『日本近代文學』(89集), 2013.

葉再生, 「現代印刷出版技術的傳入與早期的基督敎出版社」, 『中國近代現代出版史學術討論會文集』, 中國書籍出版社, 1990.

區可屛, 「歷史記憶與香港新國際機場周邊地區之遷徙」, 『歷史人類學學刊』 7(1), 2009.

Joshua Fogel, "Prostitutes and Painters : Early Japanese Migrants to Shanghai", *Between China and*

Japan : The Writings of Joshua Fogel, Brill, 2015.

단행본

군터 슐츠, 김희상 역, 『바다의 철학』, 이유출판, 2020,

김기수, 『일본의 내셔널리즘과 글로벌리즘』, 제이엔씨, 2005.

김석준, 『전환기 부산 사회와 부산학』, 부산대 출판부, 2005.

김시덕, 『동아시아, 대륙과 해양이 맞서다』, 메디치미디어, 2015.

_____, 『일본인 이야기』 1, 메디치미디어, 2019.

김종현, 『영국 산업혁명의 재조명』, 서울대 출판부, 2006.

남종영·손택수 외, 『해서열전(海書列傳)』, 글항아리, 2016.

다케우치 요시미, 서광덕·백지운 역, 『일본과 아시아』, 소명출판, 2004.

데이비드 헬드 외, 조효제 역, 『전지구적 변환』, 창비, 2002.

루쉰전집번역위원회, 『루쉰전집』 18, 그린비, 2018.

류젠후이, 양민호 외역, 『마성의 도시 상하이-일본 지식인의 '근대' 체험』, 소명출판, 2020.

리어우판, 장동천 외역, 『상하이 모던-새로운 중국 도시 문화의 만개, 1930~1945』, 고려대 출판
　　　　부, 2007.

리암 매튜 브로키, 조미원·서광덕 역, 『동아시아로의 항해-초기 근대 가톨릭 예수회의 중국 선
　　　　교』, 소명출판, 2024.

마루카와 데쓰시, 백지운·윤여일 역, 『리저널리즘-동아시아의 문화지정학』, 그린비, 2008.

말렌 프로이덴달 페데르센·스벤 케셀링 편, 정상철 역, 『도시 모빌리티 네트워크-사회적 실천과
　　　　모빌리티의 정치학』, 앨피, 2020.

모모로 시로, 최연식 역, 『해역아시아 연구 입문』, 민속원, 2012.

미조구치 유조, 서광덕·최정섭 역, 『방법으로서의 중국』, 산지니, 2020.

박경석 편, 『연동하는 동아시아를 보는 눈』, 창비, 2018.

백영서, 『동아시아의 지역질서-제국을 넘어 공동체로』, 창비, 2005.

_____, 『동아시아담론의 계보와 미래-대안체제의 길』, 나남출판, 2022.

부경대 인문역량강화(CORE)사업단, 『해양인문학이란 무엇인가』, 한국학술정보, 2018.

부경대 인문한국플러스사업단, 『동북아해역과 인문학』, 소명출판, 2020.

_____, 『제6회 국제학술대회("동북아해역 인문네트워크의 확장과 전개")
　　　　발표자료집』, 2023.

부산발전연구원, 『부산-세계화·세계도시 가능성과 전략사업』, 1995.

산드로 메자드라·브렛 닐슨, 남청수 역, 『방법으로서의 경계-전지구화 시대 새로운 착취와 저항

공간의 창출』, 갈무리, 2021.

서광덕, 『루쉰과 동아시아 근대』, 산지니, 2018.

세키 히로노·후지사와 유이치로, 최연희 역, 『글로벌리즘의 終焉 – 경제학적 문명에서 지리학적 문명으로』, 유유, 2021.

아르준 아파두라이, 채호석·차원현·배개화 역, 『고삐 풀린 현대성』, 현실문화연구, 2004.

안드레 군더 프랑크, 이희재 역, 『리오리엔트』, 이산, 2003.

알프레드 세이어 마한, 김주식 역, 『해양력이 역사에 미치는 영향(The Influence of Sea Power upon History 1660~1783)』 1·2, 책세상, 1999.

야마무로 신이치, 정선태·윤대석 역, 『사상과제로서의 아시아』, 소명출판, 2018.

양궈전, 김창경·권경선·곽현숙 역, 『해양문명론과 해양중국』, 소명출판, 2019.

왕후이, 이욱연·차태근·최정섭 역, 『새로운 아시아를 상상한다』, 창비, 2003.

＿＿＿, 송인재 역, 『아시아는 세계다』, 글항아리, 2011.

요시미 순야, 박광현 역, 『문화연구(Cultural Studies)』, 동국대 출판부, 2008.

요시하라 나오키, 이상봉·신나경 역, 『모빌리티와 장소 – 글로벌화와 도시공간의 전환』, 심산출판사, 2010.

윤여일, 『동아시아 담론 – 1990~2000년대 한국사상계의 한 단면』, 돌베개, 2016.

윤주, 『우리가 알아야 할 도시재생 이야기』, 살림, 2017.

윤주영, 『중국본 서학서의 한국 전래에 관한 문헌적 고찰』, 전남대 석사논문, 1998.

이경신, 현재열·최낙민 역, 『동아시아 바다를 중심으로 한 해양실크로드의 역사』, 선인, 2018.

이반 프란체스키니·니콜라스 루베르, 하남석 역, 『방법으로서의 글로벌 차이나 – 시장주의와 반공주의를 넘어, 비판적 중국 연구의 새로운 시각』, 한겨레출판, 2024.

이시카와 료타, 최민경 외역, 『근대 아시아 시장과 조선 – 개항·화상·제국』, 소명출판, 2020.

이시하라 슌, 김미정 역, 『군도의 역사사회학 – 바다 노마드의 섬에서 본 근대의 형상』, 글항아리, 2017.

자크 아탈리, 전경훈 역, 『바다의 시간』, 책과 함께, 2021.

전명윤, 『리멤버 홍콩』, 사계절, 2021.

정석, 『천천히 재생 – 공간을 넘어 삶을 바꾸는 도시 재생 이야기』, 메디치, 2019.

정웨이중, 김창경 외역, 『해상용병 – 17세기 중국해에서의 전쟁, 무역 그리고 해적』, 소명출판, 2024.

제러미 리프킨, 안진환 역, 『회복력 시대 – 재야생화되는 지구에서 생존을 다시 상상하다』, 민음사, 2022.

조반니 아리기, 백승욱 역, 『장기 20세기』, 그린비, 2014.

조세현,『천하의 바다에서 국가의 바다로-해양의 시각에서 본 근대 중국의 형성』, 일조각, 2016.

주강현,『제국의 바다 식민의 바다』, 웅진지식하우스, 2005.

_____,『환동해문명사-잃어버린 문명의 회랑』, 돌베게, 2015.

주경철,『대항해시대-해상 팽창과 근대 세계의 형성』, 서울대 출판부, 2008.

_____,『문명과 바다』, 산처럼, 2009.

_____,『바다 인류』, 휴머니스트, 2002.

지그문트 바우만, 이일수 역,『액체근대』, 강, 2009.

칼 슈미트, 김남시 역,『땅과 바다-칼 슈미트의 세계사적 고찰』, 꾸리에, 2016.

케네스 포메란츠, 김규태·이남희·심은경 역,『대분기-중국과 유럽, 그리고 근대 세계 경제의 형성』, 에코리브르, 2016.

토머스 L. 프리드먼, 김상철 역,『세계는 평평하다 1-21세기 세계 흐름에 대한 통찰』, 창해, 2006.

_____, 장경덕 역,『렉서스와 올리브나무-세계화가 불러들인 기회와 위험』, 21세기 북스, 2009.

프랑수아 지푸루, 노영순 역,『아시아 지중해-16~21세기 아시아 해항도시와 네트워크』, 도서출판선인, 2014.

피터 메리만·린 피어스, 김태희 외역,『모빌리티와 인문학-인문학, 이동을 생각하다』, 앨피, 2019.

하네다 마사시, 이수열 역,『새로운 세계사-지구시민을 위한 구상』, 선인, 2014.

하마시타 다케시, 서광덕·권기수 역,『조공시스템과 근대 아시아』, 소명출판, 2018.

_____, 하세봉·정혜중 역,『아시아의 네트워크도시 홍콩』, 신서원, 1997.

하야시 시헤이, 정성일 역,『해국병담』, 소명출판, 2024.

하오옌핑, 이화승 역,『중국의 상업 혁명-19세기 중·서 상업 자본주의의 전개』, 소나무, 2001.

_____,『동양과 서양, 전통과 근대를 잇는 상인, 매판-중국 최초의 근대식 상인을 찾아서』, 씨앗을 뿌리는 사람, 2002.

하인리히 에두아르트 야콥, 남덕현 역,『커피의 역사-세계 경제를 뒤흔드는 물질의 일대기』, 자연과생태, 2013.

헬렌 M. 로즈와도스키, 오수원 역,『처음 읽는 바다 세계사』, 현대지성, 2019.

앨버트 라슬로 바라바시, 강병남·김기훈 역,『링크』, 동아시아, 2002.

Johnston, et al., *The Dictionary of Human Geography*, Oxford : Blackwell Publishers Inc., 2000.

Saskia Sassen, *Globalization And Its Discontents: Essays on the New Mobility of People and Money*, New Press, 1988.

_____, *Cities in a World Economy*, Pine Forge Press, 1994.

_____, *The Global City : New York·London·Tokyo*, Princeton University Press, 1991.

白石隆, 류교열 외역, 『바다의 제국』, 선인, 2011.

汪暉, 『現代中國思想的興起』 上卷 第2部, 生活·讀書·新知三聯書店, 2004.

羅愛子, 『韓國近代海運業史硏究』, 국학자료원, 1998.

孫科志, 『上海韓人社會史』, 한울아카데미, 2001.

高綱博文 著, 陳祖恩 譯, 『近代上海日僑社會史』, 上海人民出版社, 2014.

上海通志編纂委員會 編, 『上海通志』 第10冊, 上海人民出版社, 2005.

藤井省三, 『魯迅事典』, 三省堂, 2002.

內山完造, 『花甲錄』, 岩波書店, 1960.

尾崎秀樹, 『上海 1930年』(岩波新書), 岩波書店, 1989.

小澤正元, 『內山完造傳』, 番町書店, 1972.

馮靑, 『中國海軍と近代日中關係』, 錦正社, 2011.

劉智鵬, 黃君健, 錢浩賢, 『天空下的傳奇－從啟德到赤鱲角』, 全二冊, 香港三聯書店有限公司, 2014.

馮靑, 『中國海軍と近代日中關係』, 錦正社, 2011.

中島岳志, 『岩波茂雄－リベラル·ナショナリストの肖像』, 岩波書店, 2013.

呂慧君, 『日中友好の〈媒介者〉內山完造の文學·文化活動に關する多元的硏究』, 關西學院大學 博士
　　　學位論文, 2013.

劉建輝, 『魔都上海－日本知識人の「近代」體驗』, 筑摩書房, 2010.

山室信一, 『思想課題としてのアジア』, 岩波書店, 2001.

山村睦夫, 『上海日本人居留民社會の形成と展開－日本資本の進出と經濟团體』, 大月書店, 2019.

大江志乃夫, 淺田喬二, 三谷太一郎 編, 『岩波講座 近代日本と植民地』(5)(膨張する帝國の人流), 岩
　　　波書店, 2005.

孫安石·柳澤和也 編著, 『內山完造硏究の新展開』, 東方書店, 2024.

秋田茂, 『帝国から開発援助へ－戦後アジア国際秩序と工業化』, 名古屋大学出版会, 2017.

浜下武志·川勝平太 編, 『アジア交易圏と日本工業化〈新版〉：1500~1900』, 藤原書店, 2001.

一柳みどり 編, 『現代用語の基礎知識 2001』, 自由国民社, 2000.

許丹靑, 『岩波茂雄与中国－中日文化交流的一个側面』, 東北師範大學 碩士學位論文, 2016.

NHK스페셜 '테크노 파워' 프로젝트, 최학준 역, 『세계의 거대건설3 바다 위에 떠오른 국제공항』,
　　　하늘출판사, 1994.

세계인문학포럼, 『제7회 세계인문학포럼 자료집』, 2023.